LA OLA LATINA

LA OLA LATINA

CÓMO LOS HISPANOS ELEGIRÁN AL PRÓXIMO

PRESIDENTE DE LOS ESTADOS UNIDOS

JORGE RAMOS

rayo

UNA RAMA DE *HARPERCOLLINS*PUBLISHERS

Los libros de HarperCollins pueden ser adquiridos para uso educacional,
comercial, o promocional. Para recibir más información, diríjase a:
Special Markets Department, HarperCollins Publishers Inc.,
10 East 53rd Street, New York, NY 10022.

Diseño del libro por Gretchen Achilles

PRIMERA EDICIÓN

Impreso en papel sin ácido

Library of Congress ha catalogado la edición en inglés.

ISBN 0-06-057203-5

04 05 06 07 08 DIX/RRD 10 9 8 7 6 5 4 3 2 1

PARA EL PRIMER PRESIDENTE LATINO QUE,
SEGURAMENTE, YA NACÍO

"Los latinos no vienen del otro lado de la luna."
—JORGE I. DOMÍNGUEZ, Universidad de Harvard

"Los hispanos han sobrepasado a los negros y ahora
son la minoría más grande de Estados Unidos."
—New York Times, enero 22, 2003

"La muy anticipada mayoría latina ha llegado."
—DAVID HAYES-BAUTISTA, al comentar que más de la mitad de los bebés
que nacen en California son hispanos

"En menos de 50 años no va a haber una raza mayoritaria en
Estados Unidos. Ninguna otra nación en la historia ha tenido un
cambio demográfico de esta magnitud en un tiempo tan corto."
—BILL CLINTON, 1998

"Mi trabajo es, por supuesto, promover la diversidad de América.
Y resaltar el hecho de que uno de los grandes pilares de
Estado Unidos es que somos diversos y le damos la bienvenida
a la diversidad en este país."
—GEORGE W. BUSH, octubre 3, 2002

La nación de muchas naciones."
—WALT WHITMAN, hablando de Estados Unidos
"[Los latinos subrayan] su voluntad personal de seguir
siendo distintos."
—OCTAVIO PAZ en El Laberinto de la Soledad

"Todos hablan de la latinización de Estados Unidos, pero poca
gente habla de la americanización de los latinos."
—HARRY PACHÓN, The Tomás Rivera Policy Institute

ÍNDICE

AGRADECIMIENTOS

ESTE LIBRO ES, también, de otros.

Las conversaciones que tuve con Raúl Yzaguirre del National Council of La Raza, Roberto Suro del Pew Hispanic Center, Arturo Vargas del National Association of Latino Elected and Appointed Officials (NALEO) y Harry Pachón del Tomás Rivera Policy Institute influyeron mucho en el análisis y las conclusiones del libro. Ellos son, después de todo, los verdaderos expertos en este tema.

Sonia Colín y Janet Murguia me permitieron adentrarme en la manera en que las campañas electorales de George W. Bush y Al Gore respectivamente tomaron sus decisiones para atraer el voto hispano en el año 2000. Sus testimonios son insustituibles; sin ellas no hubiera sido posible conocer las campañas de ambos partidos—Republicano y Demócrata—desde dentro.

Muchas de las ideas y argumentos presentados en este libro han sido estudiados e investigados anteriormente por muchos otros. Por eso he hecho un extraordinario esfuerzo por atribuir, acreditar y citar los argumentos, ideas y frases que no son míos. La visión de otros latinos es lo que me ha permitido acercarme al complicado tema de los hispanos.

El libro *Latinos: Remaking America,* fue fundamental para orientarme sobre los temas más importantes que actualmente afectan a los hispanos. Por eso mi agradecimiento a quienes colaboraron en su publicación: Ricardo C. Ainslie, Elaine Bernard, E. Richard Brown, María S. Carlo, Jorge Chapa, John H. Coatsworth, Wayne A. Cornelius, Rodolfo O. de la Garza, Louis DeSipio, Jorge I. Domínguez, Celia Jaes Falicov, Paul Farmer, Juan Flores, Patricia Gándara, Merilee S. Grindle, Jacqueline Hagan, David E. Hayes-Bautista, Pierette Hondagneu-Sotelo, Peggy Levitt, Luis C. Moll, Lisa J. Montoya, Gary

Orfield, Mariela Páez, Nestor Rodríguez, Richard Ruiz, George J. Sanchez, Roberto C. Smith, Catherine E. Snow, Doris Sommer, Alex Stepick, Carol Durron Stepick, Carola Suárez-Orozco, Marcelo, M. Suárez-Orozco, Silvio Torres-Saillant, John Trumpbour, Diego Vigil, Mary C. Waters, Hongjian Yu, Ana Cecilia Zentella y Barbara Zurer Pearson.

Las cifras y encuestas que aquí presento han sido un invaluable apoyo: es la realidad de los hispanos en números. Hay varios estudios que cito frecuentemente y sin los cuales este libro no tendría una sólida base de datos: "2002 National Survey of Latinos," Pew Hispanic Center/Kaiser Family Foundation; "Latinos in Higher Education," Pew Hispanic Center; "Many Enroll, Too Few Graduate," Pew Hispanic Center; "Latino Viewing Choices," Tomás Rivera Policy Institute; "Immigrants Dispel Negative Stereotypes," Public Agenda; "Mobilizing the Latino Vote, 2002," National Council of La Raza; "Latinos Potent, but Vulnerable, Force in U.S. Economy," National Academy of Sciences; "Immigrants and the Economy," National Immigration Forum. Los estudios y análisis de The Brookings Institution, Center on Urban and Metropolitan Policy, U.S. Census Bureau Public Information Office, The Urban Institute y UCLA's North American Integration and Development Center fueron también muy valiosos.

Las autobiografías de María Arana, Ilan Stavans y Richard Rodríguez son extraordinarios documentos de la incesante búsqueda de la identidad de los latinos, y los utilicé como consante guía y referencia. Ellos ya entraron y salieron de la tormenta. Los libros *Strangers Among Us* de Roberto Suro, *El Espejo Enterrado* de Carlos Fuentes y *La Raza Cósmica* de José Vasconcelos fueron muy importantes para establecer un contexto y una visión de largo plazo.

En Univision tengo los mejores jefes del mundo. Ray Rodríguez, Frank Pirozzi y Sylvia Rosabal, la vicepresidenta de noticias, han entendido perfectamente que se puede ser periodista y escritor a la vez, y me han dado el espacio y el apoyo necesarios para hacer ambas cosas. Gracias Ray. Gracias Frank. Gracias Sylvia.

El entusiasmo de Rene Alegria, mi editor, es contagioso. Él es la verdadera fuerza detrás de este libro y de Rayo, la editorial hispana de

HarperCollins. Rene es mi amigo, sabe escuchar y tiene una extraordinaria capacidad de observación. Todo lo que edita queda, invariablemente, mejor que en la versión original. ¿Cuántos escritores pueden decir lo mismo de su editor? Andrea Montejo, encargada de una buena parte de la edición en español de este libro, tiene una insuperable paciencia, tolerancia y atención al detalle. Si sus compatriotas colombianos siguieran su misma fórmula, ya habría paz en Colombia.

Bill Adler, mi agente, tiene un ojo maravilloso para detectar nuevas tendencias. Es el contacto humano—directo, sin internet, faxes o teléfono celular de por medio—y su insaciable curiosidad es lo que lo hace tan especial. Cuando él habla yo escucho.

Y, al final de cuentas, es la experiencia de más de veinte años viviendo en Estados Unidos—como inmigrante y como latino—la que me ha permitido escribir este libro. ¿Cómo se le dan las gracias a todo un país? ¿Cómo? Gracias, como quiera que sea.

PRÓLOGO

ESTADOS UNIDOS SERÁ una nación hispana.

Para el año 2125 habrá más latinos que blancos (no hispanos) en Estados Unidos. Décadas antes, en al año 2050, los blancos se convertirán en una minoría más en este país. Muchos de nosotros no viviremos para ver estos cambios, pero el proceso está en marcha y aparenta ser irreversible.

La ola latina avanza imparable, inexorable, imperturbable. Cada año hay aproximadamente un millón y medio de nuevos hispanos en Estados Unidos producto de la constante inmigración (legal o indocumentada) y de los nacimientos dentro de las familias latinas.

Es un crecimiento imparable que lo afecta todo. Los hispanos eran el 5 por ciento de la población en 1970, el 9 por ciento en 1990, el 12.5 por ciento en el 2000 y el 13.5 por ciento en el 2002; en el 2030 serán el 18 por ciento del total de habitantes en Estados Unidos, el 22 por ciento para el 2050, el 29 por ciento en el 2075, el 33 por ciento en el 2100 y el 36 por ciento en el año 2125, cuando superarán en número a los blancos no hispanos (35%). El lustro entre el 2120 y el 2125 marcará—si las tendencias se mantienen y mis cálculos son correctos—una de las mayores transformaciones demográficas del mundo; es la historia de cómo una minoría se convirtió en mayoría. Es la ola latina.

Esta revolución demográfica es, también, una revolución cultural. No es exageración. El crecimiento e influencia de la comunidad latina cambiará significativamente las estructuras de poder dentro de Estados Unidos y la forma en que vivimos en este país. Nada, absolutamente nada, será ajeno a la presencia latina.

Que no vea el que no quiera ver. Una ola arrasa a Estados Unidos, lo salpica todo e incluso los que se niegan a creerlo se van a mojar.

Estados Unidos está viviendo una verdadera revolución demográfica y esto tendrá consecuencias mucho más importantes que la guerra contra el terrorismo, el estado de la economía o los caprichos de la naturaleza.

Lo curioso es que mucha gente ni siquiera se ha dado cuenta. Aquí no se trata, únicamente, de cifras. De lo que estoy hablando es que lo latino—que implica una forma particular de ser y de pensar—está afectando, y afectará aún más, el destino de Estado Unidos. Y lo latino ya está cambiando, también, la forma de hacer política en este país.

No hay que ser visionario para darse cuenta que los latinos ya tienen el poder suficiente para influir significativamente en una elección y escoger al próximo presidente de Estados Unidos; y al siguiente y al siguiente . . . En las votaciones del año 2000 Al Gore obtuvo 50,996,582 votos, es decir, 540,520 votos más que George W. Bush, quien obtuvo 50,456,062. El voto popular (51%) fue para Gore. Lo que hay que destacar aquí es que el voto hispano en el 2000 fue casi once veces más que la diferencia que separó a Gore de Bush. Conclusión: el voto hispano puede fácilmente decidir una elección muy cerrada.

Por ahora, la fuerza política de los votantes hispanos radica en definir elecciones muy cerradas en estados que tienen muchos votos electorales. Es fácil argumentar que los latinos de la Florida decidieron la elección presidencial del año 2000 en favor de George W. Bush. Pero conforme aumente el número de latinos que se convierten en ciudadanos norteamericanos y salen a votar, la fuerza del voto hispano tomará una nueva dimensión. Dejará de ser el fiel de la balanza, y pasará a tener un peso específico importante en los estados y regiones donde históricamente se concentra la población latina. Más tarde, en el próximo siglo, toda decisión trascendental que tome esta nación tendrá que pasar irremediablemente por el filtro del voto latino. Hacia allá apuntan los números.

Los partidos y organizaciones políticas que desde ahora no ajusten sus estrategias y agendas, para incluir las preocupaciones y necesidades de los hispanos, caerán rápidamente en la irrelevancia. Es sólo cuestión de tiempo. A mí me llama poderosamente la atención cuando un funcionario o un partido político ignora a los hispanos. No se dan cuenta que ignorar a los hispanos hoy—porque, todavía, la mayoría no tiene ni la edad ni el derecho de votar—tendrá un costo político enorme en el futuro.

No queda la menor duda de que ambos partidos políticos, el Demócrata y el Republicano, están buscando con ahínco el voto hispano para las elecciones del año 2004. Si las elecciones presidenciales acaban siendo tan cerradas como muchos suponen, un bloque de votantes que hable español podría poner a cualquiera de los dos candidatos en la Casa Blanca. Pero, a veces, aún tengo la sospecha de que en las altas esferas de ambos partidos no existe plena conciencia de que los hispanos ya están cambiando—y a veces de manera dramática—el quehacer político y los mapas electorales de Estados Unidos. Y el primer lugar para notar estos cambios está, sencillamente, en los datos del censo.

Las primeras palabras de este nuevo libro las escribí el mismo día en que el diario *The New York Times* publicó en su primera página que ya había más latinos que negros en Estados Unidos. La Oficina del Censo informó poco después que el 1 de julio del 2002 ya había más hispanos (38.8 millones) que afroamericanos (38.3 millones) en Estados Unidos declarando así, oficialmente, a los latinos como la minoría más grande del país.[1] Estados Unidos, no hay duda, está viviendo un proceso de latinización que no culminará hasta que se convierta en una nación hispana durante el primer cuarto del próximo siglo. ¿Qué significa esto? ¿Qué va a pasar? ¿Cómo se va a latinizar Estados Unidos?

Existe, por supuesto, la posibilidad de que un hecho catastrófico detenga este proceso de hispanización. Una catástrofe—como un nuevo ataque terrorista, la tercera guerra mundial, la explosión de un dispositivo atómico, un mayúsculo capricho de la naturaleza—afectaría las actuales tendencias de crecimiento de los hispanos. También una decisión política radical, cargada de xenofobia, podría tratar de cerrar la frontera sur de Estados Unidos haciendo uso del ejército o de nuevos avances tecnológicos. Pero aun si se lograra detener la entrada de inmigrantes indocumentados, la semilla del cambio ya germinó. Incluso si Estados Unidos, por alguna razón, se cerrara al mundo, ya está llevándose a cabo desde dentro: hay miles de bebés latinos naciendo todos los días, el uso del español se expande de manera imparable y las costumbres de los hispanos tienden a influir a los que no lo son.

La latinización de Estados Unidos no significa que el país vaya a parecerse a América Latina. No. Lo que significa es que las prácticas, costumbres y tradiciones de los hispanos en Estados Unidos tienen y tendrán una influencia fundamental en el futuro del país. La presencia hispana resalta la condición multiétnica, multirracial y multicultural de Estados Unidos. Es el multiculturalismo, y no el monoculturalismo, la tendencia que predomina. Es su tolerancia a la diversidad—enfatizada ahora por los latinos—una de las principales características de Estados Unidos.

No hay hispanos fuera de Estados Unidos. El latino, por definición, es una persona que vive en Estados Unidos aunque haya nacido en América Latina. Y eso sólo le confiere características muy distintas—producto del choque de dos o más mundos—a las del típico ciudadano latinoamericano. El latino, por definición, es mezcla: de culturas, de idiomas, de identidades, de posibilidades, de tiempos, de pasado y de futuro.

Algunos podrían llegar a pensar que los Latinos son una nación dentro de otra nación. Pero éste es precisamente el dilema de los latinos en Estados Unidos. No somos una nación aparte. Somos diferentes, sí, pero indiscutiblemente americanos. Somos una parte de este país y no nos vamos a ir a ninguna otra parte.

Por eso es un verdadero suicidio político olvidar, menospreciar o hacer a un lado al creciente electorado latino. La época en que se podía estereotipar y descartar el voto latino (poque los inmigrantes no votan) ha quedado atrás. Los latinos nacidos en Estados Unidos serán indiscutiblemente una franca mayoría dentro de la población hispana. El partido político que hoy desprecie o ignore a los jóvenes latinos de segunda generación que aún no están en edad de votar se está poniendo una soga al cuello.

El asunto es complejo. Es cierto. Los hispanos no son un grupo homogéneo, y entenderlos—y conseguir su voto—requiere un largo y decidido esfuerzo.

Ahora bien, la pregunta fundamental es ¿qué va a ocurrir con los latinos: se van a asimilar como los grupos de inmigrantes europeos que les precedieron o van a mantener algunas de las características que los diferencian del resto de la sociedad norteamericana y se van a mantener distintos?

Hay tres escenarios posibles sobre el futuro de los hispanos, según plantean los académicos de la Universidad de Harvard, Marcelo Suárez-Orozco y Mariela Páez. El primer escenario es que repetirán la experiencia de los inmigrantes europeos y se asimilarán; el segundo escenario es que, basados en sus diferencias raciales, algunos latinos se integrarán en dos o tres generaciones con los blancos mientras que otros se mantendrán al margen; y el tercer escenario es que los hispanos, por su gran número, crearán su propio espacio sociocultural y crearán nuevas estrategias de adaptación. Yo creo más en este tercer escenario.

La tesis de este libro es que los latinos son distintos. Sí, se están integrando rápidamente a esta sociedad—sobre todo a nivel económico y político—pero no terminarán asimilándose por completo a nivel cultural. Los latinos están creando su propio espacio en Estados Unidos y serán, precisamente, estas diferencias culturales las que acabarán influyendo en el resto de la sociedad. Estas características culturales únicas de los hispanos están cambiando para siempre la cara de Estados Unidos. La teoría del *melting pot* se estrelló con los latinos.

Es cierto que la ola latina tiene una contracorriente, una resaca. Así como los hispanos están latinizando Estados Unidos, los latinos también se están americanizando, como lo argumenta Harry Pachón del Tomás Rivera Policy Institute. La americanización de los hispanos es un fenómeno que se da, sobre todo, con los latinos que llevan dos generaciones o más en este país. Sin embargo, desde mi punto de vista—y es lo que trato de demostrar en este libro—es la latinización la corriente que prevalece, que domina.

¿Por qué son distintos los latinos? Es un asunto de números, de cultura y de mantenerse conectado a su origen.

Los latinos se han mantenido conectados a la cultura de sus países de origen a través de la imparable inmigración, de la cercanía geográfica con América Latina y de los avances tecnológicos; teléfonos, celulares, correo electrónico y aviones supersónicos son puentes permanentes. Además, su rápido crecimiento—por la alta tasa de natalidad y la constante inmigración—permite que esos patrones culturales (en lugar de desaparecer como ocurrió con los inmigrantes europeos que les precedieron) se refuercen.

Contrario a lo que sucede con los latinos, los inmigrantes europeos que nos precedieron se desconectaron de su cultura y de su país de origen. No es lo mismo vivir en Los Angeles y viajar a Tijuana a ver a tu novia, o tomar un celular para comunicarte con tu madre en la ciudad de México, que haber estado en Nueva York en 1910 con un mar separándote de tus familiares en Sicilia.

Ésa es la principal diferencia entre los latinos y los grupos que les precedieron de otros países: unos se han mantenido conectados a su origen y a su cultura; los otros se desconectaron hace décadas. Es la conexión con el pasado y el presente de la cultura iberoamericana lo que alimenta, como vasos comunicantes, a la comunidad latina en Estados Unidos.

Todo lo anterior forma parte de la experiencia latina. No basta balbucear algunas palabras en español, llevar mariachis y ofrecernos tacos o mojitos para enamorarnos o para conseguir nuestro voto. Es preciso saber de dónde venimos, por qué somos distintos, cuáles son nuestros problemas y necesidades, y cómo estamos cambiando la cara de Estados Unidos.

Los latinos, sin duda, tendrán un papel vital en las elecciones presidenciales del 2004. Pueden convertirse en el voto decisivo *(swing vote)* si las elecciones son muy cerradas en los estados de California, Texas, Florida, Illinois, Nueva York, Arizona y Nuevo Mexico. En Oregon e Iowa, los latinos este año, podrían darle su bendición al ganador. Si los cálculos del Consejo Nacional de la Raza (National Council of La Raza) son correctos más de 8 millones de latinos podrían votar en las elecciones presidenciales del 2 de noviembre de 2004.

Unos ocho millones de votantes hispanos suenan a poco cuando existen actualmente más de 40 millones de latinos. Muchos acusan a los hispanos de ser apáticos políticamente. En realidad no lo son. El problema está en que dos de cada tres latinos no están en edad de votar o no se han hecho ciudadanos. Pero eso ya está cambiando. Cientos de miles de votantes hispanos se añaden cada año; unos cumplen los 18 años de edad y otros se hacen ciudadanos. Pocos, aún así, pero la influencia de los votantes hispanos es indiscutible.

El partido Demócrata y el partido Republicano están enfrascados en una lucha por el corazón—y el voto—de los hispanos. Nunca antes se habían hecho esfuerzos tan grandes por captar al votante latino. Al final de cuentas—y nos lo dicen las estadísticas—los hispanos serán mayoría en este país; el proceso está en marcha y nadie puede olvidar a este grupo de la población.

Se puede argumentar que los latinos decidieron la eleccion del 2000; los 537 votos que definieron el ganador en la Florida bien pudieron haber venido de los electores cubanoamericanos expuestos a los discursos en español de George W. Bush. Y los hispanos también podrían definir la contienda electoral en el 2004. Basta ver la atención que les están poniendo los dos candidatos presidenciales. "Ambos partidos están tratando de llegar a los hispanos en una forma sin precedentes," asegura Sharon Castillo, subdirectora de comunicaciones de la campaña Bush–Cheney. "Está muy claro que los hispanos van a jugar un papel clave [en la selección del próximo presidente]."[2] Y el partido Demócrata, que tradicionalmente obtiene la mayoría del voto latino, no está dispuesto a ceder ni una fracción al Republicano. Ambos se están peleando, como nunca antes, el derecho de controlar la agenda latina. En otras palabras, ambos se están peleando por controlar a la fuerza del futuro.

El debate sobre la lucha contra el terrorismo o respecto a la situación de la economía podrá influir en los votantes hispanos en esta elección. Pero quien esté viendo más lejos, mucho más lejos, sabe que el verdadero cambio en este país no tiene nada que ver con el terrorismo ni con la economía ni las elecciones del 2004, del 2008 o del 2016, sino con el gigantesco crecimiento e influencia de la comunidad latina. Y el que no lo quiera ver y escuchar, que se tape los ojos y oídos.

Mi hijo Nicolás, que acaba de cumplir seis años, admira enormemente a su hermana Paola. Paola es hermosa, alta, cariñosa e inteligente muchacha de 17 años que juega maravillosamente al basquetbol. Pero a pesar de su admiración, Nicolás suele retar a Paola en unos divertidos juegos de basquetbol frente a la casa. Como es lógico pensar, Nicolás nunca ha podido ganar un solo juego.

Sin embargo, después de cada partido, Nicolás le suele decir a Paola: "Cuando yo sea más grande, te voy a ganar." Y eso nadie lo duda. Nicolás es un niño muy generoso pero tiene un muy bien desarrollado el espíritu de competencia. Además, con un porte atlético y un amor por el deporte, es posible que llegue a ser tan alto o más que su hermana. Les cuento esta anécdota familiar porque, en el fondo, conlleva el mismo mensaje de este libro. Los hispanos, como Nicolás, seguirán creciendo, seguirán preparándose, seguirán educándose, y en un momento dado—que desafortunadamente ninguno de nosotros podrá vivir—superarán en número a todos los otros grupos étnicos de Estados Unidos. Ese dramático cambio demográfico tendrá enormes consecuencias políticas, económicas y culturales para este país. A diferencia de los juegos de basquetbol entre Nicolás y Paola, el crecimiento y la influencia de los hispanos no presupone necesariamente una competencia con otros grupos pero sí mayor representatividad y mayor poder para los hispanos. Ni más ni menos del que se merecen en una sociedad multiétnica, multirracial y multicultural.

Por último, una aclaración importante. Este libro no está marcado o influido por ningún favoritismo partidista; intento tratar a ambos partidos—Demócrata y Republicano—de la misma manera. No me interesa ganar votos ni apoyar a ningún candidato. Pretendo, más que nada, entender.

LA OLA LATINA

CAPÍTULO UNO

HACIENDO HISTORIA:

CÓMO LOS LATINOS DECIDIERON

LA ELECCIÓN DEL AÑO 2000

EL VOTO LATINO puso a George W. Bush en la Casa Blanca. Punto. No es extraño, pues, que en ocasiones él se llame a sí mismo Jorge Bush.

Bush sabía que los electores hispanos eran distintos a los blancos, a los afroamericanos y a los asiáticos. Y los trató de forma distinta. Gracias a eso ganó Arizona, Colorado, Nevada, Texas y la Florida. Es decir, Bush ganó cinco de los diez estados donde más del 10 por ciento de la población es de origen latino. La Casa Blanca fue el premio de una estrategia acertada. El voto hispano fue la clave en su victoria y Bush tuvo razón en concentrar sus esfuerzos en los latinos. Fueron ellos, y no otras minorías, quienes le dieron el empujón final que lo llevó a Washington.

Bush nunca ha subestimado la creciente importancia del voto hispano. Cuando ganó por primera vez la gubernatura de Texas en 1994 lo hizo únicamente con el 29 por ciento del voto latino; fue suficiente para vencer a la popular gobernadora Ann Richards. Ese 29 por ciento quizás no suene a mucho pero sí es un aumento considerable respecto al 23 por ciento de los hispanos en Texas que votaron por su padre, George H. Bush, cuando venció al demócrata George Dukakis por la presidencia en 1988.

George W. Bush entendió rápidamente que su futuro político en Texas podía depender del voto latino y para su reelección en 1998 lo había aumentado a un sorprendente 48 por ciento[1], según la versión de su misma campaña y de las primeras encuestas de salida hechas por

Voters News Service. (Ese porcentaje, sin embargo, fue rectificado y reducido al 38 por ciento tras un análisis más profundo realizado por la organización Southwest Voter Registration Project. Pero cualquiera que sea la cifra correcta, 48 o 38 por ciento, es un aumento considerable si se compara con la cifra obtenida por Bush en Texas cuatro años antes.)

No se necesita ser un observador muy perspicaz para ver que Bush sabía instintivamente donde estaban los votos claves. Desde 1994 su estrategia ha sido la misma: aumentar el voto latino. ¿Cómo hacerlo? A través de la televisión hispana, hablando (o tratando de hablar) español y enviando mensajes que enfatizan la importancia de la familia. En este último punto Bush tenía una ventaja insuperable en las elecciones presidenciales del año 2000: su propia familia.

Uno de los estudios más completos que se han hecho sobre los esfuerzos para atraer el voto latino en las elecciones presidenciales del año 2000—realizado por Adam J. Segal de la Universidad Johns Hopkins—concluye que la campaña de George W. Bush y del partido Republicano se gastó más del doble que la de Al Gore y el partido Demócrata en anuncios en la televisión en español. Según el estudio "The Hispanic Priority," Bush y los Republicanos gastaron $2,274,000 en anuncios televisivos en español frente a sólo $960,000 invertidos por Gore y los Demócratas. (La inversión de Gore en publicidad televisiva en español fue ligeramente superior a los $909,000 gastados por Bill Clinton para reelegirse en 1996.)

Pero esto no es todo. Los Demócratas y Gore cometieron un error fatal al no gastar absolutamente nada en anuncios por televisión en el Canal 23 de Univision o el Canal 51 de Telemundo en la ciudad de Miami. Son los canales en español más vistos en el sur de la Florida y sus noticieros frecuentemente vencen a los programas de noticias en inglés. Los Republicanos y Bush, en cambio, gastaron $785,000 en anuncios políticos pagados en las estaciones afiliadas de Univision y Telemundo en la ciudad de Miami.[2] Al final de cuentas, la teoría que prevalece es que fueron esos votos cubanoamericanos en Miami los que dieron la victoria a Bush en la Florida. "En una decisión que pudo haberle dado la presidencia a Bush," escribe Segal, "su campaña y el partido Republicano bombardearon duramente las televisiones en español en Miami, Fort Lauderdale, Orlando y Tampa como parte de una agresiva estrategia para ganar el estado de la Florida sus 25 votos electorales."[3]

La pregunta crítica es si realmente los votantes hispanos ven televisión en español. Todo parece indicar que sí, y que las cifras van en aumento. El diario *The New York Times,* basado en un estudio del Pew Hispanic Center, calculó que "alrededor de la mitad de los votantes hispanos dicen que ven las noticias en la televisión en inglés, 27 por ciento dicen que ven las noticias en inglés y en español, y el 19 por ciento lo hacen en español la mayor parte del tiempo."[4] Es decir, 46 de cada 100 latinos ven noticias en español. Esto coincide con los datos de Hispanic Trends (45%). Pero lo verdaderamente interesante es que en 1990 sólo uno de cada cuatro hispanos veía noticias en español; ahora casi dos de cada cuatro latinos lo hace. Es decir, los hispanos ven cada vez más las noticias en español.

El impacto de las cadenas de televisión Univision y Telemundo entre los votantes hispanos es incuestionable. Segal cita a Leonard Rodriguez—un asesor que trabajaba con la campaña de Bush—quien dice que "Univision atrae más de cuatro millones de televidentes en Estados Unidos a uno de sus noticieros y su credibilidad se ha probado con un premio Emmy por sus reportajes . . . y Telemundo esta viendo un crecimiento fenomenal." También cita a Pablo Izquierdo—un asesor de publicidad de la campaña de Gore—quien confirma que Univision y Telemundo son "cruciales . . . la estación de Univision en Miami ha sido considerada varias veces por la empresa Nielsen como más vista en *primetime* que otras estaciones en inglés."[5]

La influencia de ambas empresas va en aumento. NBC gastó más de dos mil millones de dólares en la compra de Telemundo y Univision adquirió, además, la empresa Hispanic Broadcasting Corporation (HBC) con 63 estaciones de radio en todo el país. El departamento de Justicia aprobó a Univision—dueña y/o afiliada de 50 estaciones de televisión en español—la compra de HBC en febrero del 2003 por

3,500 millones de dólares. Esto abre "el camino a un gigante que va a dominar el mercado en español en televisión, radio, música e internet," según lo describió el diario *The Wall Street Journal*.[6]

Los hispanos están particularmente preocupados con el tema de la educación para sus hijos y con las amenazas a su familia—drogas, violencia, pandillas, divorcio—que perciben en la sociedad norteamericana. Y por eso no es extraño notar que ambas campañas concentraran su publicidad en la protección de las familias frente a los problemas de criminalidad, altos costos médicos, deserción escolar, y falta de calidad en las escuelas. Pero desde los mismo títulos utilizados para definir sus anuncios, se notan las diferencias: los comerciales de los Republicanos fueron más personalizados—"Same as Mine," "How About You," "The American Dream is for Everyone"—mientras que los de los Demócratas fueron más directos—"Your Vote," "Issues," "Faces of North America."

George W. Bush tenía una ventaja sobre Al Gore y no dudó en utilizarla. Los familiares de Bush—su esposa Laura, su hermano Jeb (el gobernador de la Florida, quien habla muy bien el español), su cuñada Columba (la esposa de Jeb), su sobrino George P. Bush (hijo de Jeb y Columba) y sus padres George H. Bush y Barbara—participaron tanto en anuncios en español como en entrevistas a los medios de comunicación hispanos. La familia de Gore era mucho más reducida: solamente su esposa Tipper y su hija Kareena, la única que realmente hablaba en español, aparecieron frecuentemente en comerciales, noticias y entrevistas en las televisión latina. Al final, la familia Bush no sólo resultó ser más numerosa frente a los televidentes sino que George P. Bush fue mucho más influyente que Kareena Gore en los medios de comunicación en español.

George P. Bush fue una sensación: apareció en una portada de la revista People, había mas solicitudes de entrevista con él que con su padre, el gobernador de la Florida y yo escuché a entusiastas republicanos decir que "P" podría convertirse en el primer presidente hispano de Estados Unidos. También tuve la oportunidad de hablar con él durante la Convención Republicana en Filadelfia en el verano del 2000 y me pareció que sus intereses políticos aún no estaban bien definidos.

Pero no queda la menor duda de su impacto en la campaña: "Nos gastamos menos de $10,000 en los anuncios y obtuvimos un par de millones de dólares en publicidad ganada [gratuita]"[7] dijo el asesor de publicidad y productor de esos anuncios, Leonel Sosa. George P. Bush estuvo mejor que Kareena Gore, al menos en español.

La campaña de Bush en el 2000 estuvo mucho más centralizada que la del vicepresidente Al Gore. La misma estrategia que utilizó Bush en Texas para ganar el voto hispano fue aplicada por su asesor Karl Rove a nivel nacional. Y para eso contrataron a una persona que resultaría fundamental para llamar la atención de los votantes latinos: Sonia Colín.

No es exagerado decir que Sonia Colín fue el puente entre el candidato Bush y los latinos hispanoparlantes de Estados Unidos. Colín, nacida en la ciudad de México y con estudios de inglés y sicología de la Universidad Iberoamericana, inició su carrera como periodista en Texas. Trabajó como productora, reportera y conductora de noticieros para las dos cadenas en español, Univision y Telemundo, en la ciudad de San Antonio. Fue así que conoció al entonces gobernador George W. Bush: lo entrevistó en varias ocasiones e incluso fue invitada dos veces a la cena de navidad organizada para la prensa en la casa de gobierno en Austin.

Durante su campaña de reelección en 1998, el gobernador estaba batallando para aumentar el voto hispano y en una ocasión, antes de una conferencia de prensa sobre la prevención del crimen en San Antonio, Texas, no supo cómo decir una frase en español. Volteó a su alrededor y encontró a Sonia Colín. Bush le preguntó cómo traducir al español lo que quería decir y Colín se lo apuntó en un papel. Bush nunca olvidaría ese gesto de Colín.

Después de su reelección, Colín y Bush se volverían a reunir para una entrevista. "¿Qué haría usted por los hispanos si se lanza a la presidencia?" le preguntó Colín, a lo que Bush contestó con otra pregunta: "¿Qué harías tú?" Tras la entrevista Bush le pidió a Colín que se reuniera con sus asesoras Karen Hughes y Mindy Tucker. En septiembre de 1999 Colín fue nombrada portavoz y coordinadora hispana de la campaña de George W. Bush para la presidencia. Por primera vez en la historia se creaba una posición como ésta para un candidato Republicano a nivel nacional.

Colín sabía cosas que nadie más sabía dentro de la campaña de Bush. Ella tenía un conocimiento profundo de los medios de comunicación en español en Estados Unidos y la sensibilidad de saber cómo les gusta a los hispanos que les hablen. Colín conocía o sabía los nombres de los conductores de los principales noticieros de televisión a nivel nacional al igual que el de los reporteros de la radio hispana y de los periódicos en español de las poblaciones más pequeñas de Texas, California, Florida, Nueva York e Illinois. A esos locutores y periodistas a los que nadie nunca les había puesto atención—porque hablaban español, porque representaban medios de comunicación muy pequeños, porque vivían desconectados del mundo político en Washington, porque su audiencia era gente que nunca antes había votado en su vida—fue a quienes Colín empezó a llamar.

"Cuando yo llegué, honradamente, no tenían una estrategia en español en la campaña de Bush," me dijo Colín en una entrevista para este libro. "Había mucha necesidad de mandar información en español a los medios. Todo lo que salía en inglés, todo, yo lo quería tener en español. Yo quería dar a conocer lo que yo veía." Y lo que Colín veía era "un hombre que se sentaba a comer tacos, en las banquetas, que te trataba como a un amigo de toda la vida en las recepciones que tenía en su casa, que se preocupaba por hablar en español." Fue precisamente esa imagen de un Bush sencillo, familiar y accesible la que se difundió en los medios de comunicación en español durante la campaña y que se contrastó con la de un Al Gore acartonado e inalcanzable por su puesto como vicepresidente de Estados Unidos.

Recuerdo perfectamente que todo lo que hacía Bush durante su campaña nos llegaba poco después—en audio, video, fotografía o comunicado de prensa—traducido al español y casi listo para ser transmitido. Para los medios de comunicación más pequeños, con menos recursos, el bombardeo constante de información que provenía en español de la campaña de Bush era una oportunidad única de no quedarse atrás. El problema era conseguir el mismo tipo de material de parte de la campaña de Gore para balancear los informes periodísticos.

La realidad es que el material proveniente de la campaña de Gore no siempre estaba disponible, no estaba traducido al español o no se distribuía con la misma rapidez.

Colín trabajó con un máximo de ocho voluntarios y dos traductores a tiempo completo. No tenía asistente ni secretaria y trabajaba en un pequeño cubículo. Pero sí tenía el apoyo de al menos 125 personas dentro de la campaña de Bush y, lo más importante, acceso diario al asesor político Karl Rove, a la directora de comunicaciones, Karen Hughes, a su asistente, Mindy Tucker, y al director financiero Joe Allbaugh. "Yo hablaba con Karl Rove y Karen Hughes todos los días," me confirmó Colín, "varias veces al día." Siempre estuvo muy claro que Rove y Hughes eran los responsables de la estrategia para conseguir el voto latino, y que Colín la implementaba. Lo que pasa es que Colín usó canales que Rove y Hughes ni siquiera sabían que existían.

"Mis estrategias resultaron en un ahorro multimillonario para la campaña," me dijo Colín. "De la inversión que se hizo en publicidad pagada, se logró al menos un 300 por ciento en publicidad ganada. El uso adecuado de los medios de comunicación hispanos—que significaba credibilidad para el candidato y un ahorro multimillonario para la campaña—fue muy bien recibido por Karen, Joe y Karl. De hecho, se logró la cobertura más extensa en medios hispanos en la historia de un candidato a la presidencia."

Colín pronto se dio cuenta que con el candidato Bush no bastaba y que necesitaba "reclutar hispanos que hablaran español y que estuvieran de acuerdo con las ideas y los valores conservadores." Hizo una lista de unos 60 portavoces, entre quienes estaban Jeb Bush, Rosario Marín, Hector Barreto, William de la Peña, Tony Garza, María Ferrier, Abel Maldonado, Henry Bonilla, Al Cardenas, Mel Martínez y muchos otros. La idea era que en cualquier lugar donde hubiera un posible votante hispano hubiera alguien de la campaña de Bush que hablara español, para tratar de convencerlo de que votara a su favor. Dichos portavoces realizaron más de 300 entrevistas en español durante la campaña. Para Colín, había "14 millones de votantes hispanos potenciales."

Un apoyo fundamental para los esfuerzos de Colín fue Laura Bush.

"Ella se caracterizó por ser accesible, sencilla y muy receptiva a mis sugerencias," me comentó Colín. "Como ejemplo, en 1999, gracias a su apoyo y empeño, los Bush grabaron su primer mensaje navideño en español, el cual se difundió vía satélite a todos los medios del mundo." Para Colín, éste fue otro claro ejemplo de publicidad ganada.

Colín entendía que la mayoría de los latinos todavía tienen familia en América Latina y Europa, y por eso los medios de comunicación en México, Centro y Suramérica y España también recibían el material de Bush hablando en español y podían coordinar entrevistas con los portavoces hispanos de la campaña. Y cuando Karl Rove le preguntaba a Colín sobre por qué estaba dando tantas entrevistas a la prensa extranjera, ella argumentaba que se trataba del voto indirecto. "Ellos, fuera de Estados Unidos, no votan," le explicaba, "pero la abuelita o el tío del posible votante decían: 'Oye, Bush habla español.' " Estos comentarios podrían generar, quizás, algunos votos más. Y en una contienda tan cerrada como la del 2000 cada voto sería esencial.

El principal éxito de Colín, sin embargo, fue hacer que Bush hablara español. Ambos seguían el mismo patrón de aquel día en que Bush le solicitó ayuda a Colín en Texas: Bush preguntaba cómo se decía algo en español, Colín se lo apuntaba en un papelito y ponía al candidato a practicar la pronunciación correcta antes de una entrevista. El resultado no siempre era el esperado: sus frases estaban llenas de errores gramaticales y su pronunciación dejaba mucho que desear. Pero llamaba poderosamente la atención el esfuerzo de Bush por comunicarse en español. En particular sorprendía que a Bush no le preocupara cometer errores durante entrevistas de radio y televisión en español.

Por instinto político, tanto Colín como Bush sospechaban que esa estrategia les atraería más votos. Y tuvieron razón. Años más tarde, en mayo del 2003, el Instituto de Política Tomás Rivera dio a conocer un estudio que confirmaba que la estrategia de Bush y Colín para obtener el voto hispano era la correcta.

"Muchos televidentes latinos que son bilingües le ponen atención a los políticos que hacen el esfuerzo de hablar con ellos en español," concluyó el estudio que incluyó las respuestas de 1,232 televidentes de las ciudades de Los Ángeles, Houston y Nueva York. "Ese esfuerzo sólo le importó a la mitad (47%) de los que respondieron, pero para ellos la reacción fue altamente positiva. Claramente, los candidatos y los políticos tienen que referirse también a las necesidades de los hispanos, pero el lenguaje puede ser un instrumento para lograr esa primera conexión." [8]

Una de las conclusiones del estudio podría cambiar, para siempre, la forma en que se hacen campañas políticas para atraer a los votantes latinos: "Los programas de noticias atraen a los latinos bilingües a las estaciones en español. Esto indica la fuerza de los programas en español y la debilidad de las transmisiones en inglés. Para políticos, candidatos, funcionarios y cualquier otro que hable sobre asuntos públicos, lo importante es saber que los latinos sólo pueden ser alcanzados a través de una combinación de medios en inglés y en español. Los medios en inglés tienen que reconocer que no han tenido éxito en atraer a inmigrantes y a televidentes latinos bilingües a través de sus programas de noticias." [9]

Colín percibía esto y se preocupó de que Bush aprendiera algunos dichos y frases chistosas en español. A mí, por ejemplo, me sorprendió cuando al final de una entrevista me dijo: "Tengo los ojos de mi padre pero la boca de mi madre."

Ese tipo de comentarios, muy personales, que combinaban el sentido del humor con un mayor conocimiento de su familia, son los que acercan a un candidato con el votante. Y si son en su propio idioma, el impacto es mucho mayor. Además, pocos televidentes hispanos esperaban que un candidato se atreviera a expresar un tipo de comentario que uno solamente suele escuchar en su propia familia.

"No estoy abregado" me dijo en esa misma ocasión sin que nadie pudiera descifrar qué quiso decir o si era un intento de hablar portugués. Luego, revisando la grabación, nos dimos cuenta que Bush quería explicarnos que él no era un abogado. Bush decía "tarreras" en lugar de "barreras" y frases tortuosas como "yo puedo hablar español más bueno que ellos." Sin embargo, sus respuestas en español durante las entrevistas solían incluir frases dirigidas específicamente a los intereses de los hispanos:

"El español es un idioma muy grande y muy importante aquí en este país."

"Yo quiero que México y también los otros paises en *Central America,* el sur de América, tienen *economies* que son muy fuertes."

"El sueño americano es para todos."

"Es importante para todos los niños pueden leer."

"Juntos sí podemos," (mencionado, también, en su discurso de toma de posesión).

"Tenemos mucho en común."

"Con ganas," (utilizado, fundamentalmente, en California).

Hablando sobre la discriminación contra los latinos, me dijo:

"Es una lástima. Es importante que todas las personas que viven en este país reciban respeto. . . . Sí, ellos han tenido palabras muy feas para las personas hispanas. Y las palabras de Jorge Bush son diferentes. Yo dice que el sueño es para todos."

Sobre Bill Clinton:

"El presidente es muy preocupado con mí . . . porque él piensa que voy a ganar."

Al final de las entrevistas Bush solía decir "Puedo un poquito [español] pero no quiero destruir un idioma muy bonito y por eso voy a hablar un poquito en español pero mucho en inglés." Y luego soltaba una carcajada o una sonrisa.

El papel de Colín dentro de la campaña fue notado inmediatamente por la prensa en inglés. *The Wall Street Journal* reportó que Colín era "la asistente de Bush que lo había convencido a hablar más español durante sus entrevistas con la prensa hispana."[10] *Los Angeles Times* la describió como "una experta en propaganda bilingüe" *("bilingual spin doctor")*[11] y *The Washington Post* informó que "con la ayuda de Colín, la campaña de Bush tiene casi un servicio paralelo de sus operaciones en español."[12]

Como conductor del Noticiero Univision entrevisté en dos ocasiones a Bush cuando era candidato presidencial. Y si no lo hice más fue porque Al Gore sólo me había concedido una sola entrevista y no queríamos tener un desbalance en nuestra cobertura política. Varios de mis compañeros, tanto conductores como reporteros, tenían el mismo dilema: la campaña de Bush proporcionaba mucho más acceso al candidato—y a sus discursos y presentaciones con traducción al español—que la de Gore, y periodísticamente no podíamos dar más información de un candidato que de otro. Pero dudo mucho que otros medios de comunicación en español, con menos recursos, hubieran sido tan estrictos con sus políticas de cobertura periodística. La decisión para ellos era sencilla: si tenían a su disposición el material de un candidato, lo utilizaban. Punto. No es de extrañar, pues, que la voz de Bush en español dominara en la televisión y las ondas radiales. ¿Por qué? Simplemente porque Al Gore casi no decía nada en español.

Mis entrevistas con ambos candidatos nunca estuvieron limitadas a temas típicamente hispanos—migración, deserción escolar, etcétera—sino que abarcaron, al igual que las entrevistas hechas por otros periodistas para canales de televisión en inglés, desde asuntos económicos hasta temas de política exterior. Pero en el caso específico de Bush, sí se diferenciaron por los saltos constantes del inglés al español y a las tierras movedizas del *espanglish*.

Durante mi primera entrevista con el gobernador de Texas y candidato Republicano a la presidencia en noviembre de 1999, Bush contestó con algunas frases en español a catorce de mis preguntas. Durante mi primera y única entrevista con Al Gore en marzo del 2000, el candidato presidencial del partido Demócrata solo me dijo una sola frase en español: "Me gusta practicar mi español." Al final de mi conversación con Gore le recordé que en 1998 él había cantado un *rap* en español, con la esperanza de que me repitiera algunas de las estrofas musicales. Fue imposible. Gore sonrió y dio por terminada la entrevista.

¿Qué importancia le dio la campaña de Gore a una entrevista con el noticiero en español más visto en Estados Unidos? Es difícil saberlo pero Gore se presentó casi solo, sin ninguno de sus principales asesores. En cambio, en las dos entrevistas con Bush, la directora de comunicaciones, Karen Hughes, y Sonia Colín siempre estuvieron presentes.

Nadie, nunca, debe votar por un candidato presidencial sólo porque hable algunas palabras en español. Es preciso conocer su mensaje y medir en lo posible las repercusiones concretas que sus políticas tendrán en la vida del votante, en su familia y su comunidad. Pero también es obvio que un candidato que habla algo de español, como Bush, puede tener una ventaja sobre alguien que solamente dice frases hechas, como Gore—"Sí se puede," "Claro que sí," "P'alante, siempre p'alante," "Comunidad boricua"—durante unas elecciones en las que uno de cada dos votantes hispanos escucha las noticias en español.

Además de las marcadas diferencias en el uso del español, hubo otros elementos que también influyeron de manera significativa en la prensa hispana. El acceso y el tiempo que se pasa con un candidato es fundamental para cualquier periodista. Es la única forma de conocerlo y medirlo. La campaña de Bush le dio acceso al Noticiero Univision— el más importante e influyente en español en Estados Unidos—casi cuatro meses antes que la de Gore. Ninguna de mis entrevistas con Bush duró menos de media hora; la primera fue realizada en la casa del gobernador en Austin, Texas, y la segunda durante un viaje de tren entre Oxnard y Ventura en California. Antes y después de las entrevistas hubo tiempo para conversar y para que el equipo se tomara fotos con el candidato. La entrevista de Gore con el Noticiero Univision, en cambio, no pasó de los 20 minutos y se realizó en la vacía sala de un hospital en Miami. Gore andaba cansado y de prisa y no hubo mucho tiempo para fotografías luego de la entrevista. Esto, desde luego, son sólo anécdotas de un periodista. Pero sí reflejan las diferencias en el manejo de la prensa hispana por parte de ambas campañas.

Uno de los principales retos de Colín dentro de la campaña fue lograr que los periodistas hispanos tuvieran acceso al candidato tanto como los reporteros que trabajan en inglés. La pelea diaria de Colín era lograr que en la agenda de Bush hubiera encuentros con corresponsales latinos. Colín calcula que Bush dio unas cien entrevistas a los medios de comunicación en español durante la campaña presidencial del 2000. Nunca antes, ningún candidato, había hablado tanto y en español con la prensa hispana.

Al final de cuentas, Bush obtuvo el 31 por ciento del voto hispano. ¿Y eso se considera un triunfo? Sí. En 1996 Bob Dole había obtenido únicamente el 21 por ciento del voto latino; Bush lo incrementó en 10 puntos. Además, la campaña de Bush logró que el voto hispano para el candidato Demócrata a la presidencia bajara de 72 por ciento (con Bill Clinton) en 1996 al 67 por ciento que obtuvo Al Gore en el 2000.[13]

Colín tuvo mucho que ver con los resultados de Bush y él lo sabía. Ella recuerda con cariño algunos de sus encuentros." Ah, ya llegó mi maestra," solía comentar el entonces gobernador cuando veía a Colín, acompañada de sus hijos, José Alberto y Alejandro. Su "madre ha hecho una gran diferencia en mi vida," les decía.[14] *"She is a proud mama,"* bromeaba Bush en voz alta al verla llegar a las reuniones en la casa del gobernador en Austin. *"Look at her, she is a proud mama."*

Lo sorprendente es que, al terminar la exitosa campaña presidencial, Colín no hubiera sido invitada a formar parte del equipo de comunicaciones en la Casa Blanca. Pero ésa es otra historia que ella prefiere no contar por ahora.

A pesar de la inexplicable decisión, Colín dice sentirse tranquila por haber sentado las bases de una exitosa política de comunicación hacia los hispanos. "Lo más importante," me dijo, "es haber logrado un precedente para que los políticos les den a la prensa y a los periodistas hispanos el lugar que se merecen."

Cuando a los productores del programa *Sábado Gigante*—el más popular de la cadena Univision, e incluido recientemente en el libro Guinness de récords por ser el programa que más tiempo se ha mantenido al aire en la historia—se les ocurrió invitar a su programa a los dos candidatos el fin de semana anterior a las elecciones presidenciales del 2000, pensaron que serían rechazados inmediatamente. Pero, por el contrario, recibieron una pronta respuesta por parte de la campaña de George

W. Bush. "Fueron muy accesibles," me dijo Marcelo Amunátegui, el productor ejecutivo del programa. "Había una hispana clave dentro de la campaña, Sonia Colín, y ella inmediatamente se puso a buscar fechas posibles para la entrevista."[15]

La entrevista se realizó en el rancho privado de Bush en Crawford, Texas. "Es un honor que usted esté aquí," le dijo Bush a Mario Kreutzberger "Don Francisco," el presentador durante más de cuarenta años del programa *Sábado Gigante.* "No me gusta dar entrevistas en el rancho; además de usted sólo ha venido aquí Barbara Walters (ABC News)." La conversación con Bush duró unos cuarenta y cinco minutos; el gobernador iba vestido con jeans, botas y camisa de manga corta. "Bush siempre trató de hablar español." Me comentó Amunátegui, "hizo un gran esfuerzo por hablar español y me parece que entiende mucho más de lo que puede hablar."

La entrevista con Al Gore fue mucho más complicada. Su campaña tardó más en aceptar la propuesta, y luego, sus asesores ya no la pudieron rechazar cuando se enteraron que Univision había pactado, también, una entrevista con Bush. La coordinación fue con Dagoberto Vega, uno de los asistentes hispanos de la campaña de Gore. La oferta de realizarla en la oficina de Gore en Washington fue rechazada por los productores del programa; querían algo más humano. Tampoco les gustó la idea de hacerla en el avión del vicepresidente. Finalmente, decidieron hacerla en Nueva York, pero antes de que llegara "Don Francisco" a la ciudad, la entrevista fue cancelada y los camarógrafos tuvieron que regresar a Miami. "Problemas en la agenda del vicepresidente," fue la razón oficial. El conflicto entre israelíes y palestinos obligó a Gore a regresar a Washington para una reunión de emergencia.

La siguiente cita fue en Cedar Rapids, Iowa, donde Gore tendría un evento de campaña. A los productores de Univision les pareció extraño que la campaña hubiera escogido un lugar así, con pocos hispanos y donde apenas se juntaron unas cuatro mil personas para ver al candidato Demócrata a la presidencia. Y cuando ya estaba todo listo para la entrevista, en una aburrida oficina de gobierno, Dagoberto Vega les informó que el vicepresidente tenía que volver a cancelar por la muerte del gobernador de Missouri, Mel Carnahan. Gore tenía que volar inmediatamente a St. Louis. Gore, percibiendo la incomodidad del equipo de *Sábado Gigante* con tantos cambios de fecha, entró a la oficina para disculparse personalmente. "Para mí es muy importante esta entrevista," le dijo Gore a Kreutzberger. "La necesito hacer; yo sé quién es usted."

Finalmente, quedaron de verse en Albuquerque, Nuevo México. Y ahí, en una sala del aeropuerto, realizaron la entrevista. Gore iba vestido de traje y corbata. "No hubo manera de hacerlo hablar español," me dijo Amunátegui. El productor, de origen chileno, también recuerda que le llamó la atención que Tipper Gore hubiera enviado una cinta de video para el programa en que no hacía ver muy bien a su esposo. Tipper rememoraba que en su primer aniversario de bodas, Gore olvidó llevarle un regalo, y en cambio sacó de la cajuela del auto una enorme caja con una máquina para cortar la hierba. Gore se murió de la risa al ver el video de su esposa. Pero a Amunátegui le sorpendió que la campaña hubiera permitido que se difundiera una información que hacía ver al candidato como un desconsiderado con su esposa o como un *workaholic*.

La coordinación y realización de la entrevista entre Gore y Kreutzberger refleja claramente los problemas de fondo que enfrentaba la campaña del vicepresidente: Gore tenía muchas responsabilidades como vicepresidente y no podía dedicar 100 por ciento de su tiempo y energía a la campaña; las constantes cancelaciones al programa más visto de la televisión en español demuestran que la participación de Gore en *Sábado Gigante* nunca fue una prioridad para su campaña ni para el partido Demócrata; y ninguno de los principales estrategas de la campaña estuvo encargado de coordinar la entrevista que saldría el sábado 4 de noviembre de 2000, tres días antes de las elecciones presidenciales. Los cambios de jefe, o *chairman,* de campaña—primero Tony Cohelo y luego Bill Daley—tampoco ayudaron a darle coherencia al esfuerzo presidencial de Gore con los hispanos.

Dentro de la campaña de Gore estaban conscientes de que tenían que hacer esa entrevista con *Sábado Gigante,* pero me pregunto si muchos sabían exactamente por qué. En la campaña de Bush siempre supieron que a través de "Don Francisco" podían conseguir los votos latinos que tanto necesitarían en una contienda muy cerrada. Y eso es exactamente lo que ocurrió en la Florida.

Janet Murguia, quien trabajó en la Casa Blanca durante la administración del presidente Clinton como subdirectora de asuntos congresionales era la hispana de más alto rango en la campaña por la presidencia de Al Gore. Como subadministradora de la campaña,[16] Murguia—hija de inmigrantes mexicanos y actual directora ejecutiva (COO) del Concilio Nacional de la Raza—tenía la responsabilidad de asesorar al vicepresidente sobre cómo ganar el voto hispano. Pero Murguia no tuvo la autoridad necesaria entre los asesores del vicepresidente para reorientar la campaña de Gore y enfatizar la búsqueda del voto latino.

La estrategia para ganar el voto latino entre los Demócratas nunca estuvo concentrada en un pequeño grupo, como en el caso de la campaña de Bush. El primer problema es que el esfuerzo para conquistar el voto latino estuvo dividido geográficamente: la estrategia hispana tenía que coordinarse entre el grupo que trabajaba en la campaña con el vicepresidente en Tennessee y el que operaba desde el Comité Nacional Demócrata (DNC) en Washington. Cualquier decisión tomaba tiempo y requería de varias reuniones y llamadas telefónicas entre Washington y Tennessee antes de implementarse.

El segundo problema fue el dinero. ¿Por qué gastó la campaña de Gore tan poco dinero en la televisión en español? Gore apenas gastó $51,000 por encima de los $909,000 invertidos por Clinton en anuncios de la televisión hispana durante su campaña de reelección en 1996.[17] "Mucho tiene que ver con el dinero y con las cantidades que se invirtieron en la comunidad latina," analiza Murguia en retrospectiva. "Yo, ciertamente, sentía que era importante utilizar los medios de comunicación en español; pero el problema es que nos estaban dando un presupuesto que, cuando es limitado, no te permite realizar un esfuerzo creíble para llegar a la comunidad [hispana]."[18] Murguia y sus asistentes no siempre contaron con traductores de tiempo completo y no pudieron bombardear a la prensa hispana con audios, videos y boletines de la misma forma en que lo hicieron los Republicanos.

Tampoco contaron con el mismo número de portavoces hispanos que tenía la campaña de Bush. "Esto sí marcó la diferencia"[19] reconoció Murguia.

El tercer problema—y para los Demócratas el más serio—fue no darle prioridad al voto latino. El partido Demócrata está conformado por distintos grupos minoritarios, cada uno de los cuáles lucha al interior del partido para obtener más atención y una porción mayor del presupuesto de campaña. Para los Demócratas, el voto hispano era tan importante como el de los afroamericanos, los asiáticos, las mujeres o los mayores de edad.

"Lo que estábamos tratando de hacer era responder, no solo a la comunidad hispana, sino también a los afroamericanos, a las mujeres, a las enfermeras, a los maestros," me dijo Murguia en una entrevista. "Estábamos movilizando a varios grupos y no teníamos el lujo ni los recursos adicionales para invertir estrictamente en la comunidad hispana, como lo estaban haciendo los Republicanos."[20] A esto hay que añadir los frecuentes cambios de personal entre la junta directiva de la campaña de Gore.

El último problema era que ninguno de los principales asesores del vicepresidente era un experto en temas hispanos y que el mismo vicepresidente nunca había sido obligado en su carrera como político en Tennessee y en Washington a desarrollar una estrategia dedicada a obtener el voto latino.

Murguia no considera que la incapacidad del vicepresidente Gore de comunicarse en español haya sido un factor importante para los votantes hispanos; ella considera cosa del pasado los días en que comer un taco, ir a una fiesta o usar una frasecita en español era suficiente para ganar apoyo entre la comunidad latina. "Mucha gente va a apreciar el gesto, pero no creo que voten o dejen de hacerlo en base a que alguien habló un poquito de español," me dijo. "La comunidad latina es cada vez más sofisticada."

Es cierto. Pero la pregunta es si Gore logró convencer a los votantes hispanos de que él y no Bush entendía mejor aquello que se denomina la "experiencia latina." Ésta es un frase que se está usando con mucha frecuencia entre aquellos que sostienen que el fondo es más importante que la forma y que la posición de un candidato con respecto a ciertos temas es más relevante que la manera en que se comunique.

Para ser francos, por el hecho de haber sido un gobernador en un estado fronterizo con México, de tratar de hablar español y de enfatizar temas vinculados a la familia, Bush sugirió que entendía mejor la "experiencia hispana," a pesar de estar en el lado equivocado en los temas importantes para los hispanos, como aseguran sus críticos Demócratas.

Todos estos elementos—un candidato que no hablaba español, menos dinero para anuncios en la televisión hispana, un partido y un presupuesto divididos entre sus distintos grupos y minorías, la ausencia de una estrategia que marcara como prioridad el voto hispano, una operación que no contaba con un servicio de información paralelo en español y la carencia de una mayor presencia y sensibilidad hispanas entre los principales asesores del vicepresidente—afectaron negativamente la campaña de Gore.

"Queríamos que ganara," me comentó Guillermo Meneses, quien trabajó desde el partido Demócrata para conseguir votos hispanos para Al Gore. "Algo que tienes que recalcar es que no había falta de interés, energía o entusiasmo por parte de los que trabajamos durante la administración Clinton par elegir a Gore: le dimos el 150 por ciento de nuestro tiempo y nuestra energía."[21] Pero no fue suficiente.

En retrospectiva Murguia cambiaría ciertas cosas. Para ella es preciso tomar decisiones cruciales, drásticas, en ciertos estados y enfatizar allí el esfuerzo para conquistar el voto latino. "Tenemos que tomar decisiones estratégicas en Texas, Florida, California, y quizás en Nevada, Nuevo México, Illinois, Michigan," concluyó. "Tenemos que ser más inteligentes para obtener los votos que van a llevar a tu candidato a la victoria."[22] Por ahora, la victoria en el caso de los Demócratas, tendrá que esperar.

En el año 2000 había diez estados que tenían una población hispana superior al 10 por ciento: Illinois (12.3%), Nueva Jersey (13.3%), Nueva York (15.1%), Florida (16.8%), Colorado (17.1%), Nevada

(19.7%), Arizona (25.3%), Texas (32%), California (32.4%) y Nuevo México (42.1%).[23] Cualquier campaña que estuviera interesada en enamorar el voto latino tenía que concentrarse en esos diez estados.

Es cierto que California—con 10,966,556 latinos en el 2000—y Texas—con 6,669,666 hispanos—concentran prácticamente la mitad de la población de origen latino en Estados Unidos. Pero el sistema de votación norteamericano, basado en votos electorales por estado, quita el énfasis y la importancia en estas cifras totales para centrarse en el porcentaje de latinos que votan en cada estado.

Es decir, la importancia del voto hispano radica en poder definir una elección a pesar de no ser el voto mayoritario. En unas elecciones muy cerradas—como las que vimos en el año 2000—los latinos pueden ser quienes escogen al nuevo presidente. Los latinos tienen el voto que rompe el balance. Ésa es nuestra fuerza. Dentro de ciento veinticinco años—cuando haya más latinos que blancos no hispanos en Estados Unidos—nuestra fuerza será la de los números; por ahora es la de poder empujar para un lado o para otro el fiel de la balanza electoral.

En las elecciones presidenciales del 2000 votaron 5,934,000 latinos, de un total de 110,826,000 votantes en Estados Unidos. Es sólo el 5 por ciento del total. En un sistema electoral basado en el voto popular, ese 5 por ciento desaparecería, se ahogaría en un mar de votantes. Pero es precisamente el sistema basado en votos electorales lo que permite a los votantes hispanos elegir presidentes. Los hispanos son el *swing vote;* pueden marcar si un estado es definido como Demócrata o Republicano.

Bush ganó cinco estados (Arizona, Nevada, Colorado, Texas y Florida) que tienen un alto porcentaje de población latina y perdió cinco (California, Nuevo México, Nueva Jersey, Illinois y Nueva York). Pero con esos le bastó. ¿Por qué?

Porque desde 1960 cualquier candidato que haya ganado dos de estos tres estados—California, Texas y Florida—se ha llevado la presidencia. Ahora vamos a ver cómo el voto latino puede definir una elección y cómo Bush ganó en Florida y Texas. Empecemos con Texas.

En 1988 George H. Bush obtuvo sólo el 23 por ciento del voto latino en Texas y perdió ese estado frente al candidato Demócrata, Michael Dukakis, quien obtuvo el 76 por ciento del voto hispano.[24] Desde luego que la presencia de Lloyd Bentsen, un texano, como candidato a la vicepresidencia por el partido Demócrata tuvo mucho que ver en ese resultado.

El gobernador de Arkansas, Bill Clinton, se llevó el 58 por ciento del voto latino en Texas en 1992 y luego el 75 por ciento en 1996. Bob Dole apenas obtuvo el 17 por ciento del voto hispano en Texas cuando fue el candidato Republicano a la presidencia.

En cambio, en las elecciones del 2000, George W. Bush rompió la tendencia que habían marcado Dukakis y Clinton durante doce años, y consiguió un 43 por ciento del voto latino; así se llevó fácilmente el estado de Texas.[25] Ese porcentaje es muy similar al que Bush obtuvo en 1998 para reelegirse como gobernador.

CAMBIOS EN EL VOTO LATINO EN TEXAS				
	REPUBLICANOS		DEMÓCRATAS	
1988	GEORGE H. BUSH, PADRE	23%	MICHAEL DUKAKIS	76%
1996	BOB DOLE	17%	BILL CLINTON	75%[26]
2000	GEORGE W. BUSH	43%	AL GORE	54%

Ésta es una clara muestra de cómo un viraje del voto latino puede cambiar cualquier elección. Cuando el voto latino apoyó a Dukakis y a Clinton, ambos ganaron la elección en Texas, pero cuando George W. Bush consiguió que cuatro de cada 10 latinos votaran por él los resultados totales en Texas le favorecieron. Ni siquiera necesitó el 50 por ciento del voto latino.

BUSH EN FLORIDA

En Florida los Republicanos siempre se han sentido seguros. En 1992 George H. Bush, padre, obtuvo dos de cada tres votos hispanos en Florida y le ganó fácilmente el estado a Bill Clinton. La pérdida de Florida no fue vital: Clinton ganó la elección presidencial. Sin embargo, a Clinton le había quedado la espinita de esa derrota y estaba dispuesto a cambiar las cosas para 1996.

En las elecciones de 1992 Clinton sólo obtuvo el 31 por ciento del voto latino en la Florida. La comunidad cubanoamericana temía que Clinton levantara el embargo estadounidense contra la dictadura de Fidel Castro y, peor aún, que acompañara la decisión con un viaje a La Habana (igual que lo había hecho antes Richard Nixon con China). Nada de eso ocurrió. Tras un notable incremento de balseros que arriesgaban la vida en el estrecho de la Florida, los gobiernos de Estados Unidos y Cuba establecieron en 1995 un nuevo acuerdo migratorio; todos los balseros detenidos en altamar serían deportados a Cuba, pero aquellos que lograran tocar tierra podrían quedarse permanentemente en Estados Unidos. Disminuyó considerablemente el flujo de balseros cubanos y, también, la poca popularidad de Clinton entre el exilio del sur de la Florida.

Pero en febrero de 1996 el gobierno de Fidel Castro cometió un terrible asesinato: sus aviones de combate MiG derribaron dos avionetas de la organización Hermanos al Rescate. Sus cuatro tripulantes murieron. El gobierno del presidente Clinton tuvo que dar marcha atrás a sus supuestos planes de acercamiento con Cuba y tras considerar varias medidas de represalia—incluyendo un posible ataque a bases militares cubanas—decidió apoyar la aprobación de la ley Helms-Burton que reforzaba el embargo contra la isla. Aunque muchos cubanoamericanos hubieran deseado una represalia más fuerte, Clinton logró modificar ligeramente la percepción negativa que había de él dentro de algunos sectores del exilio cubano. En las elecciones de noviembre de 1996, Clinton ganó el 42 por ciento del voto hispano en Florida. Ganó también el condado Miami-Dade y el voto total en Florida: ningún candidato presidencial Demócrata había logrado algo así desde 1976.

La postura de distanciamiento de Clinton hacia Cuba no cambió mucho durante el resto de su presidencia. Durante una entrevista con el presidente Clinton en la Casa Blanca, en mayo de 1997, le pregunté por qué razón China—siendo una dictadura al igual que

Cuba—recibía un trato comercial muy distinto al régimen de La Habana. "Hace poco le dispararon a gente en pleno vuelo y los asesinaron," me dijo Clinton, refiriéndose al derribo de las avionetas de Hermanos al Rescate. "Y yo no tengo información de que China haya asesinado a ningún norteamericano recientemente; si lo hubieran hecho yo tendría una actitud diferente respecto a nuestra relación comercial."[27] En otras palabras, si la dictadura de Castro no hubiera atacado esas avionetas es posible que el embargo contra la isla se hubiera levantado. Pero todo queda en el terreno de las especulaciones.

La realidad política es que con el endurecimiento de la política norteamericana hacia Cuba, Clinton aumentó significativamente el porcentaje de cubanos que votaron por él y se llevó la Florida de paso. Ese paréntesis de paz de Clinton con la comunidad cubana no duraría mucho. Y al final, sería Al Gore quien pagaría las consecuencias del enfrentamiento de la comunidad cubana con el gobierno de Clinton.

LA SAGA DE ELIÁN

El 25 de noviembre de 1999 un niño de cinco años era rescatado de las costas de la Florida. Poco después cumpliría seis años y su nombre sería conocido en todo el mundo: Elián González. Él fue uno de los tres sobrevivientes de una lancha de aluminio, de cuatro metros y medio de largo, que naufragó. Elián estuvo flotando 50 horas en un neumático en un mar infestado de tiburones hasta que dos pescadores lo rescataron. Once personas murieron en el naufragio, incluida su madre, Elisabet.

En Miami, la familia de Lázaro González, el tío abuelo de Elián, se hizo cargo temporalmente del niño. Pero su padre, Juan Miguel González, dijo que su hijo había salido de Cuba sin su autorización, que había sido secuestrado por la madre y quería que fuera regresado de inmediato a la isla. Lo que siguió fue un drama que eventualmente le costaría la presidencia de Estados Unidos a Al Gore.

Lázaro y su familia querían que el niño se quedara a vivir en Miami, tal y como lo hubiera deseado su madre. Pero en la primera de muchas decisiones judiciales, el Servicio de Inmigración y Naturalización (INS) tomó la determinación el 3 de enero del 2000 de que sólo el padre del niño, Juan Miguel González, podía decidir por Elián. Y el padre de Elián, aún en Cuba, quería que le regresaran a su hijo.

Cuatro días después de la determinación del INS, el Canal 23 de la cadena Univision en Miami hizo una encuesta que mostraba lo divididos que se encontraban Miami y el país respecto al caso: 86 por ciento de los hispanos encuestados—en su mayoría cubanoamericanos— querían que Elián se quedara en Miami; pero el 70 por ciento de los blancos no hispanos y el 79 por ciento de los afroamericanos de la ciudad estaban de acuerdo con el INS y deseaban que el niño regresara con su padre a Cuba. Después de esta encuesta hubo muchas más. Todas, sin embargo, reflejaban el océano que separaba la opinión del exilio cubano en el sur de la Florida con la del resto de Estados Unidos e, incluso, con la de varias partes del mundo.

El dilema era dejar al niño en Miami alejado de su padre o regresarlo con su progenitor, a una dictadura. Quienes se oponían al retorno de Elián a Cuba aseguraban que sería equivalente a enviar a un niño judío a la Alemania de Hitler. Quienes deseaban reunirlo con su padre—que eventualmente vendría por su hijo a Estados Unidos— decían que ante la ausencia de la madre la única opción legal era entregárselo a Juan Miguel. Se realizaron un sinnúmero de marchas, protestas y debates por la suerte del niño. Las encuestas seguían enfrentando al exilio cubano contra el resto del mundo.

Ante la aparente resistencia de la familia de Lázaro de entregar voluntariamente al niño, la administración del presidente Bill Clinton decide sacarlo por la fuerza de la casa de los González en la Pequeña Habana de Miami. A las cinco de la mañana del sábado 22 de abril del 2000 la procuradora general, Janet Reno, da la orden a dos docenas de agentes federales—algunos de ellos fuertemente armados—de sacar a Elián. Los agentes rompieron un cerco de 30 personas (que había acampado a las afueras de la casa para tratar de impedir precisamente ese tipo de operación), irrumpieron en la casa del 2319 de la segunda calle del *Northwest* y se llevaron a Elián. El abuso de fuerza y el terror del niño ante los agentes armados quedó evidenciado en miles de fotografías y cintas de video. La operación tipo comando no duró más de cinco minutos.

Elián fue llevado en un avión de Miami a la base aerea Andrews, cerca de Washington, donde pudo ver a su padre por primera vez en cinco meses. El presidente Clinton fue informado a las cinco y media de la mañana que la operación había sido un éxito. Luego justificando su decisión, declaró a la prensa que "no había más alternativa . . . la ley se ha cumplido y fue lo correcto."[28] Días después Elián regresaría con su padre a Cuba.

Una encuesta del diario *The Miami Herald,* realizada por Internet, indicaba que 79 por ciento[29] de los que respondieron estaban en contra de la manera en que la administración del presidente Clinton sacó a Elián de la casa de sus familiares en Miami.

Es interesante notar que durante toda la crisis de Elián la campaña de George W. Bush marcó su distancia. Las declaraciones del candidato Republicano eran muy cuidadosas aunque dentro de la comunidad cubana nunca se percibió que Bush estuviera a favor del regreso de Elián a Cuba. "Nos queríamos mantener al margen de lo de Elián," me dijo Sonia Colín. "Era un tema muy controversial, el gobernador quería ver cómo se desarrollaban las cosas y no queríamos cambiar la estrategia por un único evento."

Al Gore, en cambio, estaba en una posición muy incómoda. Quería, al menos, parte del voto cubanoamericano; igual que Clinton en 1996. Pero no quiso enfrentar públicamente al presidente, su jefe, ni separarse mucho de la postura oficial. El 13 de marzo de 2000, casi seis semanas antes de que Elián fuera sacado por la fuerza de la casa de sus tíos en Miami, le pregunté a Gore cuál era su postura. Su respuesta estuvo cargada de ambigüedad. Me dijo que debería haber un audiencia para determinar la custodia del niño y que la decisión final no debería ser tomada por políticos ni por funcionarios de inmigración. "La madre del niño perdió su vida tratando de asegurar la libertad de Elián," me dijo Gore. "Creo que debemos respetar eso."[30]

Gore nunca se atrevió a decir de manera inequívoca que Elián debía quedarse en Estados Unidos y eso lo ligó, irremediablemente, en la mente de los votantes cubanos con la postura del presidente Clinton. Gore tampoco criticó la decisión de Clinton de sacar a Elian de la casa de sus familiares en Miami o de permitir que regresara con su papá a Cuba. Gore, en el caso de Elián, no se distanció de Clinton.

Gore, definitivamente, tenía la libertad—como candidato Demócrata a la presidencia—de fijar una postura distinta a la de Clinton respecto a Elián. Pero no lo hizo. Dentro de la misma campaña, el factor Elián se discutió hasta el cansancio. "Fue un tema muy importante," me dijo Janet Murguia. "Algunas personas argumentaban que todo esto había ocurrido en abril y que cuando llegara el momento de las elecciones en noviembre sería un factor menos determinante; otros pensaban que la posición que había tomado el vicepresidente podía perjudicarle en la Florida."[31]

Remember Elián, Recuerda a Elián, era el mensaje de los sectores más tradicionales del exilio en Miami el día de la votación. Y Elián fue recordado como un voto de castigo contra la administración Clinton en general y contra Gore en particular.

El caso de Elián, sin embargo, no fue lo que le costó la Florida a Gore. El error estuvo en la decisión de la campaña de dejar de invertir dinero en la Florida, especialmente en la televisión en español en Miami. Ése fue el error. Esa decisión se tomó por muchos factores, entre ellos, sí, el de Elián y el de la percepción que los votantes cubanoamericanos tienden a votar por el partido Republicano. Para la gente de Gore, más importante que el factor Elián, era la pregunta ¿cuánto dinero habría que invertir en Florida para cambiar las cosas? La campaña de Gore pensó que ese dinero traería más beneficios electorales en otros estados, como en Nuevo México, y dejó de pelear con ahínco por Florida. Y eso favoreció a Bush.[32]

"Se invirtió menos dinero en Florida del que, creo, se debió haber invertido," reflexiona Murguia. "Había visiones encontradas dentro de la misma campaña y dentro del partido Demócrata . . . si en lugar de haberle quitado recursos a Florida le hubiéramos puesto más ¿hubiera sido eso suficiente para marcar una diferencia en una elección tan cerrada?"[33] Eso nunca lo sabremos.

LA NOCHE DE LAS ELECCIONES

El martes siete de noviembre de 2000 a las 7 de la noche con 49 minutos y 40 segundos la cadena NBC declaró a Al Gore como ganador del estado de la Florida. Poco después confirmarían el resultado las cadenas CBS, ABC, CNN, Fox News, Univision y Telemundo. Con Florida, Gore tenía muy buenas probabilidades de convertirse en el próximo presidente de Estados Unidos. Pero su presidencia duró muy poco. A las dos de la mañana del miércoles 8 de noviembre, se dieron a conocer los resultados oficiales del condado de Volusia y fue ahí que se volteó la tortilla. A las 2:16 a.m., la cadena Fox News declaró que Bush había ganado el estado de la Florida—y por lo tanto la presidencia— y poco después confirmaron el resultado CBS, NBC y ABC.[34]

Poco después de esos resultados, Gore—quien se encontraba en el hotel Loews en Nashville—habló dos minutos por teléfono con George W. Bush para conceder su derrota. Sin embargo, mientras hablaban, la diferencia de votos entre Bush y Gore se acortaba. Una hora más tarde, cuando Gore estaba a punto de reconocer su derrota en público en el War Memorial Plaza de Nasvhille, uno de sus asistentes lo detuvo para informarle que la contienda por la Florida no estaba bien definida. Gore regresó al hotel y llamó por teléfono una vez más a Bush. "Las circunstancias han cambiado dramáticamente desde la primera llamada," le dijo Gore a Bush, casi una hora después de su primera conversación por teléfono. "El estado de la Florida aún no se ha decidido." "Haz lo que tengas que hacer," fue la dura respuesta de Bush.[35]

Las cadenas de televisión, tanto en inglés como en español, se habían vuelto a equivocar y tuvieron que hacer un nuevo anuncio: ni Bush ni Gore podían ser declarados ganadores de la Florida. Las cadenas, para ser justos, dependían del servicio de encuestas a la salida de las urnas de la respetada empresa Voters News Service (VNS). Los resultados de VNS eran casi siempre infalibles; por eso los usaban las cadenas de televisión y los servicios de noticias. Pero en Florida se equivocaron.

El problema central es que VNS calculó erróneamente que los cubanos eran sólo el 2 por ciento de los votantes en Florida cuando en realidad eran el 8 por ciento. Es decir, suponía que en toda la Florida no había más de 120,000 votantes cubanos cuando sólo en el condado de Miami-Dade podía haber cerca de 200,000 electores cubanoamericanos. ¿De dónde sacó VNS sus cifras? ¿Por qué redujo en sus muestras el porcentaje de votantes cubanos?

Al subestimar el número de votantes cubanos, VNS calculó equivocadamente que Gore había ganado el estado de la Florida. Basados en estas encuestas o *exit polls* es que las cadenas de televisión declararon a Gore como ganador poco antes de las 8:00 p.m. del 7 de noviembre de 2000. Pero las encuestas no eran representativas del electorado. Por eso, cuando empiezan a llegar los resultados reales en Florida, éstos no coinciden con los cálculos de las encuestas y todo el sistema de predicción electoral se desmorona.

Los cubanoamericanos no votan como la mayoría de los hispanos. En las elecciones del 2000, el 78 por ciento de los cubanos votaron a favor de Bush, según el análisis del experto en asuntos hispanos Sergio Bendixen.[36] Éste es un porcentaje mayor, incluso, que el de hispanos que votó por Bush en toda la Florida (61%). Florida es un estado que se está diversificando muy rápido y su comunidad latina es multihispana. Estas sutilezas y diferencias entre el electorado cubano y el no cubano tampoco las había calculado bien la empresa VNS.

Al caos inicial siguieron 36 días de batallas legales y cuestionamientos electorales. Finalmente, la Corte Suprema de Justicia decidió poco antes de las 10:00 p.m. del martes 12 de diciembre que no se debería realizar un recuento de votos en la Florida. Esto, en la práctica, le dio la victoria a Bush por solo 537 votos.

Jeffrey Toobin, un abogado graduado de Harvad y autor del libro *Too Close to Call,* concluye que "la persona equivocada tomó posesión como presidente el 20 de enero de 2001" y "la decisión de la Corte Suprema está condenada a la infamia."[37] ¿Un recuento de todos los votos en Florida pudo haber dado a Gore la victoria? Eso nunca lo sabremos. Otros pueden preguntarse, como Janet Murguia: "¿Cuántos votos fueron tirados o descartados?"[38] Ella cree que los votos que no se contaron de ciudadanos afroamericanos en algunos condados de Florida pudieron haber significado la derrota de Gore. Todo esto es discutible.

Lo que no es discutible es que la campaña de Bush se centró en ganar el voto hispano en ciertos estados del país y el cubano, en particular, en la Florida. Y en eso tuvieron éxito. Los cubanoamericanos votaron abrumadoramente por Bush. El analista Sergio Bendixen calculó que 50,000 cubanos más votaron por Bush en el 2000 que por Bob Dole en 1996. Ése fue el voto de castigo por el caso de Elián.

Bendixen asegura que no se puede concluir inequívocamente que fueron los cubanos quienes pusieron a Bush en la Casa Blanca. "Los cubanos han vendido la idea de que fueron ellos los que pusieron a Bush en la presidencia," me dijo Bendixen en una entrevista. "Pero expertos más sofisticados saben cómo fueron en realidad las cosas; de los tres millones de votos en Florida, sólo 300,000 votos máximo son cubanos." Sin embargo, la mayoría de esos 300,000 votos cubanos fueron para Bush.

La decisión de la Corte Suprema de Justicia estuvo fuera de las manos de Bush como también estuvo fuera del control de Gore el recuento de votos afroamericanos en Florida. Lo que no fue azar fue la estrategia Republicana de ganar el voto hispano donde era importante. "No hay duda en la importancia que el partido Republicano le ha puesto a la búsqueda del voto hispano" reconoció Bendixen, quien ha trabajado muy de cerca con el partido Demócrata. "Ha sido un esfuerzo mucho más centralizado y organizado que el de los Demócratas."

Bush consiguió el 61 por ciento del voto latino en la Florida, el 43 por ciento en Texas, el 33 por ciento en Colorado, el 34 por ciento en Arizona y el 33 por ciento del voto hispano en Nevada.[39] Eso no fue al azar ni dependió de una corte judicial o de un recuento de votos.

Las matemáticas de Bush eran correctas. Ningún presidente ha sido elegido desde 1970 (cuando se incluyó la categoría de "Hispano" o *Hispanic*) con menos del 30 por ciento del voto latino: Jimmy Carter le ganó a Gerald Ford en 1976 con el 76 por ciento del voto hispano; Ronald Reagan consiguió 33 por ciento del voto latino en 1980 y luego el 37 por ciento en 1984 para ganarle a Carter y a Walter Mondale, respectivamente; en 1992 Bill Clinton se llevó el 61 por ciento del voto latino y después lo aumentó a 71 por ciento en 1996 para vencer a George Bush, padre, y a Bob Dole; finalmente, George W. Bush obtuvo el 31 por ciento del voto hispano para ganarle en un dramático final a Al Gore.

Mi argumento es el siguiente: Bush ganó las elecciones presidenciales del 2000 gracias al voto hispano en Texas, Colorado, Arizona y Nevada, y a los electores cubanos en Florida. Ese voto lo buscó con ahínco. Los 537 votos con que ganó Bush en la Florida eran de cubanoamericanos. Bush coincide con esta conclusión.

Durante la primera entrevista que dio como presidente a una cadena de televisión, tanto en inglés como en español, el viernes 16 de febero de 2001 en Guanajuato—en el rancho del presidente mexicano Vicente Fox—le pregunté a Bush: "¿Cree usted que ganó la elección debido al voto cubano en la Florida?"

"Sí," me contestó. "Creo que tuvieron mucho que ver con eso. Estoy muy orgulloso y agradecido por el fuerte apoyo que recibí *de los cubanos en el estado de la Florida. Y por eso no voy a olvidarlos.*"[40]

Bush me dijo estas últimas 16 palabras, por supuesto, en español.

Para reelegirse en el 2004, Bush necesita aumentar el porcentaje obtenido en las elecciones del 2000. Pero eso no está garantizado. Curiosamente, es su propia investidura como presidente la que puede actuar en su contra. Una de las características de su campaña por la presidencia en el 2000 fue el enorme acceso que dio a los medios de comunicación en español. Y eso, está claro, no lo podrá repetir como presidente.

La naturalidad y espontaneidad que demostró en las entrevistas con los periodistas hispanos durante la campaña del 2000, en que parecía no importarle cometer serios errores gramaticales en español, ha ido desapareciendo en la Casa Blanca. George W. Bush, como presidente, no se quiere equivocar. Ni siquiera en español. Sus largas frases de campaña en español se han limitado, ahora, a sólo algunas palabras: México, mi abogado (my attorney), hola (hello) . . .

George W. Bush no puede ganar el voto hispano en el 2004 de la misma forma en que lo hizo hace cuatro años. Ahora está obligado a demostrar que cumplió algunas de las promesas hechas a la comunidad latina. Dos se destacan: una reforma migratoria para los millones de indocumentados mexicanos y centroamericanos, y medidas concretas para terminar con la dictadura cubana. A esto hay que añadir demandas—trabajos, mejores salarios, mejores escuelas, acceso a los servicios de salud—que son las mismas para los latinos que para aquellos que no lo son.

Los hispanos se han sofisticado mucho en los últimos años. La novedad de tener a un candidato que hablara español ha pasado de moda. Los líderes latinos de ambos partidos han insistido tanto que no basta unas palabritas en español, que lo importante es el contenido de las propuestas y las acciones concretas, que en este 2004 los votantes hispanos están esperando mucho más de los candidatos.

Hay algo más. La polarización que ha sufrido el país a raíz de la guerra en Irak también se ha reflejado en la comunidad hispana. Irak es un tema frecuente de debate entre mexicanos, cubanos, puertorriqueños, centro y sudamericanos. No es extraño escuchar, en español, conversaciones sobre la existencia o no de armas de destrucción masiva en Irak y discusiones sobre si Bush hizo bien o no en iniciar le guerra como una medida preventiva.

Miles de soldados hispanos han peleado en Irak—algunos de ellos no son, ni siquiera ciudadanos norteamericanos—y su sacrificio no ha pasado desapercibido entre los latinos. Asimismo, el amplio rechazo en los países latinoamericanos hacia la guerra en Irak tiene sus repercusiones entre los inmigrantes de esa región que viven en Estados Unidos. La pregunta es si éste será uno de los temas fundamentales para los hispanos en el 2004 y, de ser así, cómo reaccionarán los votantes: con sentimiento nacionalista, apoyando a Bush, ocon escepticismo y preocupación, apoyando al candidato Demócrata.

Las lecciones de las elecciones del 2000 son muy claras: descuidar el voto hispano puede resultar fatal. El 2004 presenta una gran oportunidad para ver si ambos partidos, efectivamente, han digerido las lecciones de la historia.

CAPÍTULO DOS

LOS NUEVOS VECINOS

LOS NUEVOS VECINOS en Estados Unidos no son como los personajes estereotipados de *Latino USA, I Love Lucy* o *The George Lopez Show.* Los nuevos vecinos hispanos son tan difíciles de clasificar que, muchas veces, ni siquiera ellos mismos saben cómo identificarse.

El problema es que los términos *Hispano, Hispanic* o *Latino* pueden referirse por igual a una joven de Michoacán, México, que acaba de cruzar ilegalmente el río Bravo/Grande que a un puertorriqueño con pasaporte norteamericano en mano y cuya familia lleva varias generaciones viviendo en Nueva York. Tampoco es una cuestión de razas. Ser hispano, nos recuerda la oficina del censo, no es una raza. Los hispanos pueden ser de cualquier raza. Los nuevos vecinos latinos pueden ser negros dominicanos o blancos chilenos. "Los latinos no están en un camino irreversible para convertirse en blancos, pero tampoco están condenados a ser los 'no blancos' que vienen de fuera" escribe Roberto Suro en su libro *Strangers Among Us.* Los latinos "cuestionan el esquema de identidad racial que usan los norteamericanos para muchas actividades."[1]

Tampoco es una cuestión de clase social. Entre los latinos en Estados Unidos encontramos miembros de la realeza española y ex habitantes de las *favelas* brasileñas. Ni de dinero. Tanto multimillonarios colombianos como campesinos salvadoreños han venido huyendo de la violencia en su país.

La amplísima clasificación de *Latino* o *Hispano* abarca a los descendientes de las familias mexicanas que vivían a mediados del siglo XIX en California y Texas—antes que esos estados pasaran a manos de Estados Unidos—y al hondureño que ayer decidió quedarse más tiempo del permitido por su visa de estudiante. Entre los hispanos hay cubanos

que escaparon de la dictadura castrista como nicaragüenses y venezolanas que no pudieron soportar el autoritarismo de los sandinistas o de
Hugo Chávez.

Bill Richardson, quien ganó la gubernatura de Nuevo México en
el 2002, es tan hispano como un *newyorican* o el más reciente miembro
de una *ganga* de East L.A. La escritora chilena Isabel Allende, que vive
en San Francisco, no es ni más ni menos hispana que los miles de jóvenes latinos que no terminan *high school*. Hay latinos que sólo hablan
español y hay hispanos que sólo hablan inglés. Hay latinos muy latinoamericanizados y latinos muy norteamericanizados. En la pasada guerra contra Irak, de cada dos latinos, uno apoyaba la intervención militar
de Estados Unidos y otro la rechazaba o cuestionaba. Muchos latinos
están orgullosos de su mexicaneidad, cubanía o puertorriqueñeidad y
a algunos les avergüenza. Unos pueden pronunciar con fuerza la letra
R y otros, sencillamente, no pueden pronunciar correctamente la palabra *perro*.

Ser hispano es ser muchas cosas a la vez. Y, también, dejar de ser
otras.

La mayoría de los hispanos no usamos sombreros, ni tenemos bi-
gote, ni cantamos como Pedro Infante o Luis Miguel, ni bromeamos
como Cantinflas o Álvarez Guedes, ni bailamos al caminar, ni cocina-
mos cabrito o cerdo en el patio, ni tenemos un taller de carpintería o
pintura en casa, ni nos ponemos guayaberas para ir a la opera, ni somos
indocumentados, ni dejamos la escuela antes de terminar el *high school*
o secundaria.

Tampoco solemos tener zoológicos o pájaros en los baños y
mucho menos hacemos huecos en el césped para cocinar la comida.
Comemos *sushi,* y usamos *chips* de computadores y Palm Pilots. Somos
astronautas e inversionistas al igual que campesinos y dueños de
restaurantes. Guardamos nuestro dinero en los bancos—no en los
colchones—invertimos en la bolsa de valores y tenemos planes 401K
para retirarnos a los 60 o 65 años de edad. Una buena parte de los latinos hablamos inglés y español, disfrutamos los juegos de basquetbol,
beisbol y futbol americano—como cualquier otro estadounidense—

vemos más televisión de la que debemos—incluyendo el Super Bowl (o Super Tazón), los Óscares y los Grammys (en español), las noticias (también en español) y telenovelas de México, Colombia, Venezuela y Brasil—y apoyamos a los soldados norteamericanos, donde quiera que estén, aunque tengamos nuestras dudas sobre las verdaderas razones para iniciar una guerra.

No todos somos campesinos ni mano de obra barata: Hay más de 1,200,000 negocios cuyos dueños son hispanos. Esto significa un aumento del 30 por ciento entre 1992 y 1997.[2] En el año 2000 había 573,000 hispanos que eran doctores, abogados o que tenían una maestría o un doctorado.[3]

Es absurdo encasillarnos como a un personaje del cine o la televisión porque ni siquiera nosotros mismos sabríamos en qué categoría cabríamos. ¿Somos hispanos o latinos? ¿Hispanoamericanos o estadounidenses de origen latinoamericano? ¿Mexicoamericanos o portocubanoamericanos? ¿Latinoamericanos en Estados Unidos o inmigrantes? ¿Residente americano o ciudadano norteamericano nacido en La Habana? ¿Indocumentado dominicano, turista venezolano con visa vencida o residente potencial? ¿A punto de ser deportado o a pasos de conseguir la legalización? ¿Americano, estadounidense o norteamericano? ¿Nacido aquí pero ciudadano de allá o viceversa? ¿Mexicano en Estados Unidos o estadounidense mexicanizado? ¿Blanco o hispano? ¿Blanco e hispano? ¿Negro o latino? ¿Latino afroamericano? ¿Qué tal mestizo con *green card,* indígena guaraní con permiso de trabajo o exiliado político guatemalteco con TPS (Temporary Protection)? ¿Primera o tercera generación? ¿Chicano o pachuco? ¿Mexicano de Nuevo México o nuevo mexicano? ¿Salvatrucha, pana o cuate? ¿Neorriqueño, neodominicana, neoecuatoriano, neomexicano? ¿Gringo o americanizado? ¿De Arizona nacido en Juárez o de Mexicali viviendo del otro lado? ¿Del sur o del norte? ¿surnorteño o nortesureño? ¿De este lado del río Grande o de más allá del río Bravo? ¿Mojado en el río Bravogrande y seco en el desierto de California? ¿Balsero o marielito? ¿Llegado en yola o *speedboat?* ¿Prisionero político o refugiado económico? ¿Qué carajos somos?

WHO ARE THESE PEOPLE? ¿QUIÉNES SON ESTA GENTE?

Las torres habían caído dos días atrás. El sentimiento de incredulidad y de vulnerabilidad empezaba a hacerse sentir en los titubeos, en las palabras incompletas, en los tics nerviosos, en el llanto, en las piernas que temblaban y apenas sostenían nuestro peso.

La noche del 13 de septiembre de 2001, después de un viaje de 22 horas en auto desde Miami hasta Nueva York, busqué un refugio en un pequeño restaurante italiano en el bajo Manhattan. Había terminado de transmitir el Noticiero Univision en vivo, a las 6:30 p.m. como todos los días, y me acompañaban a cenar nuestra corresponsal en Nueva York, Blanca Rosa Vilchez, y la conductora del Noticiero Univision de los fines de semana, María Antonieta Collins. Estábamos destrozados. No podíamos creer lo que había ocurrido. Y Blanca Rosa, medio chupando una copa de merlot, nos contaba—aún tiritando de miedo—cómo estuvo a punto de quedar aplastada por la caída de una de las torres del World Trade Center.

El restaurante tenía un pequeño patio que daba a la calle y sus meseros hacían un esfuerzo extraordinario por darnos un cierto sentido de normalidad; había pan y mantequilla en la mesa, Pellegrino en los vasos y no se habían equivocado al tomar la orden. A la vista de todos, junto a una pared del patiecito, estaba la actriz Sarah Jessica Parker, de la serie *Sex and the City* de HBO. Ella tiene, sin duda, una de esas caras que la teleaudiencia vincula inmediatamente con la ciudad de Nueva York. Llegó sola y poco después apareció un amigo. Platicaba sin sobresaltos. Nadie la molestaba.

A lo lejos humeaban los restos de las torres gemelas. La gente iba y venía con los ojos perdidos en la memoria de un paisaje urbano que ya no existía. Pero, para nuestra sorpresa, la vida en Nueva York no se había detenido.

Al llegar al postre, un tiramisú con tres tenedores, algunos de los latinos e inmigrantes que recorrían el lugar nos identificaron. "Ah, ustedes salen en el canal 41 ¿verdad?"; y no nos pudimos acabar el riquísimo pastel con tranquilidad. Muy amablemente nos pedían nuestros autógrafos o que nos fotografiáramos con ellos; lo hicimos con gusto. La estación afiliada de Univision en Nueva York—el canal 412—es una de las más vistas y pelea fuertemente con las cadenas en inglés—ABC, NBC y CBS—por los primeros lugares en los *ratings*. No era raro, pues, que algunas personas supieran quiénes éramos.

Lo extraño fue que este ritual de fotos y autógrafos siguió por varios minutos y nunca incluyó a quien verdaderamente era la persona más famosa—la *celebrity*—en ese lugar: Sarah Jessica Parker. Antes de irnos, noté que la actriz le preguntó algo al mesero y los dos se voltearon a vernos. Lo lógico era que la protagonista de la popular serie de televisión en inglés hubiera llamado más la atención que un grupo de reporteros hablando en español. Pero no fue así. Algo estaba cambiando. Nueva York estaba cambiando y no precisamente por el terrorismo.

"Who are these people?" Ésa es la pregunta que estoy escuchando con mayor frecuencia en mis viajes dentro de Estados Unidos. "¿Quiénes son esta gente?"

Durante la gira de promoción de mi autobiografía—*Atravesando Fronteras*[4]—me tocó visitar, como era previsible, las principales ciudades hispanas de Estados Unidos. Lo llamé el "tour del camarón" porque en el libro describía cómo las carencias de mi infancia—entre las que estaban los camarones—se habían convertido en mis obsesiones del presente. Bueno, una de las paradas del "tour del camarón" fue en la ciudad de Dallas, donde me presenté en la biblioteca del centro de la ciudad. Cientos de personas aparecieron, con niños y abuelos de la mano, para compartir conmigo su experiencia como inmigrantes en Estados Unidos. La biblioteca, desafortunadamente, no estaba preparada para recibir a tanta gente y pronto fue necesario llamar a la policía para que pusiera orden. *"Who are these people?"* le escuché decir, asombrado, a un policía anglosajón.

En la librería Barnes and Noble de Houston, donde asistieron más de dos mil personas, y en Borders de Denver ocurrió el mismo fenómeno. Nadie esperaba que tantos latinos estuvieran interesados en leer en español. Lo importante aquí, sin embargo, no era el libro sino la impresionante presencia de los hispanos en las principales ciudades y suburbios de Estados Unidos. *"Who are these people?"* volví a escuchar en Texas y Colorado a un par de desorientados estadounidenses que no entendían lo que estaba pasando en ambas librerías. "¿Quiénes son?", querían saber, preocupados. "¿De dónde vienen?"

Somos—si me permiten una primera respuesta—los nuevos americanos. Somos sus vecinos.

LO QUE NO VIO ALEXIS DE TOCQUEVILLE

Una de las cosas que más le impresionaron al jóven francés Alexis de Tocqueville cuando llegó a Estados Unidos en 1831 fue la relativa similitud de derechos, obligaciones y privilegios de sus habitantes. "En Estados Unidos, nada me impresionó con más fuerza que la igualdad de condiciones entre la gente," escribió en su libro *La Democracia en América*.[5] "Mientras más avanzo en el estudio de la sociedad norteamericana, más percibo que esta condición de igualdad es el factor fundamental a partir del cual se derivan todos los demás."

Esa igualdad que tanto le llamó la atención al noble viajero francés se mantenía a pesar de la constante llegada de inmigrantes: "Cada ciudadano, al asimilarse al resto, se pierde en la multitud, y nada sobresale más que la impactante y gran imagen de la gente,"[6] describió de Tocqueville al publicarse los dos tomos de sus observaciones en 1835 y 1840.

Pero esa asimilación era posible debido a dos factores que los nuevos inmigrantes tenían en común con los habitantes de Estados Unidos: el lenguaje y una tradición de respeto a las instituciones libres e independientes. "Los inmigrantes que llegaron en distintos períodos a ocupar el territorio de la Unión Americana eran diferentes en muchos aspectos . . . Estos hombres, sin embargo, tenían ciertas características que los ponían en una situación análoga o similar (con quienes ya habitaban el país). El vínculo del lenguaje es, tal vez, el más fuerte y durable que puede unir a la humanidad. Todos los inmigrantes hablaban la misma lengua; eran descendientes del mismo pueblo." El segundo elemento de unión era, "en el período de las primeras migraciones, el sistema de gobierno local *(township system)* que fue el fructífero germen de las instituciones libres y que se encontraba bien establecido en los hábitos de los ingleses."[7]

El contraste con la situación actual no puede ser más notorio. Los inmigrantes siguen llegando como a principios del siglo XIX. Muchos, sí, se asimilan, se americanizan y "se pierden en la multitud." Igual que lo vió de Tocqueville. Pero estos nuevos inmigrantes—contrario a lo que ocurría con los ingleses y, luego, con los irlandeses—no vienen de lugares donde se habla inglés ni de países donde tradicionalmente las instituciones democráticas, libres e independientes rigen la vida pública. Además, en una especie de desafío cultural, están manteniendo ciertas características propias de sus países de origen. Sobre todo, el español y los valores y modos de la cultura latina.

El escritor mexicano Carlos Fuentes, sin duda un moderno de Tocqueville—por ser un incansable viajero, un agudo observador y por poseer una inigualable mirada crítica—ve a Estados Unidos como un país multiétnico, multicultural, marcado por el mestizaje y la mezcla de razas y lenguajes. "Los Angeles es la (segunda) ciudad de lengua española del mundo, después de México . . . y antes que Madrid o Barcelona" apuntó Fuentes en su libro El Espejo Enterrado.[8] "Es posible ganarse la vida y hasta prosperar en el sur de la Florida sin hablar más que español, tal es el grado de cubanización de la región. Pero San Antonio ha sido una ciudad bilingüe durante 150 años, integrada por mexicanos. Hacia mediados del siglo XXI, casi la mitad de la población de Estados Unidos hablará español." Donde de Tocqueville encontró homogeneidad, Fuentes halla heterogeneidad.

No es posible ni honesto declarar en estos momentos la muerte del *melting pot*. Eso sería prematuro. La asimilación de los nuevos inmigrantes continúa ocurriendo, particularmente entre las segundas y terceras generaciones. Es la americanización de los latinos. Pero sí es necesario decir que estamos en presencia de una ola latina que está cambiando de manera fundamental la vida en Estados Unidos. Esos inmigrantes procedentes de América Latina y el Caribe se están convirtiendo en números récord—a través de bodas, trabajos, loterías de visas, de largos y dolorosos procesos burocráticos e, incluso a veces, de maneras fraudulentas—en los nuevos americanos. Antes la dirección del viaje era de este a oeste. Ahora es de sur a norte.

De Tocqueville desmitificó en sus escritos la falsa idea de que los inmigrantes europeos del siglo XIX poblaban los desiertos de Estados Unidos. Desde luego que no. Los recién llegados se asentaban fundamentalmente en la costa este del país donde ya existían industrias que requerían su mano de obra. Poblar desiertos es una aventura de los ricos, decía don Alexis, quien tenía solo 26 años al llegar a Estados Unidos. Pero lo que sí ocurría era una "incesante doble emigración."[9] Los europeos, luego de un viaje trasatlántico, hacían su nuevo hogar en Nueva York, Boston o Filadelfia mientras norteamericanos probaban su fortuna viajando al oeste. "Millones de hombres están marchando," observó Tocqueville. "Les han prometido fortuna en algún lugar en el oeste, y al oeste van a buscarla."[10]

Si de Tocqueville viviera en este tercer milenio encontraría en Estados Unidos una pluralidad y diversidad inexistentes en 1831. Detectaría en tierra cientos, miles de rutas hacia el norte del continente pintadas de color café; desde el Ecuador pasando por Centroamérica y México. Observaría, como en un crucigrama, las franjas azules y blancas de los que cruzan en yola de República Dominicana a Puerto Rico y en balsa de Cuba a la Florida. Vería, también, a "millones de hombres" marchando al oeste norteamericano provenientes, no del este o de Europa, sino del sur. Conocería a hombres latinoamericanos y caribeños, precediendo a sus mujeres, lanzándose a todos los puntos de la brújula en busca de una vida mejor en Estados Unidos. Notaría cómo, sin proponérselo, ellos han mexicanizado estados como California, Texas e Illinois, cubanizado la otrora Florida española, puertorriqueñizado y dominicanizado la capital del mundo, Nueva York, y reconquistado culturalmente territorios que pertenecieron a México antes de 1848.

Para ser justos, de Tocqueville no tuvo un extraño caso de astigmatismo que le impedía ver el color café entre los habitantes de Estados Unidos. Lo que ocurrió es que sus travesías por Estados Unidos no incluyeron millones de kilómetros cuadrados que en ese entonces todavía formaban el norte de México. Llegó 17 años antes de que la frontera entre México y Estados Unidos bajara desde Oregon hasta el río que llaman Bravo en el sur y Grande en el norte. La población de Los Ángeles y las que llevan los nombres de los santos Francisco, Diego y Bernardino aún tenían que informar sobre sus acciones a los gobernantes en la ciudad de México.

Si de Tocqueville hubiera viajado en los Estados Unidos del nuevo milenio vería más caras mestizas y morenas y menos blancas. Notaría que los nuevos inmigrantes, en lugar de quedarse en las ciudades, empiezan a acumularse y a amontonarse en los suburbios.

"Claramente, el crecimiento de la población latina ya no está limitada a sólo unas pocas regiones" concluyó irrefutablemente un reporte de The Brookings Institution.[11] Si bien es cierto que la mayoría de los hispanos se concentra en California, Texas, Florida, Illinois y Nueva York, la nueva tendencia demográfica apunta a una expansión por todo el país.

Las cinco ciudades con más latinos no han cambiado mucho en las últimas décadas; son Los Ángeles, Nueva York, Chicago, Miami y Houston.[12] Tampoco sorprende que algunas de las ciudades con el más alto porcentaje de población hispana—McAllen (88%) o El Paso (78%)—estén cerca de la frontera con México. Pero lo realmente distinto es que los latinos habitan en grandes números poblaciones que nunca antes se habían identificado por su poder de atracción a los hispanos o por una particular tolerancia hacia los inmigrantes. El hipercrecimiento latino entre 1980 y el 2000 ha sido impresionante en lugares como Raleigh (1,180%), Atlanta (995%), Greensboro (962%), Charlotte (932%), Orlando (859%), Las Vegas (630%) e incluso en la capital, Washington DC (346%).

La frialdad de estas cifras no revela el dificilísimo proceso emocional que culmina con la decisión de irse a vivir—generalmente para buscar mejores oportunidades económicas—a un lugar desconocido y donde hay menos hispanos. ¿Y si no hay más gente como yo? ¿Y si discriminan a mis hijos en la escuela? ¿Y si el trabajo que me ofrecen no me gusta? ¿Qué voy a hacer si mi ambiente laboral es inaguantable? Estas son preguntas frecuentes que hacen quienes están considerando mudarse de ciudad—independientemente de su estado migratorio—

pero toman una mayor relevancia entre miembros de minorías que temen encontrar actitudes o comportamientos de rechazo.

¿Quiénes son los primeros en buscar suerte en estas poblaciones poco identificadas, hasta hace poco, con los hispanos? Hombres. Hombres jóvenes. En las ciudades norteamericanas donde ha habido un hipercrecimiento de latinos—más del 300 por ciento en veinte años—hay 117 hombres por cada 100 mujeres. Y si los hombres jóvenes latinoamericanos exceden a las mujeres en estas ciudades estadounidenses, eso quiere decir que están faltando en algún lugar de América Latina.

Un estudio de la Universidad de Princeton realizado entre 1982 y 1997 concluyó que los hombres solteros de México que tienen familiares, amigos o contactos en Estados Unidos tienen el doble de posibilidades de encontrar trabajo en comparación con aquellos que no conocen a nadie en el norte. Las investigadoras Sara Curran y Estela Rivero–Fuentes estudiaron a unos seis mil mexicanos de 17 a 25 años de edad, procedentes de 52 poblaciones y encontraron que casi el 60 por ciento de los que emigran conocen a algún inmigrante en Estados Unidos.[13]

No hay nada más desolador que ver pueblos casi fantasmas en los estados mexicanos de Michoacán, Puebla o Aguascalientes, habitados únicamente por mujeres, niños y ancianos. Lo mismo ocurre en República Dominicana que en el sur de Ecuador.

En Quito, mientras participaba a principios del 2003 en una conferencia sobre inmigración, escuchaba al entonces presidente electo, el coronel golpista Lucio Gutiérrez, decir que quería detener el flujo de emigrantes ecuatorianos al exterior. Gutiérrez, quien participó en un golpe militar en el año 2000, contaba que muchos niños se le acercaban durante la campaña electoral para pedirle que regresara al padre o a la madre que se había ido a vivir a Estados Unidos o a España. Conmovedor. Esas anécdotas generan votos. Pero son sólo promesas populistas.

En esa conferencia me tocó ser el aguafiestas. Quizás por eso me invitaron. Lejos de apoyar la tesis presidencial de que era posible detener a los más de 400,000 ecuatorianos que cada año se van del país, sugerí que el número de inmigrantes se podría duplicar a cerca de cuatro millones cuando Gutiérrez entregue el poder en el año 2007. Creo que mis comentarios no le cayeron bien al militar quien propuso crear una agencia especial para atender los intereses de los inmigrantes ecuatorianos. En algunas poblaciones de Ecuador es triste ver enormes casas, construidas con los envíos o remesas de dólares y euros, equipadas con televisores y refrigeradores de lujo, pero totalmente vacías. El principal producto de exportación, tanto de Ecuador como de México, no es el petróleo sino sus trabajadores.

1831 debió haber sido un año extraorinario en el que la aventura y la curiosidad regían pero de Tocqueville jamás pudo imaginarse la actual ola migratoria o el inusitado crecimiento de los hispanos. Mientras él viajaba a Estados Unidos, Charles Darwin zarpaba hacia Ecuador. Darwin, con sólo 21 años de edad, se embarcó en Inglaterra en el *HMS Beagle* para visitar las islas Galápagos. Ecuador entró en la conciencia europea por sus tortugas, por la biodiversidad de sus islas y por la publicación de la teoría de la evolución tres décadas después del viaje de Darwin. No por sus habitantes. Hoy, los protagonistas son sus emigrantes.

En Nueva York hay más ecuatorianos que en cualquier otra ciudad del mundo después de Quito y Guayaquil. De Tocqueville, sin embargo, sí se percató de un elemento que desde hace al menos dos siglos se mantiene vigente en Estados Unidos: la movilidad física y social. "Todos están en movimiento," escribió, "unos en búsqueda de poder, otros de ganancias."[14] Esta movilidad, este ir a donde esté la "fortuna," no ha sido ajeno a los hispanos. Tanto así que la mayoría ha cambiado sus hábitos urbanos por los de los suburbios. Cincuenta y cuatro de cada 100 latinos vivían ya en suburbios en el 2000. Esto implica un incremento del 71 por ciento de latinos que viven fuera de las ciudades con respecto a la década anterior.

"Muchos hispanos, al escoger los suburbios, están siguiendo un camino conocido desde los vecindarios de la ciudad hacia la periferia urbana," estableció el estudio hecho por el Center on Urban and Metropolitan Policy y The Pew Hispanic Center.[15] "Este informe revela no sólo el crecimiento de la población hispana en Estados Unidos, sino también el surgimiento de nuevas formas de crecimiento y nuevas zonas de vivienda por todo el panorama metropolitano de la nación . . . En conclusión, la población latina está en marcha y se expande mientras crece."[16]

Esto nos obliga a ver a los hispanos desde otra perspectiva. Cada vez es más difícil poner en una sola categoría inamovible a gente tan distinta. Incluso dentro de la misma minoría existe mucha diversidad. Los mitos van cayendo uno tras otro. Los latinos no somos un bloque homogeneo, ni vivimos sólo en las grandes ciudades, ni somos únicamente mano de obra, ni estamos conformados mayoritariamente por inmigrantes indocumentados. Estamos por todos lados y no hay ocupación o actividad en Estados Unidos que se escape a nuestra influencia, por más pequeña que sea. Este siglo es de nosotros.

Para terminar con de Tocqueville—a quien le hubieran dolido los oídos después de tanto citarlo—ya en su época identificó los dos problemas en el sur del continente que siglo y medio después provocarían una estampida migratoria. "Sudamérica—que para él empezaba en México—no ha podido mantener instituciones democráticas," apuntó. "No hay naciones en la faz de la tierra más miserables y pobres que aquellas de Sudamérica."[17]

La falta de democracia y la pobreza son las razones que han expulsado a tantos latinoamericanos de sus países de origen. "Los felices y los poderosos no se van al exilio,"[18] concluyó de Tocqueville. Y en eso también tenía razón.

IMPARABLES: LOS INMIGRANTES Y LA FRONTERA INVISIBLE

No requiere mucha ciencia entender el impresionante crecimiento de los latinos en Estados Unidos. Las dos razones que explican este fenómeno son la inmigración y las altas tasas de natalidad entre los hispanos. Es decir: siguen llegando muchos inmigrantes de origen latinoamericano cada año y los hispanos que ya viven aquí tienen en promedio más hijos que el resto de la población.

A pocos sorprendió cuando *The New York Times* informó el 22 de enero de 2003 que el número de hispanos era ya superior al de los afro-americanos. Lo verdaderamente sorprendente es que este cambio haya ocurrido tan rápido y que la distancia entre negros e hispanos va a crecer a gran velocidad a partir de esa fecha.

¿Por qué? Primero lo obvio. Los pobres y carentes de poder en América Latina salen frecuentemente a buscar una vida mejor en Estados Unidos. La inmigración, legal o indocumentada, no se va a detener porque está intrínsecamente ligada al mercado laboral. Mientras haya trabajadores desempleados en América Latina y haya empleos para ellos en Estados Unidos seguirá habiendo una fuerte corriente migratoria hacia el norte. Mientras un ecuatoriano, un salvadoreño o un mexicano gane cinco dólares al día en su país de origen y se entere de que puede conseguir esa misma cantidad en menos de una hora en esta nación, seguirá habiendo nuevos inmigrantes en Estados Unidos. Es, en el fondo, una cuestión de oferta y demanda.

Existe la falsa percepción de que los ataques terroristas del 11 de septiembre de 2001 redujeron significativamente el número de personas que migran a Estados Unidos. No ha sido así. Si bien es cierto que el número de arrestos en la frontera disminuyó en las semanas y meses posteriores a los actos terroristas, casi un millón de inmigrantes fueron detenidos en el 2002 y nunca sabremos cuántos lograron burlar a los agentes de la patrulla fronteriza. Sin embargo, lo que sí está claro es que ser inmigrante ahora es mucho más difícil que antes de la caída de las torres gemelas.

Los inmigrantes que vinieron por razones económicas han sido los chivos expiatorios por los actos cometidos por 19 terroristas con motivaciones políticas. Las consecuencias van desde una mayor vigilancia en las zonas fronterizas hasta la imposibilidad de conseguir una licencia de manejar o un documento de identificación. Lo curioso del caso es que los inmigrantes indocumentados que cruzaron ilegalmente la frontera con México no tienen absolutamente nada que ver con los terroristas del 11 de septiembre. Trece de los 19 terroristas se encontraban en Estados Unidos con algún tipo de visa. Es decir, entraron legalmente al país. De los otros seis no hay información irrefutable que pruebe de qué manera entraron al país. Pero todo parece indicar que ninguno de los terroristas cruzó ilegalmente la frontera con México; quienes cruzaron la frontera lo hicieron desde Canadá. No desde México. ¿Cómo diferenciar entre una medida que pretende proteger con efectividad a Estados Unidos de un nuevo ataque terrorista y otra que discrimina a los inmigrantes en general sin tomar en cuenta trabajo, país de origen, contribución financiera a la nación e historia migratoria?

La posibilidad de una amnistía para todos los inmigrantes indocumentados se vino abajo con las torres gemelas del World Trade Center. Lo irónico del caso, como comentaba el congresista demócrata de Illinois, Luis Gutierrez, es que no se puede realizar con éxito una guerra contra el terrorismo sin identificar a los 10 millones de indocumentados que puede haber en Estados Unidos. Sobre lo que no hay duda, sin embargo, es que el número de inmigrantes cualquiera que sea y a pesar de las nuevas dificultades sigue aumentando.

Incluso hasta organizaciones que se oponen a los actuales niveles migratorios han tenido que reconocer que el hambre es más fuerte que el miedo. "No hay ninguna evidencia de que la disminución del crecimiento económico que comenzó en el año 2000 o los ataques terroristas del 2001 hayan detenido significativamente los niveles de inmigración" anunció amargamente el Center for Immigration Studies (CIS).[19] "La inmigración se ha convertido en el factor determinante del crecimiento de la población en Estados Unidos. La llegada de más de tres millones de inmigrantes legales e ilegales, aunada con el millón y medio de nacimientos tenidos por mujeres inmigrantes en los últimos dos años, representa casi el 90 por ciento del crecimiento de la población desde los resultados del censo del 2000."[20] En realidad se trata de interpretaciones alarmistas. De acuerdo con la misma Oficina del Censo, los hispanos representaron sólo el 40 por ciento del crecimiento de la población de 1990 al 2000, no el 90 por ciento como sugiere el CIS.[21] Pero nadie puede ocultar que hay un extraordinario crecimiento.

Estas cifras, particularmente las de los inmigrantes indocumentados, también pueden ser cuestionables. Nadie en Estados Unidos sabe exactamente cuántos inmigrantes indocumentados hay en el país ni cuántos cruzan diariamente la frontera. Solamente existen cálculos. "El nivel de la inmigración legal puede ser cambiado, al igual que los recursos dedicados a reducir la inmigración ilegal," dijo en un comunicado de prensa Steven Camarota, director de investigación del CIS.[22] Quizás. Pero lo que sí está claro es que actualmente el movimiento migratorio parece imparable.

LOS LEGALES

Algunas cifras nos pueden dar una idea acerca de la dimensión de este fenómeno. En el año 2001 emigraron legalmente hacia Estados Unidos 1,064,318 personas, según cifras del Servicio de Inmigración y Naturalización (INS). Esto significó un aumento respecto al 2000 cuando emigraron con documentos migratorios 849,807 personas.

Lo interesante de las cifras del 2001 es que la mayoría de las personas (653,259) que recibieron la tarjeta de residencia o *green card* ya estaban en el país cuando hicieron sus trámites, prefiriendo pagar una multa de $1,000 bajo la ley 245(i); el resto (411,059) sí realizó el largo y complicado proceso burocrático desde su país de origen. Es decir, los pies le ganan a los papeles. Incluso entre quienes migran legalmente a Estados Unidos, son las leyes—en este caso la 245(i)—las que se adaptan a la extraordinaria situación no al revés. En cuestiones migratorias lo que domina es la abrumadora realidad, no las leyes.

Incluso entre los inmigrantes legales, el mayor porcentaje cada año se lo lleva México. En el 2001 fueron 206,426 los ciudadanos mexicanos que recibieron su tarjeta de residencia de Estados Unidos o 19.4% del total.[23] Éste es un porcentaje tres veces mayor que el número de personas admitidas de la India y cuatro veces superior al de los provenientes de China. Ese mismo año entraron 31,272 personas de El Salvador, 27,703 de Cuba, 21,313 de República Dominicana, 19,896 de Nicaragua, 16,730 de Colombia y 13,567 de Guatemala. La predominancia hispana entre los inmigrantes legales es indiscutible y esto no va a cambiar a corto plazo debido a las crisis políticas y económicas que afectan a América Latina.

¿POR QUÉ VIENEN?

Los problemas económicos que ha experimentado Estados Unidos durante los primeros años del nuevo milenio han tenido repercusiones muy negativas en América Latina. Estados Unidos es el principal socio comercial de los latinoamericanos—por ejemplo, alrededor del 90 por ciento de los productos de exportación de México son enviados al norte de su frontera—y si se reduce el número de norteamericanos que compran las exportaciones de América Latina, la situación en el sur del continente se agrava.

A esto es necesario añadir las frecuentes crisis políticas que durante los últimos años han puesto en jaque a las frágiles democracias latinoamericanas: Ecuador tuvo cinco presidentes en el mismo número de años antes de que los votantes escogieran a un coronel golpista, Lucio Gutierrez, como mandatario; por presión popular fue destituido el presidente legítimamente elegido de Argentina; un golpe de estado sacó del poder durante 47 horas al presidente de Venezuela, Hugo Chávez, y luego un largo paro general buscó por la vía pacífica su renuncia del poder; la paz no ha significado el fin de la violencia criminal en El Salvador o Guatemala; el expresidente nicaragüense Arnoldo Alemán fue puesto en arresto domiciliario tras ser acusado de corrupción . . . el etcétera es interminable. La inestabilidad política no genera empleos ni atrae inversión extranjera.

Las políticas neoliberales han generado gobiernos más saludables y responsables en América Latina. El populismo ha sido contraatacado con reformas fiscales, déficits manejables y la reorganización de la deuda externa. Pero el triste resultado de dos décadas de apertura de mercados, privatizaciones y globalización es el aumento en el número de pobres en varios países latinoamericanos. Con la excepción de Chile—donde la estrategia económica ha combinado las exportaciones con un creciente gasto social para los más necesitados—lo que más producen muchos países de América Latina son pobres que, muy frecuentemente, se convierten luego en inmigrantes.

Si la probeza es uno de los problemas que parece ser intratable

en Latinoamérica, la desigualdad entre sus habitantes es otra señal inequívoca de retraso y desaliento. América Latina es la región con la peor
distribución del ingreso del mundo. Los que más tienen en América
Latina acapararon casi la mitad del ingreso en el 2002.[24]

México ocupa un lugar preponderante en el mundo de la desigualdad social. Mientras que la revista Forbes identificó 12 multimillonarios mexicanos en el año 2002 con una fortuna personal superior a
los 31 millones de dólares, el 40 por ciento de la población vivía por
debajo de la linea de pobreza. México tiene más multimillonarios que
Brasil (7), España (7), Turquía (6), Corea del Sur (2) o Irlanda (2).

Ante la pobreza de muchos años y la persistente desigualdad de los
ingresos, la migración al norte es para millones la única oportunidad
real. Si generación tras generación de la misma familia ha vivido en la
pobreza, hay veces en que es preciso hacer algo drástico para romper el
círculo del hambre y la desesperanza.

El principal producto de exportación de América Latina son algunos de sus más férreos y disciplinados trabajadores. Los latinoamericanos están votando con sus pies al irse de sus países de origen para buscar
fortuna en otros lugares; es una fuga de manos y cerebros y talento y
juventud y energía.

La migración es un fenómeno protagonizado por jóvenes y más de
la mitad de la población de América Latina tiene menos de 25 años de
edad. Son esos jóvenes desesperanzados y aventureros los que dejan
pueblos vacíos en Azuay y en Aguascalientes para buscar mejor suerte
en Estados Unidos.

Cuando Vicente Fox ganó las elecciones presidenciales en México
el 2 de julio de 2000 tenía muy claro que la única posibilidad de reducir el número de migrantes era creando nuevos empleos. La enorme
disparidad en los salarios era algo que, en ese preciso momento, era
imposible de enfrentar. Pero la creación de empleos sí era algo maneja-
ble. Recuerdo haber conversado con Fox un día después de que ganara
las elecciones, y me dijo que su plan de crecer al siete por ciento anual
y crear 1,300,000 empleos al año era algo realizable. El problema en
México es que las presiones demográficas son enormes. Cada año se
incorporan al mercado laboral un millón de jóvenes trabajadores. Cada

año. Y a menos de que el gobierno en turno logre implementar una política que absorba a todos estos trabajadores, el desempleo, el subempleo, la criminalidad y la migración son inevitables.

Las promesas de Fox quedaron sólo en eso, promesas. Aunque no todo es su culpa. La desaceleración de la economía norteamericana, la incertidumbre causada por los actos terroristas, la negativa de la administración del presidente George W. Bush a negociar un tratado migratorio y el nerviosismo a nivel internacional por las guerras en Afganistán y en Irak generaron unas condiciones difíciles de superar para la economía mexicana. En México Fox no ha podido crear ni siquiera un millón de empleos al año para evitar que aumenten las cifras reales de desempleo. Emigrar al norte ha sido la opción de uno de cada seis mexicanos y todo parece indicar que seguirá siendo así. Fox quería ser el presidente de 125 millones de mexicanos; de los 100 millones que hay en México y del resto que vive en Estados Unidos. Y en parte lo es: la economía mexicana depende cada vez más de los miles de millones de dólares en remesas familiares que envían los mexicanos desde Estados Unidos.

Las circunstancias que vive México no son la excepción en América Latina. No se trata únicamente de una región donde el número de pobres casi siempre supera el 50 por ciento, sino que estamos hablando de la parte del mundo donde existe la mayor desigualdad de ingresos y una de las peores distribuciones de la riqueza. De nuevo, en México el 10 por ciento más rico acapara el 40 por ciento del ingreso mientras que el 40 por ciento más pobre apenas rasca el 10 por ciento de los salarios. Patrones similares de desigualdad se repiten por todo el continente e históricamente se han modificado muy poco. ¿Qué va a hacer un joven desempleado que no tiene dinero para continuar estudiando o un padre de familia cuyo salario apenas le alcanza para darle de comer a sus hijos o una mujer, una secretaria, que sabe que su jefe gana 10, 20 o 100 veces más que ella y que no existen posibilidades reales de reducir esa distancia? Inevitablemente van a ver hacia el norte.

De los veinte millones de caribeños y latinoamericanos que actualmente viven fuera de su país de origen, 14 millones se establecieron en Estados Unidos, según un informe de la Comisión Económica para América Latina y el Caribe.[25] Y esos inmigrantes enviaron a sus países $17 millones en remesas durante el año 2000, una cantidad muy superior a la ayuda económica estadounidense a la región. El estudio no indica cuántos de esos inmigrantes podrían estar viviendo ilegalmente en Estados Unidos. Pero hay formas de calcularlo.

¿CUÁNTOS INDOCUMENTADOS HAY EN ESTADOS UNIDOS?

La Oficina del Censo calculó que en el año 2000 había unos siete millones de indocumentados en Estados Unidos.[26] La misma oficina informó que en 1990 existían unos 3,500,000 de inmigrantes indocumentados en el país y 5,800,000 en octubre de 1996. En otras palabras, la complicada fórmula del cálculo oficial[27]—porque no es otra cosa más que un cálculo—indica que durante la década entre 1990 y 2000 entraron anualmente, en promedio, 350,000 indocumentados a Estados Unidos.

La cifra de indocumentados coincide en términos generales con un estudio hecho por México y Estados Unidos. El Binational Study on Migration calculó que entre 1990 y 1996 se quedaron en Estados Unidos, en promedio, 105,000 inmigrantes indocumentados provenientes de México por año.[28] En lugar de "un millón que camina cada año de México hacia Estados Unidos" como sugirió en 1993 Pat Buchanan en una editorial del diario *The Washington Times*.[29]

El estudio detectó que el movimiento cíclico de muchos inmigrantes mexicanos entre su país de origen y Estados Unidos se estaba volviendo más lento, es decir, que cada vez regresan menos a México. Curiosamente, una de las conclusiones del estudio fue que "el resultado más importante de la migración es el dinero que estos inmigrantes envían a México."[30]

La mayor parte de los inmigrantes sin documentos legales que hay en Estados Unidos son de México y eso no va a cambiar. México y Estados Unidos tienen la única frontera del mundo entre una superpotencia y un país en vías de desarrollo y con una democracia a prueba. El 69 por ciento del total de los indocumentados en el 2000

(4,800,000) eran de México y el 32 por ciento de todos los inmigrantes del país (2,200,000) vivían en California.[31] Desde luego, a esto habría que sumarle los inmigrantes de otros países. Pero cualquiera que sea el número real, no nos equivocamos al decir que la frontera entre México y Estado Unidos está prácticamente abierta para quien se propone cruzarla.

La nueva Oficina de Aduanas y Protección Fronteriza (Bureau of Customs and Border Protection) asegura que cada vez es más difícil entrar ilegalmente a Estados Unidos y como evidencia muestran la reducción en el número de arrestos en la frontera.

ARRESTOS DE INDOCUMENTADOS EN LA FRONTERA MÉXICO-ESTADOS UNIDOS	
1999	1,579,010
2000	1,676,438
2001	1,266,213
2002	955,000

Fuente: INS/Bureau of Customs and Border Protection [32]

Esas cifras son indiscutibles. Puede ser que haya menos personas intentando cruzar. Pero lo que el Departamento de Seguridad Interna, bajo el cual se encuentra el nuevo servicio de inmigración, no nos dice es cuántos logran cruzar. La reducción en el número de arrestos podría significar, también, que más inmigrantes logran burlar la vigilancia en la frontera. Es obvio que nadie tiene la última palabra ni cifras exactas en este sentido. Por los resultados del censo, sin embargo, todo parece indicar que decenas y quizás cientos de miles logran burlar a la patrulla fronteriza cada año, a pesar de que ya en el 2003 había en la frontera entre México y Estados Unidos alrededor de diez mil agentes.

Cabe hacer la aclaración de que no todos los indocumentados lo hacen nadando el río Bravo/Grande o jugándose la vida en las montañas y desiertos que separan a ambos países. La mayoría lo hace por avión. De acuerdo con la organización National Immigration Forum "seis de cada diez" inmigrantes indocumentados entran a Estados Unidos con visa de turista, de negocios o de estudiante.[33] Poco después, violan las condiciones de su estadía al permanecer más tiempo del que estipulaba su visa. Esa misma organización calculaba que alrededor de 300,000 indocumentados se quedan cada año en Estados Unidos.

El presidente George W. Bush sabía perfectamente bien por qué vienen los inmigrantes indocumentados a Estados Unidos. Me lo dijo en una entrevista y repitió casi lo mismo unos días antes de los actos terroristas en Washington y Nueva York. "Hay gente en México que tiene hijos y que no saben de dónde van a sacar para darles la siguiente comida," dijo en un discurso el 24 de agosto de 2001. "Y ellos van a venir a Estados Unidos si piensan que van a poder ganar diner aquí. Así de sencillo."[34] Mientras haya personas que puedan ganar en Estados Unidos en una hora lo mismo que se tardarían en ganar durante varios días en su país de origen, seguirán viniendo. Esto no va a cambiar por un acto de terrorismo.

LO QUE CAMBIÓ (Y LO QUE NO CAMBIÓ) DESPUÉS DEL 11 DE SEPTIEMBRE

Después del 11 de septiembre de 2001 viajé por la frontera entre México y Estados Unidos para ver cómo los actos terroristas habían afectado el cruce de inmigrantes indocumentados. Nadé el río Bravo/Grande en Texas, crucé caminando una parte del desierto de California con temperaturas cercanas a los 100 Fahrenheit y me encontré con decenas de inmigrantes dispuestos a arriesgarlo todo con tal de llegar a Estados Unidos. Cruzar es más difícil pero no imposible. El negocio de los "coyotes" o traficantes de indocumentados y de los falsificadores de documentos dentro de Estados Unidos ha florecido.

Y siguen llegando. Muy cerca del centro de Reynosa, en el estado mexicano de Tamaulipas, un coyote o "pollero" llamado Abraham ofreció cruzarme por el río por $200. Nunca se enteró que estaba hablando con un reportero.

Cada año mueren, más o menos, unos 350 inmigrantes ahogados, asfixiados o por deshidratación. Unos días antes de mi conversación con Abraham, un muchacho de 16 años llamado Fabían Gonzalez vio morir a su padre, Miguel, tras pasar tres días sin agua en el desierto de Arizona. El coyote que los llevaba los dejó a su suerte y se perdieron en un desierto hirviente de día y gélido de noche.

Los que logran cruzar tienen a su disposición toda una red de falsificadores que les ayudan a encontrar trabajo. En la realización de un reportaje con una cámara escondida, un joven mexicano apodado El Hulk me trató de vender una tarjeta del seguro social y una tarjeta de residencia o *green card* por $90. Lo sorprendente es que esto ocurrió en plena calle Roosevelt en Queens, Nueva York, a sólo unos minutos de donde cayeron las torres del World Trade Center.

En otras palabras, los actos terroristas han hecho muy poco para disuadir a los latinoamericanos a venir ilegalmente a Estados Unidos. Aunque el propio gobierno norteamericano no lo quiera reconocer, sigue siendo relativamente fácil cruzar la frontera y obtener documentos falsos dentro del país. Y si no, pregúntenle al coyote que conocí en Reynosa y al falsificador que me encontró en Nueva York.

Nada—ni la guardia nacional, ni barreras más altas, ni leyes más estrictas, ni mayor vigilancia, ni el peor acto terrorista en la historia de Estados Unidos—podrá detener a los miles que cada año buscan una vida mejor en el norte. Nada.

Es importante destacar que no todos los inmigrantes que cruzan ilegalmente la frontera o violan las condiciones de sus visas se quedan a vivir en Estados Unidos. Una buena parte de los indocumentados son campesinos, trabajan en las cosechas en los campos de California, Carolina del Norte o la Florida y regresan a México o Centroamérica una vez termina su empleo. Estos inmigrantes cíclicos, por llamarlos de alguna manera, también han sido afectados por los actos terroristas. Cruzar la frontera es cada vez más peligroso, la vigilancia ha incrementado y el número de agentes de la patrulla fronteriza va en aumento. Por lo tanto, después de 11 del septiembre, muchos de estos inmigrantes cíclicos empezaron a romper una tradición de años y han dejado de regresar a sus hogares al sur de la frontera para las fiestas de navidad y año nuevo. Los actos terroristas en Nueva York y Washington reforzaron una tendencia que ya lleva dos décadas y que sugiere que, con mayor frecuencia, los inmigrantes se están quedando a vivir permanentemente en Estados Unidos. Y eso, en muchos casos, genera un rechazo.

PAÍS DE INMIGRANTES

El rechazo a los inmigrantes no es nuevo. Estados Unidos tiene una contradictoria historia migratoria: todos los que vivimos aquí somos inmigrantes o descendientes de inmigrantes—salvo los indígenas o nativos que poblaron norteamérica 12 mil años antes de la llegada de los europeos—pero hay, también, una resistencia constante (a veces feroz y racista) hacia los recién llegados.

La primera gran ola migratoria moderna ocurrió entre 1840 y 1860 cuando cerca de tres millones de irlandeses y alemanes llegaron a Estados Unidos. Igual que ahora con los latinoamericanos, entonces se acusaba a los alemanes de no hablar inglés y a los irlandeses de robarles los empleos a los estadounidenses. Los carteles de rechazo a la contratación de irlandeses que había en algunas tiendas del noreste del país—que decían *"No Irish need apply"* o simplemente *"NINA"*—me recuerdan los letreros que leía el profesor Julián Zamora cuando era niño, alrededor del año 1930, en los parques de Colorado—*"No Mexicans, No Indians, No Dogs"* ("Prohibida la entrada a mexicanos, indígenas y perros").

Tras los irlandeses y alemanes, que poco a poco se fueron asimilando, llegaron entre 1880 y 1920 más de cuatro millones de italianos, acompañados de polacos, húngaros, rusos y lituanos, entre otros grupos de europeos del este.[35] "La última gran ola migratoria cambió la sociedad norteamericano dramáticamente"[36] concluyeron los periodistas Peter Jennings y Ted Brewster. Ellos comparan, de distintas formas, esa época con la actual. Les ha llamado mucho la atención, por ejemplo, que "los mexicanos han descubierto Utah . . . famosamente blanca (y) famosamente mormona."[37] Esa ola migratoria que culmina en 1920 fue protagonizada—al igual que hoy en día—por "gente que estaba dispuesta a realizar los trabajos que los norteamericanos de la vieja guardia no querían hacer."[38]

La mano de obra italiana reemplazó a la irlandesa pero la reacción xenofóbica fue abrumadora y se vió reflejada en la más estricta ley migratoria que se recuerde en Estados Unidos. En 1921 el gobierno impuso el Acta de Cuotas de Emergencia reduciendo la entrada de inmigrantes en más de la mitad y luego el Acta de Cuotas Migratorias del 26 de mayo de 1924, que reestablece un nuevo límite: no podrían entrar a Estados Unidos más del dos por ciento del número de inmigrantes que ya existían en el país en 1890.[39] Esto, en la práctica, limitaba la entrada a solo 164,667 inmigrantes por año.[40] Para poner esto en perspectiva, en los años previos a la entrada en vigor de esta ley llegaban unos 800,000 inmigrantes anualmente a tierras estadounidenses.

En el mejor de los casos esto puede interpretarse como un respiro al flujo masivo de inmigrantes. En el peor, se trató de la oficialización de prejuicios étnicos. Como quiera que sea, las restricciones migratorias tuvieron éxito en detener la corriente de nuevos inmigrantes de Europa. El sistema de cuotas fue modificado en 1952 pero no fue hasta las enmiendas impuestas en 1965[41] que se eliminó el sistema de cuotas basado en origen nacional o raza. Por esa época (1964) terminó también el llamado programa "bracero" que trajo legalmente a Estados Unidos un total de 4,800,000 trabajadores mexicanos durante 22 años.

Lo que nadie pudo prevenir en ese entonces es que los nuevos inmigrantes a Estados Unidos ya no vendrían, en su mayoría, de Europa sino de América Latina. En 1951 el 89 por ciento de los inmigrantes venían de Europa y de regiones fuera de América Latina, Asia y África.[42] Veinticinco años después las cosas habían cambiado totalmente: tres de cada cuatro inmigrantes legales (79%) eran latinoamericanos, asiáticos y africanos. Y el grupo más grande era de mexicanos (14.5%).

¿Qué pasó? Un breve análisis comparativo sobre las situaciones económicas entre Europa y América Latina a finales de los años 60 muestra las diferencias entre ambas regiones: una totalmente recuperada y pujante tras las inversiones y reformas impuestas después de la segunda guerra mundial; la otra, incapaz de enfrentar con eficacia los retos de gobernabilidad, explosión demográfica y creciente pobreza.

El cambio en las leyes migratorias dentro de Estados Unidos no fue la única causa del nuevo flujo de inmigrantes provenientes del sur. Quizás, sí, envió un mensaje de que las cosas estaban cambiando en el norte, que las puertas se estaban abriendo. Pero esto coincidió, en los años 60 y 70, con la explosión demográfica en América Latina, el consecuente aumento de la pobreza, la patente incapacidad de los gobiernos de turno para incorporar a todos en el proceso económico, el establecimiento de regímenes autoritarios o militares y mucha inestabilidad política.

En 1968 el gobierno de México, encabezado por Gustavo Díaz Ordaz, era anfitrión de las Olimpíadas. Díaz Ordaz representaba al Partido Revolucionario Institucional (PRI) que desde 1929 controlaba el poder en México y que era, de alguna manera, producto de la revolución mexicana de 1910. Pero casi 60 años después del inicio de la revolución México vivía la peor crisis política de su historia moderna. El 2 de octubre de 1968 el ejército mexicano, bajo órdenes del presidente Díaz Ordaz y del secretario de gobernación, Luis Echeverría, asesina y hiere a cientos de estudiantes que se habían reunido en la Plaza de las Tres Culturas en Tlatelolco para exigir cambios democráticos. Los cambios no se darían hasta el año 2000 cuando Vicente Fox venció al PRI en las primeras elecciones democráticas en casi 100 años. La masacre de Tlatelolco es sólo un ejemplo del momento que vivía México en esa época: sin democracia, con un gobierno asesino y autoritario, y una sociedad desesperanzada.

No es de extrañar, pues, que el significativo crecimiento de los latinos en Estados Unidos se iniciara a finales de los años 60 y a principios de los 70. El censo de 1970 indicaba que sólo el 5 por ciento de la población era de origen latino; para 1990 esa cifra casi se había duplicado. El levantamiento del sistema de cuotas migratorias coincidió con las malas condiciones económicas imperantes en América Latina. Estas dos cosas generaron un verdadero *tsunami* migratorio hacia el norte que, al menos hoy, suena imparable.

CUANDO EL HAMBRE ES MÁS FUERTE
QUE EL MIEDO DE MORIR

El niño Marco Antonio Villaseñor, de cinco años de edad, ya estaba desmayado. Los esfuerzos de su padre, José Antonio, de levantarlo por arriba de su cabeza para que pudiera respirar por un hoyito en la parte superior del tráiler no habían dado resultado. Si no abrían pronto la puerta del camión todos—más de 80 inmigrantes—iban a morir ahí dentro. Al final de esta odisea, alguien abrió la puerta del tráiler y lo que encontró dentro fue horroroso: cadáveres, heridos, gente a punto de morir.

Entre los 17 inmigrantes muertos que encontraron dentro del tráiler el miércoles 14 de mayo de 2003 estaba el niño Marco Antonio y su papá. Otros dos inmigrantes morirían más tarde en el hospital. El incidente en Victoria, Texas, con un total de 19 muertos, es uno de los peores en la historia. Y lo más grave de todo es que se está repitiendo poco a poco.

¿Qué es lo que hace que una persona venza el miedo y arriesgue su vida y la de su hijo de cinco años con tal de entrar ilegalmente a Estados Unidos? ¿Por qué arriesgarse a morir ahogado, deshidratado o asfixiado? Por el hambre; tanto el hambre de quien no tiene qué comer como la de quien ambiciona una vida mejor para él/ella y su familia. El diario *The Washington Post,* citando a la abuela del niño, informa que José Antonio se llevó a su hijo de la ciudad de México hacia Estados Unidos para "darle una mejor educación." [43]

La muerte de los 19 inmigrantes de México, El Salvador, Honduras y República Dominicana en Texas nos llama la atención porque son muchos en un mismo lugar. Pero esta es una tragedia constante. Todos los días muere (en promedio) un inmigrante en la frontera. La tragedia de Texas se repite cada 19 días.

Todos los días—impulsados por el hambre y atraídos por los trabajos—unos mil inmigrantes logran cruzar ilegalmente la frontera entre México y Estados Unidos o violan sus visas de turista, de negocios o de estudiante, y se quedan más tiempo del permitido.

Pero cruzar es cada vez más arriesgado. Desde el 11 de septiembre de 2001 se ha reforzado la vigilancia en la frontera obligando a los posibles inmigrantes a intentar el cruce por lugares más peligrosos, sobre todo en el desierto.

El porcentaje de éxito es alto; por cada mil migrantes que pasan o se quedan uno muere. En el año 2002 murieron 371 personas en la frontera según informó el gobierno mexicano. En el 2001 la cifra fue muy parecida: 370 muertos. Estas cifras, sin embargo, son ligeramente superiores a las que da el gobierno de Estados Unidos. Por ejemplo, Estados Unidos calculó que en el 2001 habían muerto sólo 322 inmigrantes en la frontera. ¿Por qué la diferencia? Porque el gobierno de México incluye en la cifra total de muertos los cadáveres de inmigrantes que encuentran dentro del lado mexicano. Pero, sea cual sea la cifra real, la verdadera tragedia es que todas y cada una de estas muertes se pueden evitar. ¿Cómo? Con un acuerdo migratorio entre México y Estados Unidos. La política migratoria actual de Estados Unidos no ayuda a la economía, genera muertes en la frontera y tampoco detiene el incesante flujo de inmigrantes. Es, sin exagerar, un fracaso. A menos, claro, que la verdadera política sea el permitir ciertos niveles de inmigración indocumentada que llenen las necesidades del mercado laboral de Estados Unidos. Quizás, y eso sería triste e hipócrita, la verdadera política migratoria de Estados Unidos es el statu quo, el dejar las cosas exactamente como están.

Dos días después de las muertes de los indocumentados en Victoria, Texas, el nuevo servicio de inmigración detuvo a otros 18 inmigrantes indocumentados en otro tráiler pero en el mismo lugar. La tragedia de Texas, tristemente, se va a repetir porque el hambre es más fuerte que el miedo a morir. Y ahí está cadaver del niño Marco Antonio Villaseñor para probarlo.

LA OLA DEL OESTE

No cabe la menor duda que la constante migración proveniente de América Latina es un componente fundamental del enorme crecimiento de los hispanos en Estados Unidos. Pero hay otro, aún más poderoso, que no conlleva el estigma de la ilegalidad y que influye enormemente en la sociedad norteamericana desde su misma base: en las familias y en las escuelas.

Los hispanos, tradicionalmente, suelen tener más hijos que el resto de la población. Las madres de origen mexicano tienen 3.3 hijos en promedio y las puertorriqueñas 2.2 hijos, mientras que las afroamericanas y las blancas no hispanas tienen un promedio de fertilidad apenas superior a 2 hijos.[44] Éste es un fenómeno cultural que se vincula, en parte, a las altas tasas de nacimientos que aún prevalecen en América Latina. La idea de tener "familias grandes" no surge, como algunos han querido implicar, por una carga genética distinta, por ser más sexuales o sensibles que otros grupos étnicos, por llevar la salsa y la samba metida en la sangre, por una libido particularmente desarrollada o por disfrutar más del tiempo libre.

En América Latina, sobre todo antes de la eras industrial y digital, cada hijo era dos manos más para trabajar el campo; cada hija un apoyo extraordinario en la administración del hogar y en el cuidado de los niños y los abuelos. En otras palabras, tener "una familia grande" garantizaba de alguna manera la supervivencia física y emocional del grupo frente a las enfermedades, las jornadas de trabajo de sol a sol y las bajas expectativas de vida. Formar parte de una "familia grande" podía significar la diferencia entre comer y morir de hambre. Mientras que los padres en la actualidad, desde un punto de vista estrictamente económico, no emocional, pueden pensar en sus hijos en términos de gastos—universitarios, de manutención, de salud—hace sólo unas décadas eran vistos como una inversión para el futuro.

Con la industrialización viene la migración del campo a las ciudades. El número de agricultores se ha reducido dramáticamente en Latinoamérica. Y en algunos casos, como el de México, ya no es redituable ser campesino. Irónicamente México importa maíz de Estados Unidos para poder producir las millones de tortillas que acompañan, invariablemente, las comidas de los mexicanos. Además, el Tratado de Libre Comercio (TLC) entre México, Estados Unidos y Canadá dejó desprotegidos a los campesinos mexicanos a partir del primero de enero de 2003.

Se suponía que tras la entrada en vigor del TLC en 1994 los campesinos mexicanos tendrían una década para mejorar sus técnicas de producción, con incentivos gubernamentales, para poder competir al tú por tú con los norteamericanos. Eso no ocurrió. Llegó el 2003 y los campesinos mexicanos—que tienen en promedio tierras de sólo 5 hectáreas—no pueden competir contra las transnacionales y los agricultores estadounidenses que gozan de subsidios gubernamentales, los más modernos instrumentos de riego, tractores del año, pesticidas, asesoría técnica para que sus granos sean más grandes y resistentes a las enfermedades, mano de obra barata—esa sí, de México—y zonas de cosecha de 150 hectáreas en promedio.

¿Cómo puede competir un campesino mexicano contra un agricultor norteamericano cuando éste recibe parte de los $180,000 millones en subsidios a la agricultura que autorizó el presidente Bush desde el 2002 hasta el año 2012? Esto, según un cálculo que publicó el diario *Reforma* de México, significa que los agricultores norteamericanos pueden vender sus productos 20 por ciento por debajo de sus costos de producción. Y Europa, al igual que Estados Unidos, también subsidia a sus agricultores.[45]

El campesino mexicano es, así, una especie en extinción. Y si quiere seguir siendo campesino lo mejor para él es irse, irónicamente, a Estados Unidos: el país cuyos subsidios terminaron con sus cosechas. Pero algunas de las prácticas culturales de los campesinos mexicanos no desaparecen al cruzar la frontera, como la de tener "familias grandes."

Si consideramos que 16 millones de los 31 millones de extranjeros que vivían en Estados Unidos en el año 2000 provienen de América Latina y que el 68 por ciento de la población hispana nació en otro país o uno de sus padres es extranjero,[46] es fácil entender que muchas de las prácticas culturales a las que estaban acostumbrados siguen vigentes.

El contraste de crecimiento es impresionante. Los hispanos crecieron 4.7 por ciento durante el mismo período (abril 2000–julio 2001) en que los asiáticos en Estados Unidos aumentaron solo 3.7 por ciento, los indígenas o nativos 2.3 por ciento, los afroamericanos 1.5 por ciento y los blancos no hispanos 0.3 por ciento.[47] Esto incluye, desde luego, la llegada de los nuevos inmigrantes más los recién nacidos. Ya en el 2001 el 13 por ciento de la población era latina, frente al 12.7 por ciento de los negros (que equivale a unos 36.2 millones de afroamericanos). Pero cuando nos concentramos exclusivamente en los nuevos nacimientos, las cifras también son impactantes.

Uno de cada cinco niños que nace en Estados Unidos es hispano. De los más de cuatro millones de nacimientos que hubo en Estados Unidos en el año 2000, el 20 por ciento fue de niños latinos. Es decir, en el 2000 hubo 815,868 nuevos hispanos.[48] Si a esto le restamos las 107,254 muertes de latinos, aún tenemos un balance muy positivo.[49]

La ola viene del oeste. Es en California donde podemos medir con mayor claridad las consecuencias de este enorme crecimiento. Ahí, la mayoría de los bebés que nacen son latinos. Entre julio y septiembre de 2001 el porcentaje de recién nacidos de origen latino fue del 50.2 por ciento. En contraste, sólo el 31.4 por ciento de los nacimientos en California fueron de blancos no hispanos, 11.3 por ciento de asiáticos y 6.1 por ciento de afroamericanos.[50]

Al comentar sobre este impresionante crecimiento, el director del UCLA Center for the Study of Latino Health and Culture, David Hayes–Bautista, dijo: "La muy anticipada mayoría latina ha llegado. En los próximos 40 años cada nueva fase de desarrollo humano que se lleve a cabo será vivida en este estado por una mayoría latina."[51] Las repercusiones de esta mayoría son impresionantes en California: en el 2006 la mayoría de los niños que entren a kindergarden serán latinos, en el 2014 la mayoría de los adolescentes que inicien la secundaria o *high school* serán hispanos, en el 2017 la mayoría de los trabajadores que entren a la fuerza laboral serán latinos y para el 2019 la mayoría de los adultos jóvenes en edad de votar—18 años—serán hispanos. Es, por lo tanto, sólo cuestión de tiempo antes de que los latinos empiecen a controlar los principales puestos políticos de California, del gobernador para abajo. Así como los cubanos han dominado la política en Miami, los mexicoamericanos controlarán los procesos políticos de California en un par de décadas.

Cuidado. Aquí no estamos hablando de inmigrantes. No. Aquí estamos hablando de ciudadanos norteamericanos (de origen latino) con todos los derechos que cualquier otra persona nacida dentro de Estados Unidos.

El cambio fundamental en California es que ya existe una mayoría latina, medible e irrefutable, en el número de nacimientos. El cambio, sin embargo, se veía venir desde hace varios años. Y gente de mente pequeña trató de parar, tontamente, esta tendencia. El congresista Buck McKeon, por ejemplo, propuso enmendar la constitución de Estados Unidos después de informar que en 1992 habían nacido 96,000 bebés de madres indocumentadas en California. McKeon quería que se le negara la ciudadanía americana a los hijos de inmigrantes indocumentados nacidos en Estados Unidos. La propuesta se estrelló como un huevo en un sartén hirviendo. El prejuicio étnico era evidente. La propuesta de McKeon seguía los mismos lineamientos que la Proposición 187. Aprobada por los votantes californianos el 8 de noviembre de 1994, la Proposición 187 hubiera negado educación y atención médica a cientos de miles de niños e inmigrantes indocumentados de no haber sido declarada inconstitucional por una corte.

A pesar de esfuerzos xenofóbicos y racistas como los del exgobernador de California y promotor de la Proposición 187, Pete Wilson, y de congresistas como Buck McKeon, la comunidad latina sigue creciendo y prosperando. Pero no a costa de los presupuestos estatales y nacionales. Hablaremos de esto más adelante en el libro. Por ahora, lo importante es establecer que el número de latinos está aumentando en, aproximadamente, un millón y medio cada año; basta restarle las muertes a los nacimientos y añadir a esa cifra los nuevos inmigrantes, tanto legales como indocumentados.

Actualmente, la migración es el factor dominante en el crecimiento de la población hispana. Sin embargo, muy pronto, serán los hispanos de segunda generación—nacidos en Estados Unidos—los que conformarán la mayoría de la población hispana. "Los nacimientos en Estados Unidos están desplazando a la migración como la fuente principal de crecimiento," concluyó un estudio del Pew Hispanic Center. "En los próximos 20 años va a haber un importante cambio en la población hispana con los latinos de segunda generación—los hijos de inmigrantes nacidos en Estados Unidos—emergiendo como el componente más grande de esa población." [52]

De 1970 al 2000 los inmigrantes latinos de primera generación eran el 45 por ciento del total de la población hispana, y sus hijos, la segunda generación, nacida en Estados Unidos, eran apenas el 28 por ciento del total. Pues bien, del año 2000 al 2020—según los cálculos del Pew Hispanic Center—los inmigrantes latinos de primera generación serán sólo el 25 por ciento del total mientras que sus hijos, la segunda generación conformarán el 47 por ciento de todos los hispanos. Esto es la americanización de los latinos. Y éste es el punto de soporte de la ola latina.

EL CAMINITO A PUEBLA YORK

Nos gusta estar pegados y seguir el mismo caminito que otros. En Los Angeles hay más mexicanos, guatemaltecos y salvadoreños que en cualquier otro lugar después de las ciudades de México, Guatemala y San Salvador. Hay tantos puertorriqueños fuera de la isla como dentro. La población de Miami se infla con gente proveniente del último país latinoamericano en crisis; ahora pueden venir de Venezuela y Colombia, antes era de Argentina y Nicaragua. Si las cosas no cambian, la mitad de toda la población de Ecuador estará viviendo en unas décadas en Estados Unidos y España.

Cuando Amanda, una amiga de muchos años, decidió dejar el estado mexicano de Michoacán e irse a Estados Unidos—luego de que su esposo dejara de enviarle dinero para su manutención y que asesinaran a su propio padre—no tuvo que pensar mucho a donde llegar. En el sur de California vivía la familia de su hermana y se fue para allá. Le encargó su hijo a su mamá, tomó un autobús hacia Tijuana y con la ayuda de un "coyote" ella y su hija de 11 años cruzaron ilegalmente hacia Estados Unidos. Años más tarde el mismo trayecto sería hecho por su hijo y por la madre de Amanda. La hermana de Amanda había abierto el caminito y ella, simplemente, le siguió los pasos. Esta historia se ha repetido millones de veces, sobre todo en California y Texas, donde se concentra la mitad de todos los hispanos.[53]

José Pablo Fernández Cueto, presidente del Instituto Mexicano de Houston[54] me comentó en una carta que "la comunidad de inmigrantes mexicanos de Houston cuenta con mas de 500,000 personas—más o menos el tamaño de la ciudad de Xalapa, Veracruz." El objetivo del instituto—establecido en 1991—es ayudar a los padres para que ellos, a su vez, puedan educar a sus hijos y frenar la deserción escolar que es tan común en la comunidad hispana. Son mexicanos ayudando a mexicanos dentro de Estados Unidos.

Ocho de cada 10 latinos que viven en Houston son de origen mexicano—la población latina sobrepasaba en el 2000 el millón de habitantes—y la mayoría de los mexicanos provienen de cuatro estados: 14 por ciento de Guanajuato, 15 por ciento de San Luis Potosí, 16 por ciento de Nuevo León y 8 por ciento de Tamaulipas. ¿Cómo lo saben? Muy fácil. De ahí son la mayoría de los inmigrantes que solicitaron su matrícula consular—una forma de identificación oficial que otorga el gobierno mexicano—en el Consulado de México en Houston. El caminito no puede ser más claro. En el noreste de México, Guanajuato colinda con San Luis Potosí y éste, a su vez, es vecino de los estados fronterizos de Nuevo León y Tamaulipas. Estos últimos dos estados se encuentran del otro lado de la frontera con Texas.

"¿Cómo pueden aguantar ustedes aquí con tanto frío?" me canso de preguntarles a los inmigrantes mexicanos que me encuentro en Chicago. "Pos no hay d'otra," me suelen contestar, "venimos a chambear." El barrio de Pilsen ya no es alemán; ahora es típicamente mexicano. Sobre la calle 18, entre Western y Halspead, hay mercados, carnicerías, tiendas de discos, montones de agencias de viaje y de envío de dinero, marisquerías y viejas peluquerías donde todavía es posible cortarse el pelo "a navaja," como en los pueblitos mexicanos. En la librería Girón, una de las más completas de la ciudad de Chicago, es difícil encontrar libros en inglés pero rara vez escasean los *bestsellers* en español. En el restaurante Nuevo León—que ahora maneja Daniel Gutiérrez luego que su madre, María Gutiérrez, dejara la cocina por un semiretiro en el segundo piso del mismo local—me comí unos huevos con chorizo que me supieron a . . . México. Es ese sabor—¿cómo describirlo?— con el que crecí y que hace que los meseros del Nuevo León no den abasto las mañanas de los sábados y domingos.

A primera vista podría ser complicado explicar la presencia de tantos mexicanos del bajío, una zona de clima templado, en lugares como Illinois. Pero eso se explica con dos palabras: trenes y betabel. Así se hizo el caminito de los mexicanos hacia Chicago. Los primeros en llegar a Chicago huían de la violenta revolución mexicana y de la posterior guerra cristera. Sin embargo, la llegada masiva de mexicanos ocurrió debido a la necesidad de mano de obra para construir y darle mantenimiento al sistema ferroviario de Estados Unidos y para trabajar los campos de betabel.

Compañías norteamericanas comenzaron a construir vías del tren en el norte de México hacia finales del siglo XIX. Esas nuevas vías permitieron que miles de mexicanos pudieran irse a estados como Illinois, Michigan, Ohio, Minnesota, Nebraska y las Dakotas para trabajar en los campos de betabel.[55] De la misma forma, campesinos mexicanos que trabajaban en los campos de cultivo en el sur de Estados Unidos eran enviados al norte en trenes donde urgía mano de obra. El azúcar era escasa, importarla resultaba muy caro por un nuevo impuesto establecido en 1897 y el betabel o remolacha, como le dicen en México, era la única fuente de azúcar relativamente barata para satisfacer la creciente demanda de los estadounidenses. La remolacha es una planta de raíz grande y carnosa, rica en sacarosa que también se utiliza como alimento para ganado. El caminito a Chicago está pintado de rojo como la remolacha. No es difícil imaginarse a esos campesinos betabeleros que ganaban dos dólares por día con las manos heridas de rojo; rojo sangre, rojo betabel. Pero no hay que imaginárselo. Basta ver las fotografías de esos primeros inmigrantes en el revelador libro *Mexican Chicago* de Rita Arias Jirasek y Carlos Tortolero.

Chicago es la segunda ciudad de Estados Unidos con mayor población de zacatecanos, superada únicamente por Los Angeles. Ahí hay más zacatecanos que, incluso, en la ciudad capital de Zacatecas. Zacatecas es uno de los estados mexicanos más pobres de la república. Es posible que sólo Chiapas sufra de mayor pobreza. Su clima árido y su tierra poco bondadosa contribuye a que Zacatecas sea uno de los principales estados expulsores de mexicanos. Pero el carácter del zacatecano, fuera de su tierra, es muy gregario. Hay más de 200 clubes zacatecanos en Estados Unidos, varios de ellos en Chicago. Y luego hay federaciones que, a su vez, agrupan a estos clubes. Estas organizaciones funcionan como una brújula e imán para los nuevos inmigrantes y como un apoyo a los recién llegados. Es poco probable que un zacatecano se pueda perder en Chicago o en Los Angeles. El caminito está marcado: Zacatecas–Los Angeles o Zacatecas–Chicago.

Hablar de mexicanos en Chicago ya no sorprende a nadie. ¿Pero qué tal hablar de mexicanos en Vail, Colorado? En un invierno cualquiera en Vail, si no fuera por la nieve y las montañas y el maldito frío y los esquís y los Rolex y los abrigos de mink y los lentes Maui, podría pensar que estoy en algún lugar de México. Cierro los ojos y oigo el típico cantadito mexicano por todos lados: "Paaaty, nos veeemos alláá arribiiita en la montaaaña ¿nooo?," "Oye güey, vaaamos a echarnos unas carreriiitas; la nieve estááá de poca," "Buenooo"—contestando su nuevo celular Nokia—"quihúúúbole mi broooder ¿on'tas?," "Paaapi, pero es que hoooy no quiero esquiaaar, prefieeero iiirme en el *snowboard*. Eeeso es lo que haaacen todos los gringos ¿quééé no veees?"

En Vail hay más mexicanos ricos de los que aparecen en la revista Forbes. En los *lifts* para subir a la montaña me encontré, en un viaje reciente, con una familia mexicana que estaba comprando boletos para esquiar para cuatro personas por dos semanas. El boleto costaba $71 diarios por persona. O sea, se iban a gastar $3,976 (que equivale a la mitad del salario anual de una familia promedio mexicana). Y eso no incluía la renta de los esquís ($40 diarios) ni los guantes, chamarra, pantalones, medias largas, gorrito y bufanda contra el inclemente frío. El padre de familia, un hombre cuarentón, sacó la tarjeta de crédito y firmó sin dudar la pequeña fortuna. "Yaaa tengo los boleeetos, mi viiida," salió anunciando sin sufrir, siquiera, un tropezón.

Estos mexicanos de clase alta que jamás se subirían a un camión de transporte colectivo en México, Monterrey o Chihuahua acompañan con alegría a los estadounidenses en los *shuttles* que llevan gratuitamente a los esquiadores de los hoteles a la falda de las montañas. "Híí-íjole, eeesto se parece al camióóón de Refooorma o al meeetro de Constituyeeentes," escuché a una joven madre cuando a uno de sus hijos ya no le tocó asiento. En los *shuttles* era fácil enterarse que en "Suiiiza se esquíííá más paaadre que en Canadááá" pero que "el ambie-eeente de Aspen eees loo máááximo."

Après ski era difícil conseguir lugar en los buenos restaurantes si no se hacían reservaciones con semanas de anticipación, aunque se tratara de un mexicano con billete. *"We're booked,"* le dijeron en el Sweet Basil—que estaba de moda—a una solemne mujer de cana pintada a quien nunca nadie le había dicho "no" en su vida. Eso jamás se lo harían en los restaurantes El Izote, en la Hacienda de los Morales o en El Estoril en la ciudad de México. Insistió, pesada, berrinchuda, confiada en conseguir una mesa. *"We're sorry,"* le volvieron a decir y se fue haciendo un oso espantoso, seguramente pensando: "Piinche güera, no saaabe con quiééén trabaaaja mi espoooso." Su abrigo se fue barriendo la nueva nieve que caía en las calles cerradas al tráfico vehicular. Probaría su suerte, luego, en el Campo di Fiori o en el Game Creek.

Ante escenas como éstas, es fácil olvidar que en México cada vez hay más pobres, más desempleados y más desesperanzados. A Vail llega un montón de ese 10 por ciento de los mexicanos que acumulan más del 40 por ciento del ingreso. Pero lo interesante es que muchos de los 60 millones de pobres (o más) que tiene México también están llegando a Vail. El caminito es en la nieve.

Los que cocinan son mexicanos. Los que limpian los cuartos de hotel son mexicanos. Las que cuidan a los niños son mexicanas. Los que cargan la basura son mexicanos. Los que hacen los trabajos que nadie más quiere hacer son mexicanos.

Verónica de Zacatecas y Elvia de Veracruz ganaban $8.50 la hora como recamareras en un hotel de cuatro estrellas. "Pos sí stá duro, pero tá más duro por allá," me dijo una. "Y yaaa nos acostumbramos al frío," completó la otra, riéndose. Lorena, de Chihuahua, era más afortunada. Ella ya ganaba $10 la hora, más que el mexicano promedio en todo un día. Pero el costo es alto. "Toda mi familia tá en Chihuahua," me comentó un día después de navidad.

Sin mexicanos Vail se paralizaría. No habría suficiente mano de obra para que el pueblito funcionara tan bien. Y no habría, tampoco, suficientes pesos (cambiados a dólares) para mantener pujante la industria del turismo.

Lo curioso—lo triste—es que las mismas estructuras, las mismas clases, las mismas actitudes (pedantes y de sumisión, de autoridad vertical) que existen en México se repiten en Vail; sólo que con mucho más frío. Pero las bajas temperaturas exageran esas enormes diferencias entre los mexicanos que tienen mucho y los que no tienen nada más que su trabajo. Unos, calientitos, con abrigos de pieles sobre sus esquís Rossignol. Los otros, tiritando dentro de sus chamarritas de poliéster y botas de plástico, chambeando en temperaturas bajo cero para poder enviarle dinero a sus familias en México. Ésos son los dos Méxicos que patinan (y que chocan) en los hielos de Vail.

Con frío pero el camino está bien marcado.

Nueva York está poblada de poblanos. En Nueva York, sin duda, se come el mejor mole poblano fuera de Puebla. Y no parece haber restaurante en Manhattan que no tenga a por lo menos un poblano en la cocina o como mesero. En Nueva York hay poblanos que hacen *sushi,* que limpian sartenes manchados de pasta o de la grasa de un *t−bone steak* y que, en pocas palabras, permiten que millones de neoyorquinos lleven una vida sabrosa. Bienvenidos a Puebla York.

Durante una reciente visita a la librería Lectorum—que tiene la más amplia colección de libros en español de la ciudad—le pregunté a tres personas al azar de dónde eran y las tres, invariablemente, me contestaron: "De Puebla," "De Puebla," "De Puebla."

A Nueva York llegan poblanos por la misma—y a veces misteriosa—razón por la que miles de habitantes de las Islas Marshall (un archipiélago en Oceanía) se van a Tennessee a trabajar con la empresa Tyson Foods: porque hay empleos y una red de apoyo social a los recién llegados.

El censo del año 2000 no especifica el número de "poblorquinos." Sabemos únicamente que había poco más de 260,000 personas de origen mexicano en el estado de Nueva York. También sabemos que siguen llegando por tres razones: la primera es que ya existe toda una red de contactos familiares y de amistad que abriga a los nuevos inmigrantes; la segunda es que en Nueva York hay trabajos para ellos; y la tercera es que en Nueva York hay tantos extranjeros que es prácticamente imposible localizar a un indocumentado. Es decir, en Nueva York los poblanos perciben que corren menos riesgo que en California, Texas o Illinois de ser deportados.

Esto, sin embargo, no implica que lleven una vida fácil. Después del 11 de septiembre de 2001 muchos inmigrantes se han convertido en los chivos expiatorios de la frustración de un gobierno que no ha podido capturar a Osama Bin Laden y que vive con el temor de nuevos actos terroristas. A pesar de esto, los poblanos siguen llegando a Nueva York.

Aunque los mexicanos siguen siendo el tercer grupo más grande entre los latinos de Nueva York, luego de puertorriqueños y dominicanos, no hay duda que su influencia se oye. "Pero sigo siendo el rey," se puede escuchar en la Academia de Mariachi de Nueva York.[56] Es parte de la letra de "El Rey," una de las canciones rancheras más populares en México, y que ahora aprenden medio centenar de niños y jóvenes hispanos, hijos de inmigrantes, en las instalaciones de la academia en East Harlem.

¿Mariachi en Nueva York? Claro. Y mole también. El caminito Puebla–Nueva York se oye y se huele.

CAPÍTULO TRES

POR QUÉ LOS LATINOS

SON DISTINTOS:

EL MITO DEL *MELTING POT*

BENJAMIN FRANKLIN TEMÍA en 1751 que partes de Estados Unidos se fueran a "alemanizar" de la misma manera en que, hoy en día, muchos temen que el territorio norteamericano se esté "mexicanizando" o, de manera más general, "latinizando." Resulta increíble que alguien con una mente tan abierta como Franklin haya expresado de una forma tan brutal su descontento con los nuevos inmigrantes. La inteligencia, parece ser, no es un escudo contra los prejuicios.

Los niveles migratorios de esa época eran insignificantes si los comparamos con los de hoy; antes de 1840 nunca pasarían de 60,000 inmigrantes por año.[1] Aun así, para Benjamin Franklin eran muchos. "¿Por qué [los alemanes] inundan nuestros territorios y como en rebaño establecen su lenguaje y sus costumbres a costa de las nuestras?" se preguntaba Franklin. "¿Por qué Pennsylvania, fundada por los ingleses, debe convertirse en una colonia de extranjeros *(aliens)* que muy pronto van a ser tan numerosos que nos van a alemanizar en lugar de que nosotros los anglifiquemos? [Los alemanes] nunca van a adoptar nuestro lenguaje y nuestras costumbres, de la misma forma en que no pueden adquirir nuestra complexión."[2]

Es curioso que la misma palabra—*aliens*—que utilizó Franklin hace más de 250 años sea la que aparece en las *green cards* o tarjetas de residencia y que sea la utilizada, como una ofensa, por los grupos antiinmigrantes. Nunca, hasta leer las *Observaciones* de Franklin pensé en él como un hombre cargado de prejuicios antiinmigrantes. Pero su frase—en la que sugiere que los nuevos inmigrantes no podrán parecerse físicamente a él—me ha puesto a dudar seriamente sobre las posibles actitudes racistas que tuvo este fundador de la patria.

Otra época, sí, pero se trata de los mismos prejuicios que existen ahora. Me pregunto si don Benjamin, inventor del pararrayos y promotor de la independencia de las colonias inglesas, se escandalizaría ahora de la latinización de Estados Unidos como antes lo hizo de la alemanización de Pennsylvania.

Todo comienza por la lengua. La principal característica que nos distingue a los latinos es que la mayoría hablamos un idioma distinto al inglés. En la lengua, físicamente, se ancla el cambio: la latinización comienza con el lenguaje español.

No soy de los que creen que el principal lazo de unión entre quienes vivimos en Estados Unidos es el idioma inglés. No. Creo que las dos principales características de este país son la aceptación de los inmigrantes y la tolerancia a la diversidad. Eso es lo que nos une a todos; gracias a esos principios estamos aquí. Eso es lo típicamente estadounidense. No el inglés.

HÁBLAME EN ESPAÑOL . . . O AL MENOS, TRATA

Hay días enteros en que no tengo que pronunciar una sola palabra en inglés, ni comer hamburguesas o pizzas, y mucho menos ver programas de televisión en un idioma distinto al español. En ocasiones todos los correos electrónicos que recibo vienen, también, en castellano y las personas que saludo dicen "hola" o "aló," pero no *"hello."* Esto pudiera resultar normal en Bogotá, Santiago o en San Salvador. Pero cada vez es más frecuente en ciudades como Nueva York, Los Ángeles, Houston, Miami y Chicago.

¿Por qué? Bueno, porque Estados Unidos está viviendo una verdadera revolución demográfica. A algunos les gusta llamarlo "la reconquista." Los mismos territorios que perdió México frente a Estados Unidos en 1848—Arizona, Texas, California—y muchos otros que no formaban parte de la república mexicana—como la Florida e Illinois—están experimentando una verdadera invasión cultural. Apellidos como Rodríguez, Martínez y Estefan dominan el mundo de la música y los deportes, y el español se escucha en todos los rincones del país, incluyendo la Casa Blanca.

En el año 2000, había alrededor de 28 millones de personas mayores de cinco años de edad que hablaban español en Estados Unidos, según informó la Oficina del Censo. Es decir, que al menos el 10.7 por ciento de la población del país se comunicaba en casa en un idioma distinto al inglés. Por estados, el porcentaje de hispanoparlantes aumenta considerablemente: 28 por ciento en Nuevo México, 25 por ciento en California y 27 por ciento en Texas. Pero incluso en estados como Alaska (2.9%), Montana (1.5%) y Dakota del Norte (1.4%) también se habla castellano.[3]

El español es, sin duda, uno de los principales elementos en común entre los distintos grupos de latinos. "Uno de los rasgos clave que define a la población hispana y que la distingue de otros grupos raciales y étnicos en Estados Unidos es el gran número de individuos que hablan predominantemente español," concluyó en el 2002 una encuesta a nivel nacional del Pew Hispanic Center y la fundación Kaiser.[4]

El español es uno de los elementos que permite la comunicación y traspaso de valores y referentes culturales. Siempre me ha llamado la atención que, incluso, aquellos hispanos que no dominan el español sueltan una que otra palabra: "Hola, ¿cómo estás?," "Qué tal," para hacernos saber a otros latinos que somos del mismo grupo. Hablar, entender o estar ligado de alguna forma al español, es una poderosa forma de identificación cultural. Es la primera señal, hacia el resto de la sociedad norteamericana, con la que afirmamos: somos distintos. Aunque nuestras diferencias van más allá de la posibilidad de ser bilingües.

Los datos del censo deben ser tomados con cuidado. Desde luego que los nuevos inmigrantes de América Latina hablan castellano. Si bien es cierto que nueve de cada 10 latinos habla español en casa, ese casi 90 por ciento está muy dividido. Algunos latinos (21.6%) sólo hablan español, sobre todo los recién llegados; otros se comunican preferentemente en español (29.9%) o hablan ambos idiomas (12.9%). Aun así, uno de cada cuatro latinos (24.2%) prefiere comunicarse en inglés y otros (11.4%) sencillamente no pueden tener una conversación en español.[5]

Entre muchas familias latinas hay un esfuerzo constante para que sus hijos hablen español, particularmente entre los niños ya nacidos aquí. Y más que esfuerzo es una preocupación: ¿cómo se van a comunicar con sus primos, con su abuela, cuando vayamos a visitar a la familia? En América Latina existe una presión constante para que los emigrantes no pierdan su idioma y para que sus hijos hablen el español correctamente. Las bromas frecuentes—"oye, tu hijo habla español con acento" o "a tu hija ya se le está olvidando de donde viene"—forman parte de toda una red de alianzas y presiones familiares y de amistad para preservar el castellano en casa.

Curiosamente, esto es algo que ni siquiera cuestionamos la mayoría de los latinos. Lo tenemos arraigado en nuestra educación y en nuestro trato social. Damos como un hecho que "es bueno" hablar dos idiomas y mantener el español dentro de casa, aunque vivamos en Estados Unidos. Este "acto de fe" sobre las bondades y beneficios de hablar español—y con el lenguaje toda una serie de modos culturales—es nuestro principal punto de diferenciación con el *mainstream* norteamericano. Si hablamos distinto es porque somos distintos.

El español se mantendrá mientras exista un ingreso constante de inmigrantes iberoamericanos a Estados Unidos y mientras existan medios masivos de comunicación en castellano. Varios estudios demuestran que ya para la segunda generación, muchos hispanos prefieren hablar en inglés y no se pueden comunicar correctamente en español. Para la tercera y cuarta generación es prácticamente imposible encontrar a un latino que domine el español a la perfección. Esto forma parte del proceso de integración a Estados Unidos. Pero la inmigración no es la única razón por la cual el español se ha mantenido e, incluso, extendido en su uso en Estados Unidos.

Los medios de comunicación en español siguen expandiéndose y permiten que se refuerce el uso del español. En todas y cada una de las principales ciudades de Estados Unidos hay televisión, radio y periódicos o revistas en español. Y hasta en los lugares más remotos y pequeños del país podemos encontrar información y programación en español. Es muy importante que no subestimemos la fuerza de estos medios de comunicación. Gracias a ellos el español y la cultura latinoamericana se ha anclado ya en territorio norteamericano.

Los medios de comunicación hispanos están revitalizando todos los días a todas horas el español y la cultura latinoamericana. Son un motor de refuerzo cultural. Ningún otro grupo de inmigrantes había tenido un sistema tan grande que reciclara y afianzara los valores culturales y las costumbres traídas de su país de origen. Esto permite que, para muchos latinos, Estados Unidos no sea un país extraño. Después de todo, sus familias y conocidos están aquí y se pueden informar y entretener en el mismo idioma que aprendieron primero.

La pregunta es si estos medios de comunicación latinos tienen la fuerza e influencia suficiente para mantener vivo el español en Estados Unidos, incluso en caso de que la ola migratoria se detuviera en seco o fuera reducida significativamente. Es muy difícil saberlo. Sin embargo, esto no deja de ser una pregunta hipotética en el corto y mediano plazo; los inmigrantes siguen llegando del sur, los medios de comunicación en español crecen de manera impresionante y Estados Unidos se está latinizando.

El español, a pesar de lo anterior, no convive solo. Lo que también ocurre es que la mayoría de los latinos terminan convirtiéndose en bilingües.

"La más importante característica lingüística de los infantes latinos en Estados Unidos es su potencial de convertirse en bilingües," concluyó un estudio de Barbara Zurer Pearson, de la Universidad de Massachusetts en Amherst. "Con dos idomas como su 'primera lengua' los infantes latinos pueden participar como *insiders* en dos comunidades— y también en una tercera, la comunidad de los bilingües."[6] Lo importante aquí, insiste el estudio, es que "los bebés no deciden si son o no bilingües: sus padres (y las instituciones educativas) toman esas decisiones por ellos."

Son, de nuevo, los padres y los mayores quienes imponen a sus hijos una visión del mundo en la cual el español es importante y, en algunos casos, vital para saber quién eres y de dónde vienes. No exagero al decir que, en ciertas familias, el hecho de ser hispano radica exclusivamente en la capacidad de hablar español o ser bilingüe. Pero esta particular forma de ser no siempre es bien recibida entre aquellos que no son bilingües.

Estados Unidos es el único país que conozco donde hay gente que cree que hablar un sólo idioma es mejor que dominar dos o tres. ¿Por qué no podemos seguir el ejemplo de Suiza donde casi todos los niños hablan tres idiomas? Tanto en Alemania como en América Latina altos porcentajes de niños en escuelas públicas y privadas tienen la posibilidad de aprender el inglés u otro idioma, generalmente francés. Allá el argumento de que más es mejor, en lo que se refiere a lenguajes, es incuestionable. Aquí no.

Hablar español en Estados Unidos es visto como una forma de división e incluso, entre algunos, como una amenaza. El ex candidato presidencial Pat Buchanan se queja en su libro *The Death of the West* que "los mexicanos, no sólo son de otra cultura, sino que millones son de otra raza . . . millones de mexicanos están aquí ilegalmente . . . millones no tienen ningún deseo de aprender inglés."[7]

La realidad es muy distinta: cuatro de cada cinco latinos se puede expresar en inglés, es decir, son bilingües o pueden comunicarse parcialmente en inglés. Es la americanización de los hispanos. Como indican las estadísticas sólo uno de cada cinco latinos habla exclusivamente en español. Y este grupo eventualmente también aprende inglés. La mayoría de los latinos entendemos que ser bilingües es necesario para tener éxito en Estados Unidos. Los inmigrantes no venimos aquí para volver a fracasar ni para morirnos de hambre. Y hablar inglés es esencial para nuestros planes.

"El bilingüismo es una realidad en Estados Unidos hoy en día"[8] dijo a la prensa Harry Pachón, el presidente del Instituto de Política Tomás Rivera al dar a conocer los resultados de una encuesta sobre lo que ven los latinos por televisión. Y una de las conclusiones más importantes es que "los latinos tienen una mayor gama de programación por televisión que la población en general: tres cuartas partes de los latinos ven constantemente televisión en español y en inglés."[9] Y aquí está la razón:

LENGUAJE EN QUE VEN LA TELEVISION LOS LATINOS [10]	
EXCLUSIVAMENTE EN ESPAÑOL	11%
CASI SIEMPRE EN ESPAÑOL	13%
EN INGLÉS Y EN ESPAÑOL	50%
CASI SIEMPRE EN INGLÉS	12%
EXCLUSIVAMENTE EN INGLÉS	13%
NO VEN TELEVISIÓN	1%

Fuente: Tomás Rivera Policy Institute 1998

Los niños latinos aprenden inglés con relativa rapidez, según asegura un estudio de la Universidad del Sur de California (USC). El doctor Dowell Myers, demógrafo de USC demostró que 7 de cada 10 niños (de 5 a 14 años de edad) que llegaron a Estados Unidos en la década de los años 70 hablaban inglés muy bien *(very well)* en 1990.[11] Esto destruye el mito y las opiniones alarmistas de que los inmigrantes no aprenden inglés y que no están interesados en hacerlo.

Otros estudios confirman lo mismo. "Más de la mitad de los latinos (58%) dicen que sus hijos generalmente hablan inglés con sus amigos" confirmó la encuesta nacional del Pew Hispanic Center.[12] Incluso el 45 por ciento de los hijos de padres extranjeros se comunican también en inglés con sus amigos. Esto ocurre, en parte, por la actitud de los padres de que el inglés es fundamental para salir adelante en este país: "Cerca de nueve de cada 10 Latinos (89%) indicaron que ellos creen que los inmigrantes deben aprender a hablar inglés para tener éxito en Estados Unidos."[13]

Éstos no son datos aislados. Un reporte de la organización Public Agenda coincide con los estudios de USC y el Pew Hispanic Center al confirmar que el 87 por ciento de los inmigrantes considera que es "extremadamente importante para los inmigrantes hablar y entender el inglés," mientras que el 65 por ciento aseguró que "Estados Unidos debe esperar que los inmigrantes que no hablan inglés lo aprendan." Asimismo, menosprecia a los latinoamericanos la falsa impresión de que todos los recién llegados carecen de educación. Un sorprendente 37 por ciento de los inmigrantes dijo que "ya tenían un buen dominio del inglés cuando llegaron a Estados Unidos." [14]

¿Acaso uno de cada tres norteamericanos puede decir que domina un idioma distinto al inglés? En la sección de cartas de la revista *Condé Nast Traveler,* se publicó una broma que refleja la percepción que existe sobre la actitud del norteamericano respecto a los idiomas:

> Pregunta: ¿Cómo le llamas a una persona que habla tres idiomas?
> Respuesta: Trilingüe.
> Pregunta: ¿Cómo le llamas a una persona que habla dos idiomas?
> Respuesta: Bilingüe.
> Pregunta: ¿Cómo le llamas a una persona que habla sólo un idioma?
> Respuesta: un norteamericano. [15]

Al escritor mexicano Carlos Fuentes le divertía ver en Texas, en calcomanías pegadas a los autos, la frase: "El monolingüismo es una enfermedad curable." [16] Y luego se preguntaba: "¿Es el monolingüismo factor de unidad y el bilingüismo factor de disrupción? ¿O es el monolingüismo estéril y el bilingüismo fértil? El decreto del estado de California declarando que el inglés es la lengua oficial sólo demuestra una cosa: el inglés ya no es la lengua oficial del estado de California." [17]

La conclusión de Fuentes—que el multilingüismo es el precursor, el presagio, de un mundo multicultural—tiene ahora múltiples expresiones en Estados Unidos. Los Ángeles es, sin duda, una de las ciudades más multiculturales y donde se hablan más idiomas—dos docenas— del mundo. Los Angeles es una maravillosa mezcla de lo latinoamericano, asiático, afroamericano y anglosajón. Allí vive, también, una creciente población de origen árabe en pacífica convivencia con israelíes y judíos.

Pero es también en California donde ha surgido con mayor fuerza un movimiento, destinado al fracaso, que intenta detener la diversidad lingüística y cultural del estado. La población y la cultura en California busca como un árbol nuevas ramas y formas de expresarse; estos macheteros culturales—que tratan de prohibir el idioma español y las clases de educación bilingüe, entre otras medidas—son como jardineros con la imposible labor de detener el crecimiento de un árbol quitando sólo algunas de sus hojas. Mientras más hojas arranquen, más florecerá el árbol y más se fortalecerá. Creen que nos aniquilan culturalmente cuando, en realidad, nos refuerzan.

No es extraño que la resistencia a la diversidad cultural de Estados Unidos—y, por asociación, de rechazo a lo latino—se haya concentrado en asuntos vinculados al español. El lenguaje es lo primero que nos distingue del resto de la sociedad. Y por eso vemos cómo se lucha, a veces con vehemencia, en contra del español.

El movimiento para hacer del inglés el idioma oficial de Estados Unidos y las propuestas estatales para eliminar la educación bilingüe no son más que formas de enmascarar el temor y el rechazo a la diversidad cultural que domina al país. Luchan contra el español porque, en el fondo, sonaría demasiado racista luchar contra los hispanos por el simple hecho de ser un grupo étnico distinto. Escondida en sus agendas educativas hay en estos movimientos una intención de estandarización y, peor aún, de reduccionismo nacionalista. Ser patriota, ser estadounidense—aseguran—implica hablar inglés. No conciben una forma distinta de ser norteamericano y pretenden imponer sus puntos de vista al resto de la sociedad a través de nuevas leyes. Eres distinto, nos dicen, y te quiero obligar a ser como yo.

En 1998 el millonario Ron Unz apoyó con enormes recursos económicos y de mercadotecnia la aprobación de la Proposición 227 en California, la cual afectaba, en la práctica, a 1,400,000 estudiantes para quienes el inglés no es su idioma natal. Según el lenguaje oficial, la Proposición 227 determina que "todos los niños en las escuelas públicas de California deben ser enseñados en inglés tan rápida y efectivamente como sea posible."[18]

Así, los votantes intentaron terminar de forma abrumadora con la educación bilingüe en California. Pero aquí hay que enfatizar la palabra "intentaron." En realidad era un reto dar clases bilingües, por ejemplo, en el distrito escolar de Los Angeles donde ya en 1988 160,000 estudiantes hablaban 81 idiomas.[19] Ésa era una tarea imposible. Aunque sí se daban clases en siete idiomas distintos: español, cantonés, coreano, japonés, armenio, vietnamita y filipino.[20]

La idea básica de la educación bilingüe—que los estudiantes deben tener la posiblidad de tomar clases en su idioma natal mientras van aprendiendo inglés—refleja la mejor tradición de diversidad y tolerancia en una sociedad multicultural como la de Los Angeles. Pero el embate de un grupo bien financiado que le tiene miedo a la diversidad logró extender un temor xenofóbico al electorado. La educación bilingüe siempre fue una opción, no una imposición a los estudiantes y a sus padres. ¿Por qué quitarle esa opción a los niños? El objetivo debe ser reducir el riesgo de que estos estudiantes se atrasen académicamente o que, de plano, deserten del sistema.

Quienes apoyaron la Proposición 227 en California aseguran que ha sido un éxito ya que el número de estudiantes que pasaron de tener deficiencias en el inglés (*limited–English–proficiency* LEP) a hablarlo correctamente (*fluent–English–proficiency* FEP) aumentó de 7 a 7.6 por ciento al año siguiente en que fue implementada la medida.[21] Pero lo irónico, como lo destaca Patricia Gándara de la Universidad de California en Davis, es que esto fue posible gracias a que maestros bilingües ayudaron a estudiantes con problemas en el dominio del inglés a salir adelante durante el proceso de transición de un año—llamado de "inmersión estructurada" al inglés, o *sheltered English*—que permite la Proposición 227.

El intento por terminar con el bilingüismo en las escuelas siguió a Arizona donde una medida similar fue aprobada por los votantes en el año 2000. Pero en el 2002, los millones de Ron Unz para terminar con la educacación bilingüe en Colorado se enfrentaron con tres millones de dólares que invirtió Pat Stryker para derrotar la Enmienda 31 (*Amendment* 31). Pat Stryker es la nieta del dueño de la empresa de equipos médicos Stryker Corporation. Pero lo más importante es que su hija va a una escuela pública en Fort Collins, Colorado, en donde la educan en dos idiomas.

Ese mismo año los votantes de Massachusetts decidieron terminar también con la educación bilingüe en sus escuelas públicas. Pero lo interesante es que un estado tan conservador como Colorado haya visto las ventajas de este tipo de educación. A pesar de tener representantes como el congresista Tom Tancredo—que inició una cruzada para impedir que un joven indocumentado pudiera ir a la universidad, y luego pidió al Servicio de Inmigración la deportación de toda su familia—Colorado es un estado cada vez más diverso. El número de latinos aumentó casi 25 por ciento en una década y para el año 2000, el estado tenía 735,000 hispanos, en su mayoría de origen mexicano.

Miedo a lo distinto, a lo que viene de fuera, a lo que no es igual a mí y a lo mío. Eso es lo que suda la Proposición 227 y toda propuesta que busque acabar con la educación bilingüe. Si se dan instrucciones de seguridad en inglés y en español antes de los vuelos dentro de Estados Unidos y se utiliza el castellano para conseguir nuevos votantes y consumidores ¿por qué no usar ambos idiomas en las escuelas? Es decir, si los mensajes bilingües son ya algo común en la sociedad norteamericana ¿qué motiva, realmente, a quienes pretenden hacer a un lado el español en los salones de clases?

Estas propuestas contra la educación bilingüe reflejan, también, una actitud hipócrita y de doble moral en ciertos sectores de la sociedad norteamericana. "Curiosamente, en Estados Unidos, ser miembro de la clase alta y políglota es un boleto para tener éxito," reconoce el profesor de Amherst College, Ilan Stavans. "Pero el multilingüismo entre los pobres es inaceptable y, por lo tanto, inmediatamente condenado."[22] En otras palabras, está bien visto que los hijos de los inversionistas, los abogados, los doctores y los banqueros sean bilingües pero no entre los niños que tienen que ir a las escuelas públicas del país.

Ciertamente las cosas han cambiado en las escuelas públicas de

California, Arizona y Massachusetts. Pero si el objetivo final es eliminar el español—y cualquier otro idioma que no sea el inglés—del territorio norteamericano, ese esfuerzo está condenado a un fracaso rotundo. El español se mantiene en casa, no en la escuela. En la escuela, claro, se refuerza. Pero es en el hogar donde vive y se alimenta. Además, los medios de comunicación en español lo legitiman y lo mantienen vivo. ¿Qué van a hacer ahora? ¿Prohibir que se hable español, también, dentro de las casas de Estados Unidos? ¿Impedir que los inmigrantes se comuniquen en español? Es absurdo. Y, peor aún, inútil.

Para los padres de familia latinos, en el español descansa uno de los elementos más importantes de su identidad cultural. Pero los jóvenes hispanos tienden a hablar inglés entre sí a la primera oportunidad. Como padres es prácticamente imposible tener mayor peso lingüístico que el bombardeo continuo de la televisión, la radio, los amigos y la escuela. Mi hijo Nicolás y mi hija Paola hablan inglés entre sí, sin el menor acento, a pesar de que se comunican conmigo en español. No queda la menor duda de que los niños latinos, incluso los recién llegados, terminan hablando muy bien el inglés. Ellos, como la mayoría de los hispanos, son bilingües. Ya el 93 por ciento de latinos de segunda generación, nacidos en Estados Unidos, son bilingües o hablan inglés predominantemente.[23]

La educación bilingüe no es un intento de imponer un idioma sobre el inglés. Tarde o temprano los niños inmigrantes latinos aprenderán inglés. De lo único que se trata es de apoyarlos cuando más lo necesitan, cuando aún no dominan el inglés, para que salgan adelante y no dejen la escuela antes de terminar *high school*. El inglés lo van a hablar. No se preocupen por eso. Mejor preocúpense porque estén bien educados.

Los intentos por terminar con la educación bilingüe en las escuelas públicas de todo el país y designar al inglés como el idioma oficial de Estados Unidos son dos de los varios campos de batalla—además de los programas de acción afirmativa—donde se pone en juego la diversidad cultural del país. Desde 1981 ha existido en Estados Unidos la intención de varias organizaciones por declarar al inglés el idioma oficial de toda la nación. Pero es una lucha inútil, innecesaria, divisiva y francamente con tintes racistas.

Para que el inglés se convirtiera en el idioma oficial de Estados Unidos dos terceras partes del senado y de la cámara de representantes en Washington tendrían que aprobar la medida y, luego, debería ser ratificada por tres cuartas partes de las legislaturas estatales. El mérito de una medida así es tan bajo que nunca ningún comite del congreso se ha atrevido a votar al respecto y, mucho menos, el pleno del senado o la cámara de representantes.

Veintisiete estados[24] habían declarado el inglés como su único idioma oficial para mediados del año 2002 (aunque Hawaii es oficialmente bilingüe y las cortes de Alaska y Arizona consideraron la medida inconstitucional). Lo más importante de este movimiento—identificado como *English Only*—no es, sin embargo, las consecuencias prácticas de declarar el inglés como el idioma oficial de un estado sino la inequívoca señal de resistencia e incomodidad de quienes proponen estas medidas ante un país que cambia culturalmente ante sus ojos.

Cuando la Junta de Supervisores del Condado Brown en Green Bay, Wisonsin, declaró al inglés como idioma oficial, las consecuencias fueron imperceptibles: seguirían traduciendo documentos y proporcionando intérpretes cada vez que lo requiriera una ley federal. "Es el documento menos importante que ha cruzado por mi escritorio en una década," dijo uno de los miembros de la Junta. Por 17 votos a favor y 8 en contra el miércoles 17 de julio de 2002 la Junta de Supervisores aprobó la medida cuyo único efecto fue molestar al 4 por ciento de la población del condado Brown—nacidos en el extranjero—y generar protestas de manifestantes que compararon la nueva uniformidad lingüística del condado con la de la Alemania de Hitler.[25]

ASIMILACIÓN O CAMBIO

Durante mi primera clase de inglés en Estados Unidos en enero de 1983—como parte de unos cursos de extensión universitaria en la

Universidad de California en Los Ángeles—la maestra nos propuso discutir el tema del *melting pot*. En esos días yo no tenía ni la menor idea de lo que significaba pero mis compañeros de clase—franceses, árabes, asiáticos, latinoamericanos—me dieron la clave. Por más que tratáramos, nunca sonaríamos como los estadounidenses al hablar inglés. Y, además, no queríamos sonar como ellos; deseábamos hablar inglés con propiedad pero también nos interesaba mantener ciertas costumbres y recuerdos que nos vincularan con nuestro país de origen. Quizás se trataba de un grupo particularmente golpeado por la nostalgia. No lo sé. Pero tras una hora de intensa discusión en un inglés champurreado, incorrecto y acentuado estaba claro que no íbamos nunca a formar parte de la sopa licuada del *melting pot*. Eso lo aprendí en mi primera clase de inglés en Estados Unidos.

La asimilación y el cambio son fuerzas, ambas, muy poderosas. Está ocurriendo, como me lo comentó en una entrevista Harry Pachón del Tomás Rivera Policy Institute, un doble fenómeno: la latinización de Estados Unidos y la americanización de los hispanos. Son los dos procesos al mismo tiempo.

Lo que estamos viendo es un proceso dialéctico: la comunidad latina sí se está asimilando—o hay sectores que ya lo han hecho—en ciertos aspectos (como su adaptación a los procesos democráticos y a la economía de mercado) pero en otros (como en el lenguaje, la cultura y la adopción de ciertos valores) han resistido la asimilación y están provocando un cambio.

Siglos de asimilación no se detienen con una sola ola migratoria o únicamente por los altos niveles de natalidad entre los latinos. Pero, de la misma manera, el empuje de la corriente hispana es de tal magnitud que es imposible que deje a Estados Unidos sin modificaciones importantes. Y es el cambio lo que más llama la atención; por sus dimensiones y por su alcance en cada rincón del país.

El escritor Mario Vargas Llosa dice que "es la primera vez en la historia que una comunidad de origen distinto al estadounidense no ha tenido que pasar por el proceso de olla podrida *(melting pot)* que es el homologar sus costumbres a las de la población de habla inglesa para ser reconocidos como estadounidenses."[26] Es cierto. Los latinos han logrado mantener una personalidad propia. No han diluido sus diferencias culturales para entrar en el caldo de la mayoría. Ha habido integración, particularmente cuando se trata de asuntos económicos e incluso políticos. Pero no asimilación plena como la experimentada por grupos de inmigrantes que nos precedieron.

Los latinos no han cambiado la esencia de las reglas de la democracia norteamericana ni del sistema capitalista que se practica en Estados Unidos pero sí están cambiando *la forma* en que esos elementos fundamentales se aplican a su realidad particular. Cuando un latino va a comprar al supermercado o sale a votar en unas elecciones no cambia el sistema. Por el contrario, lo refuerza. Pero es el proceso que lleva a esa compra y a ese voto lo que se está modificando.

Cualquiera que quiera abrir un negocio en la Calle Ocho de Miami o en la calle 18 de Pilsen en Chicago tiene que entender las costumbres y los hábitos particulares de los consumidores latinos so pena de irse a la bancarrota. Los hispanos no están cambiando la esencia de los intercambios comerciales en Illinois y en el sur de la Florida pero sí *la manera* en que esos intercambios se realizan. Sin irse muy lejos, la práctica tradicional de los negocios en América Latina requiere conocer personalmente a tu socio y, a veces, también a su familia antes de firmar un contrato o de realizar una transacción económica. Y aunque esa tradición está cambiando muy rápido no podemos desestimar la importancia del contacto personal en el mundo de los negocios. En Estados Unidos, en cambio, el acercamiento personal previo no es un requisito cultural para realizar un negocio. Eso generalmente ocurre después.

En la política se aplican los mismos principios. Los hispanos tienden a votar más por personas que por partidos políticos. (Esto será analizado más a fondo en el siguiente capítulo.) Desde luego que la presencia de votantes hispanos no está modificando en nada la esencia de la democracia norteamericana. Pero sí *el modo* en que se realizan las campañas políticas para atraer el voto hispano. Hay ciertos distritos electorales en Texas y California donde es muy difícil resultar electo si no se habla en español y de temas que afectan directamente a la comunidad hispana, como la pobreza, la falta de vivienda y la deserción escolar. Existen ciudades, como Miami o Houston, donde la publicidad en medios de comunicación hispanos es fundamental para vencer en una votación.

Le estamos impartiendo a Estados Unidos un sello único que está afectándolo todo: desde el mestizaje que empieza a prevalecer en nuestras caras hasta la política exterior del país. Integración significa formar parte de un todo pero no implica la desaparición de sus partes. Eso es lo que ha ocurrido con los latinos: se han integrado, no asimilado completamente. La comparación más frecuente al hablar sobre los latinos en Estados Unidos es con una ensalada—en la que cada uno de los elementos se puede distinguir a pesar de formar parte del todo—y no con el *melting pot* o un caldo que hierve y borra los ingredientes de que está hecho. Lo que no ha habido es asimilación total. "El proceso de asimilación implica la gradual erosión de la heterogeneidad social y cultural"[27] de acuerdo con la clásica definición del sociólogo Peter Kivisto. Y eso no ha pasado.

La asimilación no depende de la voluntad de los individuos por formar parte de un grupo. Es un proceso mucho más complicado. Las corrientes migratorias provenientes de México hasta la década de los años 80 no promovían la asimilación. Muchos inmigrantes—en su mayoría hombres jóvenes—iban a trabajar a Estados Unidos por un tiempo y luego regresaban. No había intención de quedarse permanentemente. Pero esos patrones migratorios se han ido modificando poco a poco. La actitud era: si no me voy a quedar a vivir aquí ¿para qué paso el trabajo de adaptarme a sus costumbres?

Conforme la migración cíclica se reduce, aumenta la incorporación a las formas de vida que predominan en Estados Unidos. "Los hijos y los nietos de inmigrantes hispanos progresan a nivel educativo y de ingresos de la misma manera que los inmigrantes que llegaron aquí de países europeos," concluyó el economista James P. Smith de la corporación Rand, quien comparó más de una docena de estudios de los últimos cien años.[28] Al estudiar los procesos de asimilación a largo plazo, tenemos una imagen más realista y menos pesimista de los avances educativos y económicos de los hispanos.

"Los hispanos de tercera generación están sólo un 10 por ciento detrás de los descendientes de inmigrantes europeos en lo que se refiere a ingresos," aseguró el estudio. A nivel educativo los resultados también son alentadores. "Los inmigrantes mexicanos nacidos a principios del siglo XX sólo habían tenido, en promedio, cuatro años de escuela. Sus hijos nacidos en Estados Unidos duplicaron esas estadísticas y sus descendientes de la tercera generación ya se graduaron de la escuela secundaria o *high school.*"[29] ¿A qué se debe este éxito? "Mucho del éxito que hemos visto en los grupos de inmigrantes es por el fuerte sistema escolar de Estados Unidos," dijo el economista Smith. "Si las escuelas fallan, entonces tenemos un problema."[30]

Los latinos tienen una extraordinaria confianza en el sistema norteamericano. "Una gran mayoría (89%) de los hispanos sienten que Estados Unidos da más oportunidades de salir adelante y que los pobres son tratados mejor en Estados Unidos (68%) que en su país de origen,"[31] enfatizó la encuesta del Pew Hispanic Center en su capítulo sobre la asimilación a Estados Unidos.[31] Asimismo 80 por ciento de los hispanos están convencidos que sus hijos van a tener una mejor educación que ellos y 76 por ciento creen que tendrán un mejor trabajo y ganarán más que sus padres.[32] Esto es casi un acto de fe hacia Estados Unidos por parte de los latinos.

Los hispanos creen casi a ojo cerrado en ciertos aspectos del sistema norteamericano. Pero sus reservas son mucho más personales. Y es ahí donde se atora la asimilación. Tres de cada cuatro (72%) consideran que los valores morales de su país de origen son mejores que los de la sociedad norteamericana y cuatro de cada cinco (79%) piensa que las familias en América Latina son más fuertes que en Estados Unidos. No es extraño entonces que tres de cada cuatro latinos (78%) piensen que es mejor que los hijos vivan en casa hasta que se casen y que un porcentaje similar (73%) crea que los abuelos deben vivir en el hogar de sus hijos mayores y no en un asilo de ancianos.[33] Todo esto apunta a una conclusión ineludible: si bien los hispanos aceptan los valores predominantes en los lugares de trabajo y en las escuelas, cuando se refiere a la familia tienen una visión negativa de la sociedad norteamericana y temen que su hogar vaya a ser afectado o destruido.

La mayoría de los hispanos suelen registrarse como "Demócratas," como analizaremos más adelante, pero sus puntos de vista coinciden en mucho con las posiciones más conservadoras del Partido Republicano. Los hispanos en una amplia mayoría rechazan el aborto (77%) y las relaciones homosexuales (72%). Esto contrasta con los blancos no hispanos: sólo el 45 por ciento de los anglosajones está en contra del aborto y 59 por ciento contra las relaciones sexuales entre personas del mismo sexo. El tema del divorcio es igual: 40 por ciento de los hispanos consideran que el divorcio es inaceptable mientras que sólo el 24 por ciento de los blancos piensan lo mismo.[34]

Ante estas diferencias es imposible aceptar la teoría de la asimilación para los hispanos. El *melting pot,* que tan bién sirvió durante tantas generaciones, es en muchos casos sólo un mito. Existe en el campo laboral, electoral y con mayor frecuencia en el escolar. Pero la corriente del cambio es muy fuerte, no sólo porque la mayoría de los latinos puede comunicarse en español e identificarse con su país de origen—¿qué norteamericano dice "soy de Alemania," "soy de Irlanda" o "soy de Italia"?—sino también porque tienen valores familiares y morales claramente distintos al del resto de la población norteamericana.

Es en el modo de vivir—de comprar, de leer y escribir, de conformar una familia, de comunicarse, de escuchar las noticias, de elegir candidatos, de proteger a hijos y ancianos, de tomar decisiones fundamentales, de responder al aborto y al divorcio—que los hispanos somos distintos. Tenemos una actitud distinta frente a la vida. Es el poder brincar de un mundo a otro en una misma frase, en un suspiro. Es ser dos o más en uno.

Ya me puedo imaginar, de hecho, casi puedo oir las recriminaciones: "Si los hispanos son tan distintos, si les molesta tanto ciertas cosas de la sociedad norteamericana, ¿a qué vienen?" A reinventarse.

"En *América* tu escribes el guión de tu propia vida,"[35] sugiere Dinesh D'Souza en un libro—*What's So Great About America*—que solo pudo haber escrito un extranjero enamorado con las ideas que sostienen a Estados Unidos. Aquí tú determinas tu vida, argumenta D'Zouza, no tu tribu, tu casta, tu sexo o tu posición familiar. Es la autodeterminación, la posibilidad de volver a empezar de cero, de forjar tu propio destino, la que es un imán para los hispanos. El latino comparte "la creencia de que cualquiera puede aspirar a cualquier cosa," en este país, como lo describió otro analista de origen extranjero, Fareed Zakaria, en la revista *Newsweek*.[36] Tanto D'Souza como Zakaria nacieron en la India. Es interesante notar que son pensadores cuyas familias han vivido por generaciones fuera de Estados Unidos los que entienden mejor la atracción de Estados Unidos para el resto del mundo.

La pregunta ahora es ¿quién está cambiando a quién? ¿La sociedad norteamericana a los latinos o viceversa?

En los latinos—creo—está la fuerza del cambio. Una nación que enfatizara los valores familiares y morales de los latinos pero que mantuviera las prácticas políticas y económicas que nos rigen sería, sin duda, una sociedad más saludable y humana.

CUANDO EL ESPAÑOL (Y EL *SPANGLISH*) LE GANAN AL INGLÉS

La ola suena distinta. Nada mejor para explicar esta diferenciación de los latinos que ver y escuchar los medios de comunicación en español. Cuando llegué a Estados Unidos hace más de dos décadas un director de noticias pronosticó que yo nunca podría trabajar en la televisión. "Tu acento en inglés es muy fuerte," me dijo, "nunca serás aceptado." "¿Y trabajar en español?" insistí. "Los medios de comunicación en español están a punto de desaparecer; todos los hispanos se van a asimilar." En realidad, ocurrió lo opuesto. Los medios en español crecieron de manera extraordinaria, conseguí un trabajo como reportero para una estación local de televisión en español en Los Angeles y el director de noticias—que pronosticó mi fracaso—desapareció del mapa.

La diferencia de los latinos con otros grupos de inmigrantes es evidente. Los italianos no tenían tres cadenas de televisión abierta y decenas más en cable en su propio idioma. Los hispanos sí; en español. Los alemanes no tenían cientos de estaciones de radio controladas por ellos. Los latinos sí. Los polacos y los rusos no tenían miles de publicaciones en su idioma natal en todo el país. Nosotros sí.

Conforme crece la población latina no es de extrañar que algunos de los noticieros en español superen en los *ratings* a las estaciones en inglés. El 27 de septiembre de 2002 el periódico *The Mercury News* tuvo el siguiente titular: "Un Noticiero en Español es el Más Visto en el Area de la Bahía." [37] La sorpresa para el diario era que *Noticias 14,* el noticiero de la estación afiliada de Univision en San Francisco le había ganado en el último período de medición de la teleaudiencia a todos los demás, incluyendo los noticieros en inglés, en la categoría de 18 a 49 años de edad. Esto era producto, claro, del arduo trabajo de la gerente general de la estación, Marcela Medina, de la directora de noticias, Sandra Thomas, y de todo el equipo de reporteros, productores, técnicos y escritores.

Pero para nosotros, los periodistas que trabajamos en español, no era una sorpresa. Era, simplemente, un dominó más que caía en una larga fila de victorias en los *ratings.* Como reconoció el mismo artículo de *The Mercury News,* "los noticieros en español en Miami y Los Ángeles le han ganado en los últimos años a todos los demás en sus respectivos mercados." [38] Y también en Nueva York.

Unos días después de esa noticia en San Francisco, el Canal 41—la estación afiliada de Univision—hizo lo mismo en Nueva York. El noticiero presentado por Rafael Pineda y Denisse Oller le ganaba, por primera vez, a los otros cinco programas de noticias que competían contra ellos a las seis de la tarde. "Nunca antes," reportó Pareja Media Match, "un noticiero de una estación local de televisión en español había ganado (en Nueva York) contra las muy competitivas estaciones en inglés de las grandes cadenas." [39]

Lo verdaderamente sorprendente es que esto ocurra en ciudades como Nueva York y Los Angeles, intrínsecamente identificadas con las industrias del entretenimiento y las noticias en Estados Unidos. Algunas estaciones en inglés, al recibir estos resultados, se quejaron inmediatamente con la empresa Nielsen, encargada de medir los *ratings.* Pero invariablemente los resultados fueron revisados y confirmados. Las presiones, sin embargo, continúan y hay propuestas frecuentes para cambiar la forma en que se miden las telehogares.

"¿Cómo es posible que una estación en español, con mucho

menos recursos que nosostros, nos esté ganando?" es el lamento de moda entre los ejecutivos de la televisión en inglés. Univision es la quinta cadena más grande de televisión en Estados Unidos—después de ABC, CBS, NBC y Fox—y su audiencia de noticias suele ser superior a la de CNN o FoxNews. Más jóvenes ven Univision que MTV y más mujeres sintonizan esta cadena que el canal Lifetime. Y no se trata de la fuerza de una sola cadena de televisión. En la ciudad de Los Ángeles actualmente hay seis estaciones de televisión compitiendo por el mercado hispano y bilingüe.

No se trata únicamente de un fenómeno cuantitativo sino, también, cualitativo. Si se compara el Noticiero Univision con el de ABC (*World News Tonight* with Peter Jennings) nos damos cuenta de las enormes diferencias en cuanto a la selección de noticias. "La gran diferencia entre las dos cadenas (ABC y Univision) se encuentra en los *sound bites* o participaciones de los latinos: poco más del 1 por ciento de las fuentes de ABC (6 de 446) eran de latinos mientras que el 35 por ciento de los *sound bites* de Univision eran de hispanos," concluyó América Rodríguez en uno de los estudios más completos hechos al respecto.[40] "Casi la mitad, 45 por ciento, del *Noticiero Univision* es sobre América Latina mientras que menos del 2 por ciento del noticiero de ABC incluye noticias de Latinoamérica; una enorme disparidad en cuanto a la selección de noticias, y la evidencia más directa de las distintas visiones del mundo de estas dos cadenas de televisión norteamericanas." Es decir, la televisión en español es mucho más internacional, más abierta al mundo y esto tiene consecuencias directas en el aumento de la teleaudiencia, particularmente hispana.

Todo lo anterior fue corroborado por un estudio del Instituto Tomás Rivera que encontró en el 2003 que el 57 por ciento de los latinos bilingües prefieren ver noticias en español, frente a un 16.3 por ciento que lo hacen en inglés y un 26.7 por ciento que ven noticieros en inglés y en español. ¿Y por qué lo hacen? Porque el 63.6 por ciento cree que sí hay diferencia en las coberturas de los noticieros en español con respecto a los programas de noticias en inglés. Un ejemplo. Entre los hispanos que vieron la cobertura por televisión después de los actos terroristas del 11 de septiembre de 2001, el 30.3 por ciento de los hispanos prefirió seguir las noticias en español mientras que sólo un 12.5 por ciento lo hizo en inglés; el 56.2 por ciento brincaba de un idioma a otro.[41]

El fenómeno de la televisión en español tiene su paralelo en la radio. *El Vacilón de la Mañana* supera muchas veces en la programación matutina de Nueva York al show de Howard Stern. Y hasta antes de su cambio de horario a las tardes, *El Cucuy de la Mañana,* conducido por el hondureño Renán Almendárez, tenía más radioescuchas que cualquier otro programa matutino en la ciudad de Los Ángeles.

Es obvio que los latinos escuchan mucha radio y ven mucha televisión en español. Si quienes abogan por la asimilación completa de los latinos a la sociedad norteamericana tuvieran razón, supondríamos que el número de hispanos que ve la televisión en español iría en declive. Pero está ocurriendo lo opuesto. Pongamos, de nuevo, el ejemplo de las noticias. En 1990 solo el 25 por ciento de los latinos registrados para votar veían noticieros en español. Esa cifra aumentó al 45 por ciento en el año 2000.[42] Y si esto ocurre entre aquellos que están registrados para votar—con niveles educativos más altos que el promedio y, en su mayoría, bilingües—basta imaginarse lo que pasa con el resto de los latinos que prefieren comunicarse en español.

Esto se explica, no sólo por el dramático crecimiento de la población hispana, sino también porque quienes programan en español están más en contacto con la sensibilidad de sus televidentes latinos que las estaciones en inglés. Las telenovelas son una vieja tradición latinoamericana que se ha trasplantado al gusto de los hispanos en Estados Unidos. Los programas de mayor audiencia en los horarios clave son frecuentemente telenovelas de México, Venezuela, Colombia y Brasil. Pero no sólo eso.

La única posibilidad de encontrar noticias constantes y análisis de fondo sobre la elección del sindicalista de izquierda "Lula" da Silva en Brasil, del militar golpista que fue elegido presidente de Ecuador, de cómo los consumidores de drogas en Estados Unidos financian las narcoguerrillas en Colombia, de las "maras" o pandillas salvadoreñas, del arresto del expresidente nicaragüense Arnoldo Alemán, de cómo el ex alcalde Rudoph Giuliani recibió cuatro millones de dólares para combatir la criminalidad en la ciudad de México, de los ataques a los programas de acción afirmativa, del veto del gobernador Gray Davis que evitó que miles de inmigrantes en California obtuvieran sus licencias de manejar, de cómo drogas e inmigrantes se cuelan por la porosa frontera entre Mexico y Estados Unidos y de la posibilidad de una amnistía para los millones de indocumentados . . . es en los medios de comunicación en español.

Mientras Estados Unidos se consumía ante la posibilidad de guerra a finales del 2002 y a principios del 2003 otra noticia también acaparaba la atención de los latinos: un paro nacional en Venezuela amenazaba con sacar del poder al autoritario presidente Hugo Chávez. Sólo los medios de comunicación en español tuvieron una cobertura constante sobre la crisis en Venezuela. Sus contrapartes en inglés ignoraron casi por completo el conflicto venezolano. Por eso los hispanos prefieren, cada vez más, las noticias en español. Y es, también, a través de esas noticias que los hispanos se mantienen conectados con su país de origen y que refuerzan su referentes culturales.

La comunidad hispana ha crecido tanto que suena impensable que pudiera asimilarse a la mayoría anglosajona. La cultura hispana es *sui generis* y se retroalimenta con cada nuevo inmigrante, con cada programa de televisión en español, con cada llamada de larga distancia, con cada remesa enviada a latinoamérica, con cada libro en castellano.

En el mundo de los libros en español en Estados Unidos está ocurriendo una pequeña revolución. Hace menos de una década, pocos se atrevían a publicar libros en español en el país y nadie esperaba jamás un *bestseller*. Pero las cosas están cambiando a una velocidad vertiginosa. Las dos casas editoriales más grandes del mundo han abierto nuevas divisiones para competir por el mercado de los libros en español en Estados Unidos: Rayo de HarperCollins y Random House en Español. Y hay decenas de empresas editoriales y distribuidoras, tanto estadounidenses como iberoamericanas, peleando palabra por palabra por los dólares de los latinos.

A simple vista el mercado de los libros en español en Estados Unidos está en ciernes: de los 905 millones de libros vendidos en 1999 solo 48 millones eran en castellano.[43] Pero esos 48 millones de libros (un 5 por ciento del total) se pueden vender, por supuesto, en dólares y generar ganancias muy superiores a las de una cifra similar en España o América Latina. Allá sería prácticamente imposible vender libros con precios superiores a $15 o $20. Aquí no. El poder adquisitivo de una familia hispana es cuatro o cinco veces mayor que el de una familia latinoamericana. Es decir, la venta de los libros en español en Estados Unidos podría superar a mediano plazo los ingresos de la industria editorial en cualquier otro país del mundo.

Hay mucho por donde crecer. Los latinos sólo compran un libro por cada tres que adquiere el estadounidense promedio.[44] Pero aún así han florecido los clubes de libros—como Mosaico de Bookspan y aquel de *El Diario La Prensa* de Nueva York—y segmentos dedicados a la lectura en español en radio, en la internet (Baquiana.com) y en televisión (Despierta Leyendo de Univision).

Y los hechos inéditos también se están dando. La editorial Knopf decidió adelantar la publicación del libro *Vivir Para Contarla* del premio Nobel de literatura, el colombiano Gabriel García Márquez, casi nueve meses antes que el mismo libro en inglés. "Es la primera vez que una casa editorial de importancia en Estados Unidos publica un libro en un idioma extranjero antes de sacar su versión en inglés" escribió Adriana López, editora de la revista *Críticas*.[45] La revista, publicada en inglés, es la principal guía para los compradores y distribuidores de libros en español en Estados Unidos.

Decenas de miles de libros de la autobiografía en español de García Márquez se vendieron en Estados Unidos. Lástima que diarios como *The New York Times, The Washington Post* o *USA Today* no lo incluyeron en su lista de *bestsellers*. Sólo por ser en español no fue incluido. Pero el diario *Los Angeles Times* sí lo hizo y de una llamativa manera. "Sin el beneficio de las críticas o la publicidad, *Vivir para Contarla* encontró su camino en la lista de los libros más vendidos del *Los Angeles Times*"[46] explicó el editor de la sección de libros. Efectivamente, la autobiografía de García Márquez ocupó el número 14 en la lista de los *bestsellers* del 16 de febrero de 2003. En una decisión sin precedentes, también, el periódico decidió publicar una crítica del libro hecha por la escritoria nicaragüense Gioconda Belli con su respectiva traducción al inglés.

El ejemplo de Los Ángeles, sin embargo, no llegó al noreste. *The New York Times* abrió una nueva categoría de *bestsellers* para libros de niños cuando la fiebre de Harry Potter desbordó todas las expectativas. Pero no hizo lo mismo con el libro de García Márquez.

El español de García Márquez es inigualable. Nadie escribe como él y, tampoco, nadie en Estados Unidos habla como él escribe. El español que hablamos en Estados Unidos no tiene nada que ver con Macondo, Madrid o Monterrey; nuestro español es más Miami, Manhattan y Modesto. Es frecuente escuchar que sólo el español de España—o de Colombia o de México—es el correcto. "Si no está en el Diccionario de la Real Academia de la Lengua Española es incorrecto," suelo escuchar a algunos escritores que se rehusan a utilizar neologismos, anglicismos y palabras en *spanglish*. Pero muy pronto habrá más hispanoparlantes en Estados Unidos que en España. De hecho, los hispanos se convertirán en cuestión de años, no décadas, en la población de origen latinoamericano más grande del mundo, con la excepción de México. Entonces ¿quién está influyendo a quién?

La forma en que hablamos refleja lo que somos. No podemos hablar un castellano como el de España o el de México porque no vivimos ahí. Vivimos aquí en Estados Unidos y vivimos también el mestizaje lingüístico propio de quienes hablan español y que por distintas razones terminan asentándose en un país donde la mayoría habla inglés. La manera en que nos comunicamos está intrínsecamente ligada a la forma en que vivimos.

No solemos hablar español o inglés con absoluta pureza porque vivimos en un mundo lleno de mezclas. "Las formas en que los latinos en Estados Unidos hablan inglés y español no puede divorciarse de las realidades socioeconómicas y políticas," asegura la profesora Ana Celia Zentella, de la Universidad de California en San Diego, y quien se ha especializado en el estudio de la "lingüística antropolítica."[47] Nuestro vocabulario está repleto de palabras en *spanglish*—grincar, troca, aseguranza, parqueadero, raitero, bipiar, emilio, bloque, cel, te hablo p'atrás, soshal—y expresiones que denotan nuestro país de origen: ándale, órale, qué vaina, qué berraquera, chulo, está bien *nice,* chévere, etcétera. Y cada una de esas expresiones dice quiénes somos y cómo nos ven.

En la sala de redacción donde trabajo en Miami las discusiones son frecuentes respecto a qué palabras utilizar para describir las cosas más sencillas. Lo que es "engrapadora" *(stapler)* para un mexicano es "corchetera" para un chileno. "Guagua" es autobús para los cubanos, bebé para algunos suramericanos y el sonido de un ladrido para el resto de los latinoamericanos. En México le llamamos "gubernatura" a lo que en el Caribe o Colombia llaman "gobernación." Los "secretarios" de gobierno mexicanos son "ministros" más al sur. Hablar "colombiano," "dominicano," "puertorriqueño," "mexicano" o "cubano" son sólo formas de expresar nuestras enormes diferencias a pesar de que, claramente, existen códigos comunes. Sin esos códigos—impuestos en su mayoría por España—nunca nos entenderíamos.

Debido a que la mayor parte de los latinos en Estados Unidos son de origen mexicano, la resolución de estos conflictos lingüísticos en la sala de redacción de Univision en Miami generalmente tiende a favorecer los usos adoptados en México. Pero al final de cuentas hemos adoptado un "español neutral" que pueda entenderse en todo Estados Unidos y en los 13 países latinoamericanos y del Caribe a donde llega nuestro noticiero. Es ese "español neutral" el que todos los días es escuchado por millones de personas y que, para nuestros críticos en América Latina, es "un español muy mal hablado." Puede ser, pero nuestros televidentes nos entienden.

Así como utilizamos un "español neutral" también en los noticieros usamos un "acento neutral" que no sea ofensivo a ninguno de los distintos grupos de latinos que nos ven. Los acentos en español más difíciles de ocultar son los de españoles y argentinos. Pero cualquiera que sea el acento en español va casi siempre acompañado de mezclas y expresiones en inglés y en *spanglish.*

Es frecuente que quienes conjugan constantemente el inglés, el español y el *spanglish* sean menospreciados, no únicamente por quienes sólo hablan inglés sino también por los mismos latinos que tienen un mayor dominio de alguno de los dos lenguajes. Al hablar nos colocamos y nos colocan en un lugar específico en la sociedad. Así lo explica Zentella: "Es de particular importancia que la ideología del lenguaje dominante (inglés) equipara a los trabajadores latinos que hablan español con pobreza y fracaso escolar, y define a sus hijos bilingües que hablan inglés y español como deficientes lingüísticamente y confundidos en el aprendizaje."[48]

Zentella apunta que los latinos de segunda generación—o aquellos, como es mi caso, que ya llevamos muchos años viviendo en Estados Unidos—son acusados de no hablar bien ni el inglés ni el español, de corromper ambos, de ser flojos académicamente y de estar confundidos a nivel intelectual. Las acusaciones, desde luego, son injustas y no toman en cuenta que nuestra forma particular de comunicación refleja un mundo lingüísticamente muy complejo. Hablamos como vivimos y, lejos de denotar falta de profundidad o flojera, nuestro lenguaje expresa a la vez conflicto y una vastísima riqueza cultural.

Estos debates y recriminaciones no ocurren, desde luego, cuando se trata de programas de televisión en inglés. Las grandes cadenas de televisión, desesperadas por evitar la erosión de su audiencia, tratan constantemente de atraer a televidentes bilingües de origen hispano. No es que tengan intenciones angelicales o gestos humanitarios. Es una decisión económica: ahí está el pan del futuro. Por ejemplo, a finales del 2002, la cadena ABC estrenó el programa *The George Lopez Show*. La comedia, basada en las peripecias de una familia hispana en un suburbio de Los Ángeles, refleja según el periódico *The Wall Street Journal* "el creciente interés de los latinos de verse representados como parte del *mainstream* de la sociedad americana."[49] Linda Navarrete, del Consejo Nacional de La Raza, es citada en el mismo artículo diciendo que "a los latinos les gusta [el programa] porque es una cosa extraordinaria prender la televisión y ver a alguien que es como tu papá o tu tío; para variar es un retrato positivo."[50]

Irónicamente, ABC promovió el programa—que utiliza algunas palabras en español—en medios de comunicación latinos. El resultado fue agridulce: sólo el 11 por ciento de los hispanos (de 18 a 49 años) vieron los primeros programas comparado con el 18 por ciento de los afroamericanos y el 63 por ciento de los anglosajones.[51] Pero no queda la menor duda que *The George Lopez Show*—como otros que le han precedido—es señal del interés de las cadenas por el creciente mercado latino y de la positiva integración de los hispanos a la sociedad norteamericana. Ahora se pueden ver todos los días multimillonarios, beisbolistas y divas latinas en los medios de comunicación en inglés.

La actriz puertorriqueña Jennifer Lopez fue entrevistada por Diane Sawyer en el programa *Prime Time Live* (ABC) por una hora completa el miércoles 13 de noviembre de 2002. Sawyer le preguntó incansablemente sobre el anillo de diamante rosa que le dio el actor Ben Affleck. Jennifer Lopez era tratada como si fuera la nueva Liz Taylor. Es "La Lopez" como le llamó la comentarista de sociales Liz Smith. Es precisamente ese tipo de trato y de conversación—superficial, chismoso, con el simple interés de entretener, alejado de los típicos temas latinos—el que demuestra la incorporación de lo latino en el *mainstream*. En ningún momento Lopez tuvo que hablar durante la entrevista de la educación bilingüe, de los programas de acción afirmativa o de la discriminación en Hollywood. Lo único que Sawyer quería saber era sobre el anillo de diamante rosa. Y el periódico *USA Today* tituló uno de sus artículos así: "Lopez Siguiendo el Guión de Liz Taylor se Prepara para Casarse por Tercera Vez."[52]

Lo latino o hispano está de moda: dos de los pitchers más efectivos de la serie mundial de béisbol del 2002 entre los Gigantes de San Francisco y los Angels de Anaheim (Liván Hernández y Ramón Ortiz) nacieron en Cuba y República Dominicana respectivamente; entre los pocos cantantes que han sido invitados a la Casa Blanca por el presidente George W. Bush están las mexicoamericanas Jaci Velásquez y Jennifer Peña, y el peruano Gian Marco; Paquito de Rivera—autor de *Mi Vida Saxual*—es uno de los saxofonistas más escuchados del mundo y los ritmos de Celia Cruz están entre los más bailados; uno de los pintores más reconocidos en Estados Unidos—y que vende más caras sus pinturas—es el colombiano Fernando Botero; la asesinada cantante Selena se ha convertido en un mito en Texas; el cubano Oscar Hijuelos, la chilena Isabel Allende y Sandra Cisneros tienen juntos más *best-*

sellers que la mayoría de los escritores norteamericanos; Salma Hayek, del estado mexicano de Veracruz, se convirtió en la primera latina en la historia en ser nominada como mejor actriz para un Oscar por su interpretación de la pintora mexicana Frida Khalo; la compañía Procter & Gamble transmitió durante la ceremonia de los Grammys (2003) en la cadena CBS "el primer anuncio en español en un progrma dirigido a una audiencia que habla inglés"[53]; y la mujer que le ponía su firma a los dólares cuando era Secretaria del Tesoro se llama Rosario Marín. Es decir, de pronto, ser latino es *cool*. Pero ¿qué es un latino? ¿Qué es un hispano?

HISPANOS, LATINOS ¿O QUÉ?

A los hispanos nos bautizó Richard Nixon.

Hasta el censo de 1960 no había una categoría específica que agrupara a todas las personas de origen iberoamericano. Nixon, que comenzaba su período presidencial en 1969, ya era consciente de las deficiencias del gobierno federal en su trato con mexicoamericanos, cubanos y centroamericanos. En pocas palabras, el gobierno de Estados Unidos no tenía entre sus empleados un porcentaje de personas de origen iberoamericano que fuera similar al porcentaje de la población. Era, políticamente, una vergüenza. Esto resultaría, más tarde, en el establecimiento del llamado "Programa de 16 puntos para los que hablan español" y que ahora lleva el nombre de Hispanic Employment Program.[54] El programa tenía como objetivo reclutar a más latinos.

En 1970 no existía una paridad entre el porcentaje de hispanos en la población y el de latinos trabajando para el gobierno federal. Nixon, por lo tanto, estaba muy presionado para dar una imagen de trato justo y equitativo con todas las minorías, no sólo con la negra. Y tuvo la oportunidad de demostrarlo con el censo de 1970.

Peter Skerry en su libro *Counting on the Census* relata cómo se tomó la decisión final para incluir una categoría de Hispano o *Hispanic* en ese censo: "Los cuestionarios completos para el censo de 1970

ya estaban en la imprenta cuando un mexicoamericano, miembro del
U.S. Interagency Committee on Mexican American Affairs exigió
que se incluyera una pregunta específica sobre el origen hispano. A
pesar de la oposición de representantes de la Oficina del Censo, que no
querían incluir una pregunta que no se había puesto a prueba con anterioridad y ya tan tarde en el proceso, el presidente Nixon le ordenó
al Secretario de Comercio y al director de la Oficina del Censo que
añadiera la pregunta."[55]

La existencia misma de un comité de varias agencias del gobierno
federal dedicado a analizar las preocupaciones e intereses de los mexicoamericanos es una clara señal de la creciente importancia que estaba
teniendo este grupo. Al final ¿por qué decidió Nixon incluir una pregunta sobre el origen hispano en el censo de 1970? Por política, por
pura política.

Como se habrán dado cuenta, yo utilizó los términos "Hispano"
y "Latino" indistintamente. En California, sin embargo, la gente
suele preferir el término "Latino" al igual que en Chicago. En Florida
y Texas predomina "Hispano." Y, en realidad, la mayoría de los
hispanos o latinos que conozco no utilizan esos términos para des-
cribirse a sí mismos. Dicen: "soy mexicano" o "soy cubano," "puertorriqueño," "colombiano" o "mexicoamericano" pero no dicen
"soy latino" o "soy hispano." Decir "soy latino" o "soy hispano" nos
agrupa. En cambio identificar tu origen—"soy salvadoreño," "soy
dominicano"—nos personaliza; nos define como individuo, no como
grupo.

"Más de la mitad (54%) de los latinos se describe *primero* por su país
de origen o el de sus padres; uno de cada cuatro (24%) utiliza 'latino' o
'hispano', y uno de cada cinco (21%) se define como 'americano,' de
acuerdo con la encuesta nacional del Pew Hispanic Center.[56] Pero
aunque haya pocos a quienes gusta definirse así, los términos "Hispano" o "Latino" han sido importantísimos para agrupar en una
misma categoría a un creciente sector de la población. Al agruparnos
bajo un solo nombre—o dos—podemos presentar un mismo frente,
igual en asuntos políticos y económicos que en la defensa de nuestros
derechos civiles y educativos. Si no existiera una categoria oficial que

nos uniera a todos los hispanos, nuestro incipiente poder político estaría aún más diluido.

A nivel oficial, sin embargo, fuimos "Hispanos" hasta el censo del 2000, no "Latinos." El escritor Earl Shorris cuenta que "de acuerdo con la gente que tomó parte en la decisión [para escoger la palabra utilizada en el censo de 1970] el término Latino ganó. Pero al último minuto alguien dijo que Latino era muy cercano a Ladino—una lengua antigua de España hablada por unos pocos judíos españoles. Entonces se escogió Hispano."[57] Shorris, autor de uno de los libros más completos sobre este grupo étnico,[58] prefiere el término Latino "porque el lenguaje define al grupo, le da una historia y un origen; el lenguaje también debe determinar su nombre—Latino."[59]

"Latino," efectivamente, es una referencia directa al lenguaje que hablaban en la región de Lacio, en la actual Italia, y que incluye al sureste de Roma la provincia de Latina, anteriormente Littoria. Dos milenios atrás los conquistadores romanos impusieron su lengua sobre los habitantes de la península ibérica y a partir de 1492, con la llegada de Cristobal Colón a América, el castellano, una lengua con raíces en el latín vulgar y el latín clásico, entró a nuestro continente. "Latino" está instrínsecamente ligado al idioma, al español, a la cultura e historia que se transmite a través del lenguaje. Pero el término "Latino," al igual que "Hispano," tiene una referencia a un imperio; "Latino" al imperio romano e "Hispano" al imperio español. Quienes rechazan el término "Latino" generalmente apuntan al hecho de que no hablan latín, sino español, y que al sugerir una vinculación a lo latinoamericano no incluye a los españoles ni a los hispanohablantes del Caribe.

"Hispano," en cambio, tiene una referencia directa al poder, a la geografía y a un pasado de dominio imperial. "Hispano," nos dice Shorris, es el término que prefiere el propio rey de España, Juan Carlos de Borbón y que, como define el Diccionario de la Real Academia de la Lengua Española, es lo "perteneciente o relativo a Hispania" (o el territorio de la península ibérica). Este término provoca muchos rechazos debido a la connotación imperialista y de dominio de los conquistadores españoles. Además, no es precisa: la población de origen español en Estados Unidos apenas superó los cien mil habitantes

(0.3%) en el censo del 2000. *"Hispanic"* fue la definición oficial en el censo del 2000 aunque en el mismo cuestionario la categoría se extiende a *"Spanish/Hispanic/Latino."*

No es extraño, tampoco, que el término *"Hispanic"* haya sido el oficial por 30 años y que sea, en la burocracia, el que sigue dominando; *"Hispanic"* es más fácil de pronunciar en inglés que "latino" y su terminación neutral elimina las confusiones que "latino" o "latina" puede acarrear. En una sociedad que busca ser políticamente correcta, ya hay quien está empezando a escribir la palabra sin género "Latin@" para evitar que una palabra masculina—"Latino"—describa también a las mujeres. Latin@ es una término neutral, asexuado, pero ¿cómo se pronuncia?

Lo fascinante de ambos términos es que destacan los aspectos culturales de un grupo—su origen, en el caso de "Hispano" y su lengua, en el caso de "Latino"—y no elementos raciales. Lo hispano y lo latino está definido por la cultura, no por la raza. Y eso es un cambio fundamental en la historia de Estados Unidos que desde su fundación en 1776 ha estado marcada por la raza, lo blanco y lo negro. Los hispanos o latinos rompieron el molde de los colores. La raza, con la presencia de los latinos, dejó de tener relevancia porque no servía para definirlos. Al hablar de hispanos, no importa su raza, sino sus antecedentes culturales. Los hispanos—aclaran las instrucciones del censo del 2000 lo obvio—pueden ser de cualquier raza.

El término "Hispano" o "Latino" obliga a los estadounidenses a verse de maneras distintas. De pronto, blanco y negro son categorías incompletas. Estados Unidos se convierte en una sociedad tripolar: blancos, negros e hispanos. Pero, más importante aún, se define como una sociedad multiétnica y multicultural. Ya no puede usar la categoría de raza para explicar el todo; si insistiera en hacerlo los hispanos se quedarían fuera del juego y a estas alturas ya no es posible hacerlo.

La ironía es que un término relativamente nuevo como "Hispano" o *"Hispanic"* está forzando a la democracia más antigua del mundo a redefinirse. Estados Unidos, ahora, se divide entre "Hispano" y "No Hispano," entre *"Hispanic"* y *"Non Hispanic."* Los anglosajones, que antes cabían tan cómodamente en la categoría de "blancos" o *"White,"* ahora son llamados "blancos no hispanos" o *"non–Hispanic Whites."* Es decir, la categoría de "hispano" es la fundamental a la hora de definir a Estados Unidos. El país podría dividirse, también, entre "Asiáticos" y "No Asiáticos" pero su crecimiento todavía no lo amerita. La realidad es que la categoría de "hispanos" y "no hispanos" es la que marca las diferencias. Incluso, la constante llegada de negros provenientes de Cuba, Colombia, República Dominicana y Brasil, entre otros, está también inflando la categoría de "hispanos negros" o *"Hispanic Blacks."* Pero el término definitorio es el de "hispanos." La quinta pregunta en la sección de raza y origen hispano del Censo del año 2000 es la que parte en dos al país:

5. Is this person Spanish/Hispanic/Latino? Mark the "No" box if not Spanish/Hispanic/Latino

☐ No, not Spanish/Hispanic/Latino
☐ Yes, Mexican, Mexican Am, Chicano
☐ Yes, Puerto Rican
☐ Yes, Cuban
☐ Yes, other Spanish/Hispanic/Latino—print group

La triple definición que ahora usa la oficina del censo *"Spanish/Hispanic/Latino"* demuestra lo difícil que es, incluso para nosotros, definirnos. Cuando tuve que llenar el cuestionario del censo para mi hijo Nicolás tuve que llenar casi todas las categorías para no mentir. Dice que es "Blanco" como sus abuelos paternos, "Cubano" como sus abuelos maternos, "Puertorriqueño" como su mamá y "Mexicano" como su papá. No hubo donde poner que seguramente tiene algunos rasgos indígenas como yo. Quizás para el próximo censo haya un espacio para aclararlo. La identidad hispana, antes que cualquier otra cosa, es una mezcla. Y ahí está mi hijo Nicolás—un portocubanomexicano-americano blanco con sutiles rasgos indígenas y nacido en Miami— para probarlo.

UN CAMINO PROPIO:
LOS DILEMAS DE LA IDENTIDAD HISPANA

¿Cómo unir lo que es distinto?

Cuando el poeta mexicano Octavio Paz visitó Los Ángeles a mediados del siglo pasado le llamaron mucho la atención dos cosas: la mexicanidad patente de la ciudad y la falta de adaptación total de los mexicanos y "pachucos" a la sociedad norteamericana. "A primera vista sorprende al viajero—además de la pureza del cielo y de la fealdad de las dispersas y ostentosas construcciones—la atmósfera vagamente mexicana de la ciudad, imposible de aprensar con palabras o conceptos," escribió Paz en su obra clásica *El Laberinto de la Soledad*. "Esta mexicanidad—gusto por los adornos, descuido y gausto, negligencia, pasión y reserva—flota en el aire." [60]

Los Angeles—el Pueblo de Nuestra Señora la Reina de los Ángeles de la Porciúncula—siempre ha sido una población marcada por lo hispano. Descubierta en 1769 por el explorador español Caspar de Portolá era poco después, en 1781, un asentamiento dedicado a la agricultura. Los Angeles fue española, luego mexicana tras la independencia y finalmente norteamericana, tras la guerra en que México perdió más de la mitad de su territorio. Pero nunca ha perdido esa "atmósfera vagamente mexicana."

Lo interesante es que el mismo dilema que viven ahora muchos latinos—el de pertenecer o no a la sociedad norteamericana—fue observado por Paz entre los pachucos. Paz describió a los pachucos como "bandas de jóvenes, generalmente de origen mexicano, que viven en las ciudades del sur [de Estados Unidos] y que se singularizan tanto por su vestimenta como por su conducta y lenguaje . . . El pachuco no quiere volver a su origen mexicano; tampoco—al menos en apariencia—desea fundirse a la vida norteamericana."

Paz no notó esa resistencia entre los negros "que perseguidos por la intolerancia racial, se esfuerzan por 'pasar la línea' e ingresar a la sociedad." Pero sí entre los mexicanos que "lejos de intentar una problemática adaptación a los modelos ambientes, afirman sus diferencias, las subrayan, procuran hacerlas notables . . . señalan no tanto la injusticia o la incapacidad de una sociedad que no ha logrado asimilarlos, como su voluntad personal de seguir siendo distintos."[61] Es precisamente esa "voluntad personal de seguir siendo distintos" la que aún hoy en día marca a la población latina en Estados Unidos.

El dilema está en cómo baleancear ambos intereses: el del deseo de formar parte de la sociedad norteamericana sin ser ahogado o borrado por ella. "El dilema cultural norteamericano de ascendencia mexicana, cubana o puertorriqueña, se universaliza: ¿Integrarse o no?" plantea Carlos Fuentes. "¿Mantener la personalidad propia, enriqueciendo la diversidad de la sociedad norteamericana? ¿O extinguirse en el anonimato de lo que es, después de todo, un crisol inexistente [melting pot]? . . . Bueno, quizás, la cuestión una vez más es ¿ser o no ser?"[62]

El problema de la identidad está casi siempre presente entre los hispanos. En marzo del 2003, más de 30,000 ciudadanos norteamericanos que habían renunciado a la nacionalidad mexicana la recuperaron gracias a un cambio temporal en la constitución de México. Es decir, estos mexicanos que habían optado por la ciudadanía estadounidense no quisieron dejar de ser mexicanos e iniciaron un complicado trámite burocrático para recuperar en papel su mexicaneidad. Fue un hecho cargado de simbolismo—y de molestias—con pocos beneficios prácticos.

Las larguísimas filas en los consulados de México en Estados Unidos antes de la fecha límite del 20 de marzo de 2003 son una muestra de que la identidad es un asunto complejísimo para muchos hispanos. La mayoría de los que recuperaron la nacionalidad mexicana no lo hicieron por cuestiones prácticas; en principio no tienen pensado regresar a vivir a México. Pero para ellos era importante seguir siendo mexicanos (aunque en casa tuvieran bien cuidado su pasaporte norteamericano). Se sentían de dos países y podían, por fin, ser legalmente de los dos países.

El hispano tiene la doble voluntad de querer vivir en Estados Unidos y de querer ser distinto. Y reafirma esas dos voluntades constantemente. A algunos pueden parecerles fuerzas opuestas, irreconciliables. Pero no lo son. Es posible ser distinto y estar orgulloso de ser norteamericano. El latino no le tiene miedo a las mezclas—de razas, de voluntades, de historia—porque al fin y al cabo es producto del mestizaje. El latino ya es, en su origen, indígena y español, nativo y europeo. Esta mezcla, violenta y única, es nuestra esencia. Por eso no le tememos a lo mixto, al café, a los grises, a lo impuro. Si fuimos indios y españoles a la vez ¿por qué no ser, también, norteamericanos?

Toda nación, por más pura e impoluta que se piense, es "una relación solidaria de raza, lengua, cultura, religión y medio ambiente," decía en un artículo el ex secretario de relaciones exteriores de México, Emilio O. Rabasa. "Sin embargo, los dos elementos trascendentes son: el compartir una historia común y el deseo de participar en un futuro, también común."[63] Esos dos elementos están claramente presentes en la comunidad latina de Estados Unidos.

Cuando José Vasconcelos escribió *La Raza Cósmica* en 1925 predominaba en el mundo la visión de Charles Darwin de la selección natural que premiaba a los fuertes y aptos y descartaba a los débiles. Esta forma de pensar dio origen al nazismo y, todavía hoy en día, es la base de movimientos nacionalistas que escupen el argumento de la supremacía blanca. Pero ante la división de razas y culturas Vasconcelos propuso la unión de lo opuesto, de lo distinto.

Si bien el mismo Vasconcelos reconoció al final de su vida la imposibilidad de una raza cósmica—"hecha con el tesoro de todas las anteriores"—sí destaca en su obra la importancia de las mezclas y de la síntesis.[64] "El fin ulterior de la historia," decía, "es lograr la fusión de los pueblos y las culturas." Tras notar que el continente americano ha sido el hogar de las grandes razas contemporáneas—"la blanca, la roja, la negra y la amarilla"—concluía con cierto idealismo que "los pueblos llamados latinos . . . son los llamados a consumarla."[65] La unión de razas y culturas es, según Vasconcelos, lo que marcaría el futuro. No estaba solo.

Como vemos—en Paz, Fuentes y Vasconcelos—cada vez que se plantea la unión de lo distinto hay conflicto. Vivir en la diversidad es complicado. Y así es como se vive en Estados Unidos.

LOS HISPANOS Y SU OBSESIÓN CON
LAS AUTOBIOGRAFÍAS

Es en las autobiografías de escritores latinos que viven en Estados Unidos donde mejor se comprenden los conflictos de la identidad hispana y donde chocan, con fuerza, la corriente que busca la asimilación contra la que insiste en ser diferente. Leer sobre la vida de un hispano es, casi siempre, adentrarse en un mundo lleno de luchas entre opuestos. Y este es el caso de tres latinos: Marie Arana, Ilan Stavans y Richard Rodriguez.

Marie Arana es una chica americana. De padre peruano y madre norteamericana, Arana aprendió desde pequeña a aprovechar su doble identidad. Cuando descubrió que su nombre completo era Marie Elverine Arana Campbell llegó—ante su tía Chaba y su abuela en Perú— a una conclusión que cambiaría para siempre la forma de pensar de sí misma. "No soy peruana . . . no soy como los demás . . . Soy una americana. Una yanqui. Mi apellido es Campbell."[66]

Una vez que Arana emigró con su familia a Estados Unidos leyó una teoría que la hizo cuestionar su biculturalismo. La teoría sugería que ser bilingüe podría ser algo negativo ya que "al operar con dos personalidades distintas y en dos idiomas distintos, la persona que es bicultural será vista con mucha sospecha por los que sólo tienen una cultura . . . Sólo un impostor puede esconder tan bien su otra mitad. Un mentiroso."[67]

El problema no era lo que otros pensaran de ella sino lo que ella, Marie Elverine Arana Campbell, pensara de ella misma. "Había estado engañando a la gente por años," cuenta Arana. "Me metía en mi piel de americana y en el parque nadie sabía que en realidad era peruana. Me metía en mi rol de latina y los peruanos no sospecharían que yo era una yanqui." Arana vio esa posibilidad de cambiar su identidad a voluntad como "una nueva forma de independencia."[68]

Al final, Arana no resolvió sus contradicciones pero sí aprendió a vivir con ellas: "Yo, una latina, que—hasta hoy en día—prendo incienso, rezo de rodillas a la virgen, siente auras, escucha los espíritus de los muertos. Yo, una Anglo, que brinca de ese trance, apaga las velas, se enfrenta a la realidad, barre la cenizas en un basurero, y trabaja todos los días en un periódico. Yo, una colisión norte–sur, una fusión del Nuevo Mundo. Una chica americana. Un puente." [69]

Cuando Ilan Stavans—un judío nacido en México—fue a la ceremonia que finalmente lo convertiría en ciudadano norteamericano, estaba consciente de que tendría que entregar su pasaporte mexicano. Después de que una agente del Servicio de Inmigración y Naturalización (INS) lo llamara por su nombre—Ilan Stavchansky—le preguntó: "¿Mexicano?" "Estoy a punto de renunciar al vicio," contestó Ilan con humor. Pero cuando él hizo el intento de entregar su pasaporte mexicano, la agente del INS lo detuvo. "No te preocupes," dijo ella. "Te lo puedes quedar. A mí no me sirve para nada." "¿Pero acaso no tengo que renunciar a mi nacionalidad mexicana?" preguntó Ilan. "Bueno . . ." musitó ella, seguido de un silencio. [70]

Ilan, simbólicamente, trató de renunciar a su mexicaneidad. Pero no pudo. Ni podrá. "¿Qué significa ser un Americano?" se pregunta Ilan, que habla español, *yiddish,* hebreo e inglés y que ha dedicado su vida académica al estudio de los lenguajes. "El inglés no nos hace a todos iguales, al menos no en el momento en que alguien se convierte en ciudadano [norteamericano]." [71]

La triple identidad de Ilan—mexicano, judío y, hasta hace relativamente poco, estadounidense—y el ser políglota no le facilitaron necesariamente su integración a Estados Unidos. Como inmigrante "uno tiene la impresión, el sentimiento de no estar del todo," reflexiona Stavans sobre su propia experiencia. "El inmigrante se siente atrapado en el espacio que hay entre las palabras y en las complejidades del viaje . . . Pero tarde o temprano esa pérdida se transforma en ganancia: el inmigrante vuelve a nacer—rejuvenece, se enriquece por el viaje." [72]

Ilan considera que el latino tiene que "reconocer y reconciliar su ser dividido, parte hispano y parte americano." [73] Stavans, al igual que

Arana, ha aprendido a lidiar con fuerzas que lo jalan en direcciones distintas. Pero, más que vivir—en su caso particular—en tres mundos distintos, vive entre ellos: "Mi ser mexicano no se ha ido del todo, y mi ser americano no es tan prevalente como para borrar todo lo demás. En medio de los dos está mi judaísmo, moderando las tensiones, convirtiéndose en árbitro—y quizás en censor."[74]

Richard Rodriguez se resiste a definirse como hispano pero no puede dejar de escribir y pensar en ello. Si una sola frase tuviera que definir todos sus tres libros autobiográficos,[75] habría que escoger su pregunta: *"Do Hispanics exist?"* ("¿Existen los hispanos?")[76] Con su peculiar ironía escribe que, por un poco de dinero, "añadiría que no existe una cosa llamada hispano."[77]

Más allá de su controversial oposición a la educación bilingüe en las escuelas públicas y a los programas de acción afirmativa, Rodriguez (sin acento en la *i*) cree que la categoría de *"Hispanic"* fue inventada por el presidente Richard Nixon—"el oscuro padre de la hispanidad"[78] y que no es necesaria en un país donde predominan las mezclas como Estados Unidos. A veces tiendo a pensar que Rodriguez prefiere un Estados Unidos bipolar—de blancos y negros—a uno que incluye a los hispanos en general y a él en particular. ¿Por qué prefiere usar la raza en sus definiciones y no la historia, el lenguaje y la cultura de los distintos grupos étnicos?

Sin embargo, Rodriguez no puede ni quiere negar la influencia hispana. "Debido a los hispanos, los americanos han llegado a ver a Estados Unidos en . . . términos de sur–norte, caliente–frío," escribe en su libro *Brown*. "Es una nueva manera de colocarnos en el siglo XXI."

La latinización de los norteamericanos y la americanización de los hispanos son fenómenos paralelos. Pero irónicamente, anota Rodriguez, "los inmigrantes hispanos dentro de Estados Unidos aprenden a verse de una nueva manera, como pertenecientes a América Latina, precisamente en el momento en que dejan de serlo."[79]

El color café, la mezcla, el encuentro de mundos, historia e identidades, han marcado la vida de Rodriguez: "En América Latina lo que me hace café es que estoy hecho del conquistador y del indio. Mi café es un recuerdo de conflicto. Y de reconciliación. En mi mente, lo que me hace café en Estados Unidos es que soy Richard Rodriguez. Mi nombre de bautismo y mi apellido casan a Inglaterra y España, rivales del renacimiento."

Bien parado en su tierra pero siempre dispuesto a pelear cualquier esfuerzo por clasificarlo, Rodriguez intenta autodefinirse como mestizo: "[Soy] un homosexual Católico Indígena Español en casa en una ciudad China de clima templado en un estado que está dejando de ser rubio en una nación posProtestante." [80] Quizás. Pero lo que importa, al final de cuentas, es su pronóstico sobre Estados Unidos: "El futuro es café, esa es mi tesis; café como el pasado manchado." [81] Es decir, el futuro es de los hispanos . . . aunque no existan.

Tanto Rodriguez como Stavans y Arana nos describen un mundo de distintas corrientes, un espacio donde la identidad se forma de fuerzas que chocan. Es precisamente en la autobiografía de otro inmigrante que vive en Estados Unidos donde esos choques quedan perfectamente expuestos. Pero, en este caso, no se trata de un hispano sino de Edward Said, un pensador y escritor de origen árabe, nacido en Palestina, educado y criado en Estados Unidos. Es interesante notar que, a pesar de no ser un hispano, Said descibe—al igual que Rodriguez, Stavans y Arana—las corrientes que forman su personalidad:

"A veces me percibo a mí mismo como un cúmulo de flujos y corrientes. Prefiero esto a la idea de un ser sólido . . . Estas corrientes como los temas de nuestra vida, fluyen mientras estamos despiertos, y en el mejor de los casos no requieren ser reconciliadas ni armonizadas. Pueden estar fuera de lugar, pero al menos siempre están en movimiento . . . formando todo tipo de extrañas combinaciones, moviéndose, no necesariamente hacia delante, a veces chocando entre sí, en contrapunto y sin un tema central. Me gusta pensar que son una forma de libertad." [82]

Esta descripción—de corrientes en movimiento chocando entre sí para formar una identidad—es muy apropiada, también, en el caso de los hispanos en Estados Unidos. Esos enfrentamientos, esos conflictos que a veces no tienen resolución, son la estructura que marca la identidad de los hispanos y, al mismo tiempo, la naturaleza misma de Estados Unidos como nación.

Como quiera que se vea, la presencia de los latinos en Estados Unidos es avasalladora y definitoria; este no es un país blanco ni negro, sino mestizo. Y es precisamente en la tolerancia y en su diversidad donde radica su fuerza. Pero, como decía Octavio Paz, el reto de Estados Unidos es que se reconozca como lo que es: una nación multiétnica, multirracial y multicultural.

¿Tendrá Estados Unidos el valor de verse en el espejo?

CAPÍTULO CUATRO

CÓMO ENAMORAR A LOS LATINOS:

UNA GUÍA

¿DEMÓCRATAS O REPUBLICANOS?

SI BIEN ES cierto que la mayoría de los latinos registrados para votar se identifican con el partido Demócrata, hay ciertos temas—aborto, homosexualidad, divorcio, uso de anticonceptivos . . . —en los que los valores de los hispanos se identifican más con las posiciones del partido Republicano.

Cuando se dio a conocer en octubre de 2002 el estudio del Pew Hispanic Center y The Kaiser Family Foundation que indicaba que los hispanos tienden a identificarse más como Demócratas que como Republicanos—el margen es superior al 2 por 1—fue un alivio para los líderes del partido Demócrata. Pero aun así, los avances logrados por George W. Bush entre los electores latinos durante las votaciones del 2000 han convertido a la comunidad hispana en el campo de batalla.

"A pesar de los trucos de mercadotecnia y los esfuerzos estilo mariachi del partido Republicano para atraer a los latinos," dijo a la prensa el presidente del Comité Nacional Demócrata, Terry McAuliffe, "los vínculos que unen a la comunidad hispana con el partido Demócrata son más fuertes que nunca."[1] Otros demócratas cantaban al mismo ritmo. "Los Republicanos están tratando desesperadamente de alcanzar el éxito que han tenido los Demócratas" comentó a la prensa el portavoz Demócrata, Guillermo Meneses. "No pueden alcanzar en un período de dos años lo que nosotros hemos hecho en un período de 20 o 30 años."[2]

Si esos vínculos son tan fuertes, entonces ¿por qué tanta preocupación? Bueno, porque el voto hispano es menos partidista de lo que se piensa. Robert Suro, director del Pew Hispanic Center, tiene una interpretación distinta. "A pesar de la fuerte tendencia Demócrata, los latinos tienen una significativa ambivalencia partidista" dijo Suro al dar a conocer los resultados de la encuesta a nivel nacional. "En una época en que hay fuertes divisiones partidistas, [los latinos] no estan ideológicamente comprometidos con ninguno de los grandes partidos políticos."[3]

El dominio Demócrata, por ahora, es claro. Casi todos los distintos grupos latinos tienen una preferencia por el partido Demócrata, con la excepción de los cubanoamericanos.

La resistencia de los cubanos hacia el partido Demócrata va mucho más allá del incidente con el niño Elián González en el 2000. La falta de apoyo aéreo por parte del gobierno del presidente Demócrata John F. Kennedy durante la fallida invasión de Bahía de Cochinos. El 17 de abril de 1961 cerca de 1,500 refugiados cubanos desembarcaron en Bahía de Cochinos o Playa Girón con la intención de derrocar al dictador Fidel Castro. La operación fue coordinada por la CIA y tenía como pilar a la Brigada 2506 conformada por exiliados cubanos. Pero el apoyo de la fuerza aérea norteamericana, con el que contaban los exiliados, nunca llegó y la operación fracasó.

Desde entonces, los exiliados no perdonan lo que consideran una "traición" por parte del presidente Kennedy y, por ende, de su partido. Más recientemente, han sido los Republicanos quienes con más ahínco han defendido el embargo norteamericano contra la isla. Si bien es cierto que el embargo no ha tenido éxito en su objetivo de terminar con el régimen castrista, para muchos cubanos se trata de una cuestión moral: no desean comerciar con una dictadura.

Los cubanos han entendido bien las reglas del juego político en Estados Unidos. A pesar de ser una minoría entre los latinos, los cubanoamericanos ya habían conseguido en el 2002 tener cuatro representantes cubanoamericanos en el congreso estadounidense que defendieran sus particulares puntos de vista.

Sería una exageración y una falta a la verdad decir que todos los cubanos votan en bloque. Las estadísticas demuestran claras divisiones dentro de la misma comunidad exiliada. Pero lo que sí es cierto es que la participación política de los cubanos ha sido tan exitosa que controlan los principales puestos en el sur de la Florida—Many Díaz es el alcalde de la ciudad de Miami y Alex Penelas es el alcalde de Miami–Dade. Si otros grupos hispanos, particularmente mexicoamericanos y puertorriqueños, tuvieran conductas políticas similares a las de los cubanoamericanos, en estos momentos también habría alcaldes hispanos en las ciudades de Los Angeles, Nueva York y Houston, entre muchas otras.

VOTO LATINO EN EL 2002: CANDIDATOS, NO PARTIDOS

Las elecciones del 2002 generaron dos resultados concretos para los hispanos: se eligió al primer gobernador hispano desde 1986, Bill Richardson, en Nuevo México, y el número de representantes en el congreso aumentó de 19 a 22. Mario Díaz–Balart (R), de la Florida, Linda Sanchez (D) de California y Raúl Grijalva (D) de Arizona se suman a los 19 congresistas hispanos que, sin excepción, lograron su reelección en el 2002.[4] Por primera vez en la historia del congreso norteamericano hay dos parejas de hermanos latinos: Linda y Loretta Sanchez en California, y Mario y Lincoln Díaz-Balart en la Florida.

Veintidós congresistas, sin embargo, no son muchos. Los afroamericanos, que en el 2002 eran tantos como los latinos, lograron aumentar a 37 su número de representantes. Para que el número de latinos guardara relación con su porcentaje (13%) en la población total debería haber al menos 13 senadores a nivel nacional, 56 representantes en la cámara de representates y seis gobernadores.

En el 2002 los hispanos no tenían ni un sólo senador. Sólo ha habido tres senadores hispanos: Octaviano Larrazola (R–Nuevo México) en 1928, Dennis Chavez (D–Nuevo México) en 1936 y Joseph Manuel Montoya (D–Nuevo México) en 1964. En cuanto a gobernadores, las cosas tampoco son parejas.

Bill Richardson se convirtió en el octavo gobernador latino en la historia de Estados Unidos. Le ganó al Republicano John Sanchez en Nuevo México en una contienda que enfatizó, más que cualquier otra cosa, la madurez política de los votantes en ese estado. Richardson es el quinto gobernador hispano que ha elegido Nuevo México. Fue la segunda vez en la historia de Nuevo México que dos hispanos se pelearon la gubernatura (la primera ocurrió en 1918).

Richardson, que había sido reelegido varias veces como congresista de Nuevo México (también fue embajador de Estados Unidos ante la Organización de Naciones Unidas y secretario de Energía durante la administración Clinton), utilizó su mayor experiencia e imagen para vencer fácilmente a Sanchez. "La experiencia que tengo en temas internaciones y nacionales, por ejemplo, puede traer más trabajos de México y Latinoamérica a Nuevo México, que es un estado muy pobre," dijo Richardson en una entrevista previa a las elecciones del 5 de noviembre del 2002. "El voto hispano será decisivo y gracias a Dios el voto hispano está conmigo."[5]

Tuvo razón: el voto hispano estuvo con él. El 70 por ciento de los latinos votaron por Richardson frente a un 20 por ciento que lo hizo por Sanchez.[6] Richardson tendría que preocuparse ahora por temas como los presupuestos escolares en Santa Fe y la deprimida economía en Albuquerque; lejos quedaban los días en que era un trotamundos que iba de Irak a Corea del Norte a apaciguar dictadores y resolver crisis internacionales. Pero la elección lo convirtió en el político hispano de mayor influencia en todo Estados Unidos. ¿Cómo lo hizo? Sin exagerar su hispanidad.

Cuando la desaparecida revista *George* le preguntó a Richardson en agosto del 2000 cómo se sentía al ser identificado como un hispano— su madre es de origen mexicano—él contestó: "Estoy muy orgulloso (de ser hispano) pero no me gusta resaltarlo mucho. Ser hispano no es una profesión. Para tener éxito, uno tiene que lidiar con asuntos que le interesan a todo el país, no sólo asuntos hispanos."[7]

Ahora bien ¿qué tanto puede influir un gobernador hispano en asuntos que preocupan a la comunidad latina? Mucho. Aquí hay un ejemplo. El martes 18 de marzo de 2003 el gobernador Richardson firmó una ley que convirtió al estado de Nuevo México en el primero en todo el país en permitir que los inmigrantes indocumentados obtengan su licencia de conducir. En lugar de darle a los inmigrantes un número del Seguro Social se les otorga una identificación del Servicio de Rentas Internas (IRS). Con esa identificación pueden solicitar su licencia de manejar. A sólo meses de su elección ya estaba haciendo cosas que beneficiaban a los inmigrantes latinos. Me pregunto si un gobernador no latino hubiera hecho lo mismo tan rápidamente.

Las elecciones del 2002 para gobernador en la Florida, Texas, California y Nueva York también reflejan perfectamente la importancia del voto hispano y las enormes diferencias que hay dentro del mismo electorado latino.

En Texas y Nuevo México, por ejemplo, viven los latinos más americanizados; en California y la Florida los más latinoamericanizados. En Texas por cada tres latinos que son ciudadanos norteamericanos hay uno que no lo es; en California la proporción de ciudadanos y no ciudadanos es uno a uno. En otras palabras, los latinos en Texas y Nuevo México tienen mayor impacto en las elecciones que los hispanos de California.

Una de las conclusiones más importantes que destacó el Consejo Nacional de la Raza (NCLR) es que "el comportamiento del votante hispano en las elecciones del 2002 da una mayor evidencia de que los latinos juzgan a los candidatos por sus antecedentes y posiciones respecto a ciertos temas, no por su afiliación partidista."[8] Jeb Bush, el gobernador de la Florida, es un buen ejemplo.

De acuerdo con el NCLR Jeb Bush buscó, no sólo el voto cubanoamericano, sino también el voto de aquellos latinos afiliados con el partido Demócrata que no son de origen cubano. "Es importante no sólo hablar español, sino también entender un poco las aspiraciones de las comunidades hispanas en la Florida," dijo Jeb Bush en una entrevista. Fíjense que usó el término "comunidades hispanas" en plural. "El hecho que estoy casado con una mexicana, que mis hijos son hispanos, me ayuda."[9] Definitivamente, le ayudó.

Durante su campaña Jeb Bush enfatizó mucho que durante su mandato había aumentado el número de niños hispanos que leen, que hubo un crecimiento del 150 por ciento en las empresas hispanas contratadas por su gobierno y que él nombró al primer latino de la Corte Suprema de la Florida. Jeb Bush le ganó al candidato Demócrata Bill McBride en varios condados de la Florida donde hay grandes porcentajes de votantes latinos, a pesar de que en muchos de ellos domina el partido Demócrata.[10]

En Nueva York se dio un fenómeno similar al de la Florida. El gobernador Republicano, George Pataki, ha hecho un enorme esfuerzo por atraer el voto de los latinos. Después de los actos terroristas del 11 de septiembre de 2001 tuve la oportunidad de entrevistarlo y me sorprendió que sus clases de español realmente le han servido. No puede tener una conversación complicada pero sí puede comunicar algunos de sus mensajes en español. No sólo eso. En temas importantes para los latinos de Nueva York—como la protección temporal para los inmigrantes colombianos—Pataki ha tomado una clara posición prohispana. Pero, sin duda, su decisión más valiente fue oponerse a la presencia de la marina norteamericana en Vieques.

Esto erosionó enormemente la base Demócrata del candidato H. Carl McCall, quien tuvo varios tropiezos personales en la campaña. Al final, en el 2002 Pataki obtuvo el 38 por ciento del voto latino; un considerable aumento respecto al 25 por ciento que obtuvo en 1998.[11] Pataki, como lo tituló *The New York Times,* rompió el molde republicano en que lo querían encasillar. Y de paso se llevó también el 39 por ciento de la ciudad de Nueva York, una ciudad que se caracteriza por su alto porcentaje de votantes Demócratas.

En la contienda por la gubernatura de Texas, el voto hispano fue el indicador de problemas muy serios dentro de las campañas de Tony Sanchez.

Los $59 millones que, según la agencia de noticias AP, gastó el candidato Demócrata Tony Sanchez en la campaña no le alcanzaron para ganar la gubernatura de Texas. Una parte importante de ese monto provino de su fortuna personal. Al final quedó muy lejos del Republicano Rick Perry, que había heredado la gubernatura de Texas de George W. Bush en diciembre del 2000. Perry obtuvo el 58 por ciento del voto frente al 40 por ciento de Sanchez en una elección caracterizada por los ataques personales y por los $87 millones que, al menos, se gastaron ambas campañas.

Para ganar Sanchez tenía que acaparar el voto latino y una buena parte del voto no hispano. Cálculos previos a la elección indicaban que dos de cada 10 votantes en Texas serían latinos frente a siete de cada 10 que serían blancos. Era el primer candidato hispano para la gubernatura en la historia del estado de Texas.

Sanchez hizo casi todo lo que tenía que hacer para ganar el voto latino. Como lo pudieron corroborar muchos periodistas, habla el español prácticamente sin acento, está de acuerdo en los programas de acción afirmativa—"le ayuda a gente que ha sufrido discriminación"—, comprende como muchos latinos que "a base de una buena educación se puede conseguir un buen trabajo con un buen sueldo" y trató de realizar con su contrincante a la candidatura por el partido Demócrata, Dan Morales, un debate político en español. Al final Morales se rehusó a hacer el debate en español y Sanchez ganó la candidatura Demócrata. Pero quizás a algunos votantes no hispanos les quedó la impresión de que Sanchez era demasiado hispano para su gusto. Bill Richardson, por ejemplo, no enfatizó de más su origen latino porque sabía que eran los no hispanos quienes podrían tener en sus manos el resultado de la elección. Igual que en Texas.

Las graves acusaciones personales que hizo Perry contra las prácticas bancarias de Sanchez tampoco ayudaron. El 5 de noviembre de 2002 la mayoría de los blancos votó por Perry y la mayoría de los hispanos lo hizo por Sanchez. Perry ganó sin problema.

La pregunta es ¿cómo se dividió el voto latino? Perry asegura haber ganado el 35 por ciento del voto hispano, según los datos de su encuestador Republicano, Mike Baselice. Pero SVREP dice que Perry sólo obtuvo el 12 por ciento del voto hispano.[12] La diferencia es grande. Lo que sí demuestra es que Texas, que históricamente ha votado a favor del partido Demócrata, es uno de los campos de batalla del partido Republicano en su esfuerzo por enamorar el voto latino. Aun si aceptáramos que Perry obtuvo el 35 por ciento del voto hispano, fue menos de lo que obutvo George W. Bush en su reelección como gobernador de Texas.

Si efectivamente Sanchez perdió 35 de cada 100 votantes hispanos—como aseguran los Republicanos—algo falló en su campaña. ¿Pudo haber hecho algo Sanchez para aumentar aún más el voto latino a su favor? Tal vez sí. Según me comentó un alto ejecutivo de un influyente medio de comunicación hispano en Texas, Sanchez dio como un hecho que los hispanos votarían por él y no invirtió lo suficiente en publicidad en español. Aun así Sanchez gastó $1.8 millones en publicidad en español.[13] La lección es que ser un candidato hispano no da ninguna garantía de ganar abrumadoramente el voto latino.

Cuando Perry supo que se enfrentaría a un hispano por la gubernatura, se preocupó de que lo vieran con buenos ojos en la comunidad latina. "Cuando me destaparon como candidato para la gubernatura de Texas, de pronto el gobernador [Perry] empezó a nombrar hispanos a derecha e izquierda," dijo Sanchez en una entrevista. "Antes de eso ni sabía que estábamos aquí; nomás tenemos 300 años aquí, de repente nos encontró y para mí es un insulto."[14] Quizás. Pero a Perry le funcionó.

Otro triunfo, menos publicitado, fue la designación del cubanoamericano Bob Menendez como *Vice Chair* del partido Demócrata en la Cámara de Representantes. Obtuvo su puesto—el segundo más importante dentro de la jerarquía de los demócratas en la Cámara—en una cerrada votación: 104–103. Resulta muy interesante que en su discurso de aceptación, Menendez decidió no enfatizar su origen hispano y, en cambio, habló de los temas que le interesan a todos los norteamericanos: educación, economía, cuidado médico.

Esto no quiere decir que Menendez crea que los latinos son exactamente iguales a otros grupos de inmigrantes. "Nosotros reconocemos el poder enorme de hablar otro idioma, en este caso español," me dijo durante una entrevista. "Vamos a ser algo diferente en la historia migratoria de este país."[15]

¿Qué tan diferente? Bueno, el 13 de noviembre de 2002 el congresista Ciro Rodríguez se convirtió en el nuevo *chairman* del grupo de congresistas hispanos o Congressional Hispanic Caucus. Él reemplazó en el influyente puesto al congresista Silvestre Reyes. ¿Y eso qué tiene de distinto? Que Ciro Rodríguez, uno de los congresistas hispanos de más peso en Estados Unidos, nació en Piedras Negras, México. Es decir, un inmigrante se convirtió en uno de los líderes hispanos más importantes del país.

En las elecciones del 2002 hubo más candidatos latinos al congreso que nunca antes. Once candidatos demócratas, por ejemplo, buscaron un puesto de representante en los estados de Arizona, California, Florida, Kansas, Nuevo México, Nevada y Texas.

En el 2002 hubo un gasto de publicidad en español superior a los $16 millones, según el cálculo de Adam Segal del Hispanic Voter Project de la Universidad Johns Hopkins. Veinte candidatos a gobernador, seis candidatos al Senado y docenas de candidatos a la Cámara de Representantes utilizaron anuncios en castellano. La cifra, sin embargo, es mínima si la comparamos con los casi $1,000 millones que se gastaron en total en publicidad en inglés.

Cuando le comenté estas cifras a un ejecutivo bien conectado con la industria de la televisión en español, me dijo: "Hay mucha retórica e hipocresía respecto a la importancia del voto hispano cuando lo comparas con los dólares invertidos en publicidad en español." Efectivamente. El gasto en la publicidad en español no fue ni siquiera el 2 por ciento del total en las elecciones del 2002.

EL PLEBISCITO DEL 2003 EN CALIFORNIA

El martes 7 de octubre de 2003 los californianos tomaron una decisión sin precedentes en su estado. Decidieron destituir de su puesto al gobernador Gray Davis—con una votación de 55 por ciento a favor de la destitución o *recall* y un 45 por ciento en contra—y reemplazarlo con un actor de origen austríaco. Arnold Schwarzenegger obtuvo el 49 por ciento del voto, seguido por el vicegobernador Demócrata, Cruz Bustamante, quien consiguió un 32 por ciento del voto.

El voto de los latinos fue a contracorriente. La mayoría de los latinos votó en contra de destituir a Davis (55%) y a favor de Cruz Bustamante (55%). Schwarzenegger sólo sacó el 31 por ciento del voto latino.[16] Sin embargo, no necesitaba más.

¿Por qué ganó Arnold? Arnold Schwarzenegger hizo una apuesta y la ganó. Calculó que si tomaba posturas antiinmigrantes perdería el voto latino. Pero eso mismo le permitiría ganar el voto de los grupos que están molestos con los indocumentados, con las feministas y con los programas sociales que dan preferencias a los grupos minoritarios. Y tuvo razón.

Esos grupos de votantes eran mucho más grandes que los latinos a nivel electoral; sólo uno de cada cinco votantes en California es hispano. Y para tratar de enamorarlos, Arnold contrató como jefe de campaña al exgobernador Pete Wilson (considerado por muchos como un enemigo de los inmigrantes) y dijo estar a favor de la Proposición 187—que habría eliminado el acceso a escuelas públicas y hospitales de unos tres millones de inmigrantes. Luego, dijo que una de sus primeras decisiones como gobernador sería eliminar las licencias de manejar para los inmigrantes indocumentados. Dicha medida había sido firmada por el entonces gobernador Gray Davis, poco antes del plebiscito, como una forma de ganar votos hispanos.

La estrategia de Schwarzenegger funcionó. Su objetivo era apelar a los intereses de la mayoría y, en eso, tuvo razón. En California, todavía, ser antiinmigrante genera votos, muchos votos. Y así el inmigrante Arnold—nacido en Austria pero convertido en ciudadano norteamericano hace décadas—ganó la gubernatura de California después de darle la espalda a los inmigrantes.

Pero Arnold ganó también por otras razones. María Shriver, su esposa, es una de ellas. A pesar de las acusaciones de por lo menos 16 mujeres de que Schwarzenegger las acosó sexualmente, millones de mujeres votaron por él. "¿Cómo puedes haber votado por un candidato acusado de tratar de esa manera a las mujeres?," le pregunté a una votante que vive cerca de San Francisco. "Si su esposa María sigue con él," me contestó, "significa que muchas de las acusaciones pueden ser falsas." Quizás. Pero la realidad es que la presencia de su esposa, a su lado en los momentos más difíciles de la campaña, contrarrestó las acusaciones que surgieron inicialmente en una exhaustiva investigación de *Los Angeles Times.*

Otro elemento que explica la abrumadora victoria de Schwarzenegger es su dinero. Cuando alguien tiene una cuenta bancaria de $56 millones—uno por cada año de vida de Arnold—gastarse unos pocos para ganar una gubernatura no significa un alto riesgo. Los hijos y los nietos de Arnold tienen el futuro asegurado.

Cruz Bustamante, el candidato que quedó en segundo lugar en las pasadas elecciones, se quejaba amargamente durante una entrevista de que no podía competir con "Connan the Barbarian" a la hora de pagar anuncios por televisión. Pero Bustamante, es preciso decirlo, manejó con poco tino su campaña; había días en que desaparecía casi por completo de los medios de comunicación y su actitud relajada, campechana, no convenció a los votantes que buscaban un líder fuerte.

Al final de cuentas, más que los millones, los asesores y la campaña de Arnold, lo que pesó en los votantes fue la ineficiencia, la indecisión y los errores del gobernador Gray Davis. Más que una victoria de Schwarzenegger, lo que ocurrió en California fue una derrota de Davis. Davis, por cierto, deja una herencia terrible: cada uno de los 35 millones de californianos tendría que dar mil dólares para pagar por el déficit presupuestario del estado. En otras palabras, Schwarzenegger se ganó la rifa del tigre.

Para los hispanos, la lección del plebiscito del 2003 fue dura. A pesar de su creciente poder político, no pudieron imponer en la gubernatura de California a un hispano—Cruz Bustamante—y, por el contrario, vieron ganar a un candidato con una plataforma antiinmigrante.

LA GUÍA: TEMAS PARA ENAMORAR A LOS LATINOS

En muchos sentidos, los hispanos quieren lo mismo que el resto de los habitantes de Estados Unidos: mejores escuelas para sus hijos, mejores trabajos para ellos, casa propia, mayores oportunidades de desarrollo personal, vivir en un mundo en paz. Pero algunas de estas preocupaciones toman un sentido de urgencia cuando notamos que uno de cada tres jóvenes hispanos es menor de 18 años y que, por lo tanto, el tema de la educación toma una dimensión especial entre los latinos. Escuelas y trabajos son dos de las prioridades para los hispanos. Para eso están aquí: para mejorar sus niveles de vida y que sus hijos tengan un futuro mejor.

Pero hay más. La situación de millones de inmigrantes es una preocupación constante. La discriminación que sufren los latinos—sólo por hablar español, sólo por venir de otro lugar, sólo por verse distintos—los une a las experiencias vividas por la comunidad afroamericana. En tiempos de guerra, los hispanos son tan leales como el que más; están dispuestos a dar su vida por Estados Unidos aunque no tengan pasaporte americano. Y su cercanía—emocional y geográfica—a América Latina exige que esta región del mundo sea un prioridad en la política exterior norteamericana.

¿Quieren el voto hispano? Bueno, entonces hablen de escuelas y de trabajos, de amnistía, de discriminación, de la lealtad de los hispanos a Estados Unidos y de los problemas de América Latina. Pero vamos por pasos. Estos son algunos de los temas que más interesan a los hispanos:

ES LA EDUCACIÓN Y LA ECONOMÍA, ESTÚPIDO

¿Cuáles son los dos temas más importantes para los latinos en Estados Unidos? No hay duda: la educación y la economía. Punto. Desde luego que hay otras preocupaciones—inmigración, seguro médico, violencia social—pero nada se equipara a tener un buen trabajo y una escuela de buen nivel para sus hijos.

El 58 por ciento de los votantes latinos considera que la educación es el tema más importante que determina su voto por un candidato político, según una encuesta del Pew Hispanic Center/Kaiser Family Foundation. El porcentaje sube al 68 por ciento entre aquellas personas que nacieron fuera de Estados Unidos.[17]

La economía es el segundo tema más importante para los votantes hispanos. El 39 por ciento considera que eso determina su voto por un candidato político, según la misma encuesta. Dicho porcentaje aumenta al 43 por ciento entre los nacidos en otro país.

Otros temas, como el del cuidado médico (23%) y el del retiro del seguro social (20%), se encuentran en tercero y cuarto lugar en la preferencia de los votantes hispanos.

Parafraseando la consigna de la primera campaña presidencial de Bill Clinton en 1992, es la economía y la educación, estúpido, lo que más le interesa a los hispanos. El tema de la educación es, incluso, más importante para los votantes latinos (58%) que para los afroamericanos (46%) y para los blancos (40%). Y la situación económica, de acuerdo con la misma fuente, preocupa más a los hispanos (39%) que a los blancos (38%) y a los afroamericanos (30%).

Casi todos los inmigrantes hispanos vienen en busca de mejores oportunidades escolares y económicas. Pero el proceso de adaptación a Estados Unidos es sumamente complicado y no siempre tiene resultados positivos para los inmigrantes o para sus hijos.

"Los primeros en llegar están concentrados en la logística de crear una base en el nuevo lugar," asegura Robert Suro. Pero "en los barrios es fácil encontrar a personas que han sido inmigrantes exitosos y que han fallado como padres de hijos norteamericanos." [18] Suro advierte— citando al sociólogo de Princeton, Alejandro Portes—que los hijos de inmigrantes que son pobres, víctimas de discriminación y que están en contacto con la forma de pensar de otros grupos minoritarios, corren el riesgo de vivir "en desventaja y en permanente subordinación." [19]

Conozco personalmente un caso muy concreto de cómo una inmigrante, que ha tenido éxito en salir adelante en Estados Unidos, ha visto con horror la forma en que su hijo se descarrila del futuro que ella le tenía planeado. La madre llegó ilegalmente a Los Angeles proveniente de Michoacán, México, y tras muchos años de duro trabajo limpiando casas logró traer a Estados Unidos al hijo que había dejado en su país de origen. El niño, lejos de convertirse en un estudiante aplicado y ejemplar como hubiera deseado su madre, se empezó a relacionar con pandilleros y delincuentes en la zona de bajos recursos donde viven al sur de Los Angeles. A los pocos años de haber llegado, el niño fue expulsado de la escuela y acusado de delitos menores por parte de la policía. El ahora adolescente vive al margen de la ley: es indocumentado, no regresó a la escuela, le cuesta trabajo mantener un empleo y sigue vinculado con delincuentes. Su futuro apunta a sólo tres opciones: la cárcel, la deportación o la pobreza. Cada vez que hablo por teléfono con su madre, ella se nota desesperada por los problemas de su hijo y se cuestiona si hizo bien en haberse venido de México.

El verdadero drama de los inmigrantes es ver que sus hijos no han podido o no han sabido aprovechar las ventajas económicas y educativas que ofrece Estados Unidos. No hay nada más triste para un padre o una madre latina que ver a sus hijos fuera de la escuela, con problemas económicos o metidos en drogas y pandillas. Después de todo la única razón por la que ellos o sus familias hicieron el sacrificio de venir a vivir a Estados Unidos es para tener un futuro mejor. La tragedia para los hispanos es estar en Estados Unidos sin un buen empleo y que sus hijos dejen la escuela.

La deserción escolar es el principal indicador de que algo ha salido mal, terriblemente mal, en el proceso de adaptación de los latinos a Estados Unidos. Uno de cada tres hispanos no terminó *high school*. El 37 por ciento de latinos dejaron la escuela antes de entrar a la universidad, comparado con el 15 por ciento de deserción escolar en *high school* a nivel nacional.[20]

El problema no termina ahí. Sólo el 16 por ciento de los latinos que sí terminaron *high school* acabaron los cuatro años de universidad al cumplir los 29 años de edad. Es un porcentaje bajísimo si lo comparamos con el 37 por ciento de los blancos y el 21 por ciento de los afroamericanos.[21]

Los latinos tienden a concentrarse en pocos estados y esto genera, también, una segregación o alejamiento de otros grupos étnicos y de mejores oportunidades. "La segregación está fuertemente ligada a las desigualdades académicas," escribieron Marcelo M. Suárez—Orozco y Mariela M. Paez, basados en los estudios de Luis Moll y Richard Ruiz. "Obligados a asistir a escuelas de un nivel inferior, a vivir en profunda pobreza y en vecindarios muy segregados, muchos niños latinos tienen que luchar cuesta arriba para vencer todos esos obstáculos."[22] Es decir, no se trata sólo de las dificultades para estudiar sino, también, de dónde se estudia.

La revista *Hispanic* identificó cinco consecuencias directas de la deserción escolar: analfabetismo, bajos ingresos, el doble de probabilidades de quedar desempleado que aquellos que sí terminaron *high school,* cuatro veces más posibilidades de terminar en *welfare* o ayuda social y un alto riesgo de convertirse en delincuente. (El 50 por ciento de los prisioneros en cárceles estatales no terminaron la *high school.*)[23]

¿Qué es lo que hace que los estudiantes latinos dejen la escuela en porcentajes tan altos? Es una combinación de pobreza, problemas de lenguaje y barreras culturales.

Es mucho más difícil para un estudiante recién llegado de México o Guatemala adaptarse a una nueva escuela y aprender un nuevo idioma que para alguien nacido en Estados Unidos. Incluso con programas de educación bilingüe—que están bajo ataque en todo el país—existe el problema de que padres inmigrantes, posiblemente, tampoco dominen el inglés y por lo tanto no puedan ayudar a sus hijos con sus *homework.* Los estudiantes hispanos que viven en casa de sus padres suelen sentir una presión mayor para ayudar económicamente a la familia y por lo tanto pueden dejar la escuela con mayor facilidad o verse obligados a trabajar y estudiar. Esto, inevitablemente, perjudica sus estudios y disminuye sus posibilidades de salir adelante. Si bien los problemas de lenguaje y las barreras culturales son reales, el factor determinante en los altos porcentajes de deserción escolar entre los jóvenes hispanos es la pobreza.

Cuatro de cada 10 niños latinos viven en la pobreza en Estados Unidos.[24] Esta terrible estadística no se ha modificado significativamente en los últimos años. A esto hay que agregar que uno de cada tres hispanos no tiene seguro médico. En promedio, las familias latinas tienen menos dinero que las blancas o afroamericanas. La pobreza y la falta de cuidado médico son variantes ligadas directamente a la deserción escolar.

Vamos a ver un ejemplo concreto con información de uno de los principales sindicatos de Estados Unidos: el United Auto Workers (UAW). En el 2001 el UAW calculaba que un trabajador tenía que ganar $8.70 la hora para vivir apenas por arriba del nivel de pobreza. Para una familia con padre y madre y dos hijos eso significaba un ingreso de solo $17,960 al año. En ese mismo año, el UAW calculaba que 40.4 por ciento de los hispanos ganaban sueldos por debajo del nivel de pobreza. (En comparación el 31.2 por ciento de los afroamericanos y el 20.1 por ciento de los blancos vivían en la pobreza.)[25]

El caso es aún más grave cuando consideramos que el 21.4 por ciento de los hispanos vive en pobreza extrema, es decir, que ni siquiera tiene ingresos suficientes para cubrir sus necesidades básicas. Dos de cada 10 niños latinos no tienen aseguradas tres comidas al día ni un hogar seguro para dormir.[26]

¿Cómo puede vivir una familia de cuatro en Estados Unidos con menos de $18,000 al año? Dos de cada cinco niños hispanos viven bajo esas condiciones. Es cierto, no todas las familias latinas padecían las mismas circunstancias. En el 2001 las familias hispanas tuvieron un ingreso promedio de $33,565. Pero esas cifras están, todavía, muy por debajo del promedio nacional.

Si la educación y la economía son las principales preocupaciones de los hispanos, la deserción escolar y la pobreza son las señales más importantes de fracaso entre las familias latinas. Uno de cada tres niños hispanos no termina *high school*. Dos de cada cinco niños latinos son pobres. Quien quiera ganar el voto latino tiene que atender estos dos problemas cruciales de la comunidad hispana. De nada sirve llevar mariachis a un mitin político si no se lleva, también, un plan bajo el brazo para mejorar el nivel de vida y el nivel educativo de los niños latinos. Es la economía y la educación, estúpido.

REFORMA MIGRATORIA TOTAL

El 17 de marzo de 2003 el secretario de Estado norteamericano, Colin Powell, dió una conferencia de prensa en la que informaba que Estados Unidos, Gran Bretaña y España no presentarían a votación ante el Consejo de Seguridad de Naciones Unidas una propuesta que autorizaría la guerra contra Irak. Estados Unidos necesitaba al menos 9 de los

15 votos de los miembros del Consejo de Seguridad para que la medida fuera aprobada. Luego, sin duda, los norteamericanos tendrían que maniobrar para tratar de evitar el veto de Francia. El asunto nunca llegó a ese punto. La realidad es que Estados Unidos nunca tuvo más de cuatro votos seguros: el propio y los de España, Bulgaria y Gran Bretaña. La pregunta es ¿por qué México, el vecino, amigo y socio comercial de Estados Unidos, no estuvo dispuesto a apoyar al gobierno del presidente Bush en una votación tan importante?

Más allá de la tradición pacifista de México y su defensa del principio de la no intervención en los asuntos de otros países, la respuesta es que el gobierno del presidente mexicano Vicente Fox no tenía nada que ganar. Las encuestas indicaban que siete de cada 10 mexicanos se oponían a la guerra. Quizás Fox hubiera ido contra la opinión pública de su país si fuera en el interés de México hacerlo. México, durante años, ha deseado un acuerdo migratorio con Estados Unidos. Pero el presidente George W. Bush, después de los actos terroristas del 11 de septiembre, se había negado siquiera a explorar esa posibilidad. ¿Resultado? México no le dio su apoyo a Estados Unidos en el Consejo de Seguridad de Naciones Unidas. Fox no tenía ya nada que perder.

El problema de la política exterior norteamericana es que está basada en hacerle frente a crisis y no en una relación constante, congruente, sin altibajos. Estados Unidos sólo se preocupa de América Latina cuando hay una crisis y luego se olvida casi por completo de la región. Si los estadounidenses hubieran entendido que la principal preocupación de México a nivel internacional era la situación migratoria de los millones de mexicanos indocumentados en Estados Unidos, la relación entre los dos países marcharía mejor. Pero cuando tu principal socio comercial—el 90 por ciento de los productos que exporta México van a Estados Unidos—no sabe qué es lo que más te preocupa, entonces los principios de esa relación se cuestionan.

El presidente Fox hizo el siguiente cálculo: México no podría negociar un tratado migratorio con Estados Unidos hasta que Bush se reeligiera o perdiera la presidencia en el 2004. Por lo tanto ¿por qué apoyar una medida tan impopular—tanto en México como en el resto del mundo—como la guerra contra Irak?

El asunto migratorio no está vinculado, exclusivamente, a política exterior. Para la mayoría de los hispanos el asunto migratorio es vital. No sólo siete de cada 10 latinos nacieron en el exterior o su padre y/o madre es inmigrante, sino que prácticamente todos los hispanos conocen y conviven con extranjeros. Es decir, están mucho más sensibilizados que el resto de la población respecto a asuntos de los inmigrantes. Las encuestas lo confirman.

El 70 por ciento de los latinos están a favor de una amnistía para los inmigrantes indocumentados en Estados Unidos y el 65 por ciento apoya leyes que faciliten la entrada de nuevos inmigrantes, según el estudio de Hispanic Trends.[27]

Hay más. El 85 por ciento de los latinos registrados para votar favorecen una propuesta que daría a los inmigrantes indocumentados que trabajan en Estados Unidos la oportunidad de legalizar su estancia y el 62 por ciento consideran que los inmigrantes indocumentados ayudan a la economía.[28] Esto último, lo entiendo, no es una posición popular en Estados Unidos. El mismo estudio indica que el 67 por ciento de los blancos y de los afroamericanos creen que los indocumentados perjudican la economía de Estados Unidos. Ése es, pues, uno de los puntos centrales de las diferencias entre los hispanos y el resto de la población. Quien desee atraer a los votantes latinos tiene que entender esto.

Los Republicanos no supieron aprovechar el impulso que les pudo haber dado la amnistía decretada por el presidente Ronald Reagan en 1986. En la década de los años 90 el partido Republicano fue identificado con políticas antiinmigrantes y antihispanas. En concreto, la aprobación de la Proposición 187—que habría eliminado la educación y los servicios médicos para los indocumentados en California si no hubiera sido declarada inconstitucional—y el discurso antiinmigrante del gobernador Pete Wilson fueron identificados con el partido Republicano. Es muy probable que el bajísimo voto hispano que obtuvo Bob Dole en las elecciones presidenciales de 1996 se haya debido, no a sus propuestas concretas, sino a la deteriorada imagen de un partido identificado en varios lugares como antihispano.

Este tema no va a desaparecer y mientras más se eche a un lado más va a crecer y más difícil será resolverlo. Los partidos políticos tienen, básicamente, dos alternativas respecto al asunto de la inmigración: aceptan que este es un país de inmigrantes y que, por las condiciones de desigualdad económica con América Latina, seguirán llegando a Estados Unidos o tratan de detener en la misma frontera y con una política represiva a los inmigrantes. Esta segunda alternativa—defendida por líderes ultraconservadores como Pat Buchanan y el congresista de Colorado, Tom Tancredo—requeriría de la activa y masiva participación del ejército norteamericano en la frontera y tendría enormes repercusiones negativas para el partido político que la propusiera. Ser antiinmigrante sería interpretado como ser antihispano.

La opción está abierta. Los republicanos más conservadores "pueden seguir el liderazgo del presidente Bush, quien ha ensalzado a los inmigrantes y a los que buscan crear un camino legal en Estados Unidos para aquellos que buscan una vida mejor a traves de su trabajo," escribió Daniel T. Griswold del Cato Institute. "O pueden seguir a gente como Pat Buchanan, Pete Wilson y Tom Tancredo en la selva política." [29]

Una amnistía migratoria o un programa de trabajadores invitados—compuesto en su mayoría por indocumentados que ya están en Estados Unidos—tiene sentido, no sólo por cuestiones económicas, sino también por cuestiones humanitarias. "Desde un punto de vista humanitario," escribió el analista Morton M. Kondrake, "Estados Unidos debe evitar que la gente arriesgue su vida colándose a este país y, en cambio, debe establecer un programa, ordenado y legal, de trabajadores invitados." [30]

Una reforma verdadera al sistema migratorio de Estados Unidos, debería de incluir los siguientes elementos, según la organización National Immigration Forum: [31]

—Abrir los canales legales para que los inmigrantes puedan venir legalmente a este país.

—Un programa de legalización para los inmigrantes trabajadores que pagan impuestos y ya están aquí.

—Trato especial para las familias separadas por la frontera por tramites burocráticos.

—Estrategias realistas y razonables en el control de la frontera.

—Protecciones para los trabajadores que vienen y para los que ya están aquí de tal manera que los salarios no disminuyan y los trabajadores mantengan sus derechos.

—Un claro camino para obtener la ciudadanía norteamericana.

—Un fuerte apoyo bipartidista en el congreso para las propuestas AgJobs (que ampliaría el número de trabajadores del campo empleados legalmente) y Dream Act (que permitiría a los estudiantes indocumentados en *high school* continuar sus estudios en la universidad.)

El presidente Bush, a principios del 2004, hizo una propuesta migratoria que echaría a andar un intenso debate sobre cómo lidiar con los millones de indocumentados que existen en Estados Unidos. Su propuesta, sin embargo, fue insuficiente. No era una reforma migratoria total, como lo planteaba el National Immigration Forum. No proponía una legalización permanente para los inmigrantes ni sugería una solución a largo plazo al problema de la migración indocumentada procedente de Latinoamérica. Hablaremos de la propuesta de Bush un poco más adelante en el capítulo sobre el verdadero poder de los inmigrantes.

EL CONGRESISTA CONTRA EL ESTUDIANTE

El caso de Jesús Apodaca enfrenta la preocupación por estudiar y salir adelante con la intransigencia en el tema migratorio.

Resulta difícil de creer que un congresista norteamericano utilice su influencia y sus conexiones para hacerle daño a un brillante joven inmigrante de 18 años de edad, pero eso es exactamente lo que ocurrió en Colorado. La historia es increíble, tanto por el odio y amargura que refleja la actitud del congresista como por el esfuerzo del adolescente mexicano por estudiar y salir adelante.

Esta es la historia de Jesús Apodaca, el más pequeño de cinco hermanos, que llegó a Estados Unidos con sus padres en 1997 procedente de Chihuahua, México. A Jesús—y esto es importante—lo trajeron; cuando se convirtió, sin saberlo, en inmigrante indocumentado apenas tenía 13 años de edad.

A pesar de su timidez, Jesús ha sido un estudiante ejemplar, terminó la secundaria con "mención honorífica" y, como la mayoría de sus compañeros de la escuela Aurora High School, trató de entrar a la universidad. Pero pronto se dio cuenta que como era indocumentado no tenía derecho a pagar la baja matrícula de los residentes de Colorado y, en cambio, estaría obligado a desembolsar $15,000 al año en la Universidad de Colorado en Denver. Imposible para una familia como los Apodaca; el padre de Jesús, como muchos inmigrantes mexicanos, trabaja como jornalero en un rancho.

Pero Jesús no se iba a dar por vencido. Pidió ayuda al Consulado de México en Denver y a quien estuviera dispuesto a oirlo. Al final, quien lo escuchó fue Michael Riley, un periodista del diario *Denver Post* que publicó su historia en primera plana el 12 de agosto de 2002. Al poco tiempo se recaudaron dos mil dólares para la escuela de Jesús y un donante se ofreció a pagarle los $60,000 de carrera si Jesús tenía buenas calificaciones. Todo iba bien hasta que se apareció el congresista republicano Tom Tancredo.

El congresista esperó a que se acercara la fecha del 11 de septiembre de 2002, el primer aniversario de los actos terroristas, para sacar su bomba. En lugar de ayudar a Jesús, el congresista Tom Tancredo llamó al Servicio de Inmigración y Naturalización (INS) para pedirle que deportaran a Jesús y a su familia. Es sorprendente que alguien que ha sido elegido al Congreso de Estados Unidos centre sus esfuerzos en destruir las ambiciones de un estudiante. ¿No tiene cosas más importantes que hacer? Tom Tancredo olvidó muy rápido que en su familia también hubo inmigrantes.

Lo irónico de este asunto es que el mismo *Denver Post* descubrió que Tancredo utilizó a trabajadores indocumentados para remodelar su casa. La remodelación incluyó una sala de cine, un salón de billar y una recámara. Es decir, que uno de los principales enemigos de los indocumentados—Tancredo quiere enviar tropas a la frontera con México—también sacó beneficio de su trabajo. A mí eso me suena a hipocresía por no usar una palabra más fuerte. Sin embargo, Tancredo se defendió diciendo que contrató a una compañía de buena reputación y que no tenía por qué preguntar la situación migratoria de quienes remodelaron su casa.

Al igual que Tancredo, millones de estadounidenses que se quejan de la continua y creciente presencia de los indocumentados se benefician de su trabajo. La comida que ingieren es cosechada, mayormente, por inmigrantes; las casas y edificios donde viven fueron construidos en buena parte por inmigrantes; y quienes cuidan a sus niños son muchas veces madres y jóvenes indocumentadas.

Otra ironía en esta historia del buen estudiante y el mal congresista es que con lo mismo que gastó Trancredo en la remodelación de su casa—$15,795 según investigó el diario—se hubiera podido pagar el primer año de universidad de Jesús. Pero jamás podríamos esperar tanta generosidad de alguien como él.

Al final, así están las cosas. El Consulado de México en Denver está tratando el asunto de Jesús Apodaca y su familia como "un caso de protección" y los abogados del gobierno mexicano estudian las opciones para legalizar su situación y evitar su deportación. "Una de las políticas del presidente Fox es que le ayudemos a los inmigrantes mexicanos a llevar una vida menos pesada," me dijo la Consulesa General, Leticia Calzada. "Y el tema de la educación superior (para jóvenes indocumentados como Jesús) debería ser parte de la agenda trilateral entre México, Estados Unidos y Canadá."

Y aparentemente los contactos de Tancredo no son tan buenos. El Servicio de Inmigración no se metió en el asunto y no hizo nada para iniciar la deportación de Jesús y su familia. Seguramente no era su intención, pero la vergonzosa posición de Tancredo convirtió en un símbolo a Jesús: este muchacho de 18 años representa, de alguna manera, a los más de siete millones de inmigrantes indocumentados que contribuyen enormemente a la economía y a la cultura de Estados Unidos.

¿Y Jesús? Bien gracias. En el otoño de 2002 inició su primer semestre de Ingeniería en Computación en la Universidad de Colorado en Denver y por ahora está pagando sus altísimos gastos de colegiatura con la ayuda de desconocidos.

Este caso ilustra perfectamente cómo el tema de la educación se vincula estrechamente con el de la inmigración. Hay gente que cierra puertas, como el congresista Tom Tancredo. Pero también hay gente que abre caminos; Jesús Apodaca es uno de ellos.

El caso de Jesús Apodaca ilustra cómo algunos cambios en las leyes estatales y federales pueden impulsar a toda una generación de hispanos a quedarse en la escuela y graduarse de la universidad. La ley permite que cualquier niño o joven estudie la escuela primaria, secundaria y preparatoria *(elementary and high school)* independientemente de su situación migratoria. Lo mismo debe ocurrir en las universidades. Todo estudiante que se gradúe de *high school* debe ser considerado como residente—y no como extranjero—por las universidades estatales. Esto les permitiría pagar colegiaturas más bajas y conseguir becas para estudiar. Este simple cambio ayudaría a miles de jóvenes indocumentados, la mayoría de los cuales vinieron desde muy pequeños con sus padres a Estados Unidos, a mejorar el nivel de vida y la educación de la comunidad latina. Pero hay más.

Estados Unidos, no hay duda, quiere a jóvenes bien capacitados para llenar las plazas más importantes de su mercado de trabajo. Muchas veces se traen extranjeros porque aquí mismo no encuentran a empleados con las características necesarias para trabajar en ciertas empresas, sobre todo de alta tecnología.

Esta es mi propuesta: todo estudiante que se gradúe de la universidad—con la excepcion de los estudiantes extranjeros—se gana el derecho a ser residente legal de Estados Unidos para él y para su familia más cercana: padres y hermanos. Esto tendría consecuencias impresionantes. Familias enteras que llevan años ilegalmente en Estados Unidos podrían concentrar sus esfuerzos en que sus hijos terminen la universidad, la deserción escolar disminuiría y, a la vez, se resolverían en base al avance académico los casos migratorios más dramáticos.

Estas dos propuestas—considerar como residente del estado a todo estudiante que termine *high school* y dar la residencia legal al estudiante y su familia si se gradúa de la universidad—no cuestan y tendrían extraordinarias consecuencias en el futuro de los hispanos. Si quieren el voto de los hispanos, hagan algo concreto por ellos. Hagan algo por gente como Jesús Apodaca. Si estas dos propuestas se hicieran ley, no habría casos tan injustos como el de los Apodaca.

A lo largo del país existen varias propuestas para permitir que estudiantes indocumentados puedan continuar, como residentes, en universidades públicas. Uno de los casos más exitosos existe en Illinois donde el gobernador, Rod Blagojevich, firmó una ley en mayo de 2003 que le permite a los inmigrantes indocumentados pagar las mismas colegiaturas que los residentes permanentes después de haber estudiado al menos tres años en una escuela secundaria de Illinois.

Propuestas similares se han hecho también en los estados de Washington, Texas, California, Utah y Nueva York. Hay, al menos, una docena de estados más donde están considerando tomar medidas al respecto. La diferencia está entre pagar unos $5,000 al año como residente en esos estados o cuatro veces más como estudiante extranjero. El Instituto Urbano considera que hay entre 50 mil y 65 mil estudiantes indocumentados en las escuelas secundarias de Estados Unidos que se podrían beneficiar con medidas como la de Illinois.[32]

El problema es una ley a nivel federal instituida en 1996: no se puede considerar como residente legal a los estudiantes indocumentados que quieran entrar a la universidad a menos que se permita que cualquier residente legal, independientemente del estado del que venga, tenga los mismos beneficios. Pero en Illinois le dieron la vuelta a esa prohibición al vincular la designación temporal de residente estatal con haber estudiado al menos tres años en un *high school* del estado.[33]

El verdadero artífice de esa ley en Illinois es el representante hispano Edward Acevedo quien hizo la propuesta en la cámara baja en el año 2000. El sistema educativo, decía Acevedo, engañaba a los estudiantes pues les permitía avanzar en primaria y secundaria y luego los detenía. "Hicimos historia," declaró Acevedo a la prensa, luego de que la cámara baja de Illinois aprobara su propuesta con 56 votos a favor y sólo uno en contra. "Los estudiantes tendrán la oportunidad de lograr una vida decente y de cumplir sus sueños."

Illinois ha puesto el ejemplo. El país, ahora, debe imitarlo e ir más allá ayudando también—con la legalización migratoria—a las familias de los estudiantes indocumentados que se gradúan de *high school*. Para un estudiante indocumentado, que finalmente logra entrar a una universidad pública pagando como residente permanente, no hay ningún aliciente para seguir estudiando si sabe que al finalizar sus estudios él/ella y su familia corren el riesgo de ser deportados.

DISCRIMINACIÓN Y LA ALIANZA DE AFROAMERICANOS E HISPANOS.

La discriminación para los hispanos no es sólo una idea; es, al igual que para los afroamericanos, una realidad a la que se tienen que enfrentar todos los días. Ahora, a principios del tercer milenio, Estados Unidos aún no acaba de aceptarse como una sociedad multiétnica, multirracial y multicultural. Muchos norteamericanos piensan en Estados Unidos como un país homogéneo cuando no lo es. ¿Cuántas naciones del mundo tienen entre su población a blancos, negros, hispanos, indígenas y asiáticos? Muy pocas. Estados Unidos en poco más de 50 años estará conformado únicamente por minorías. ¿Cuántas naciones han pasado por esa experiencia? Lo dramático, lo triste, es que Estados Unidos aún tiene mucho que hacer para asumir su diversidad y evitar el racismo.

Lo mejor de Estados Unidos son sus oportunidades; lo peor es el racismo y la discriminación. Y esta es una experiencia muy extendida entre los latinos.

Ocho de cada diez (82%) latinos aseguran que la discriminación contra los hispanos es un problema que les evita tener éxito en Estados Unidos, según una encuesta realizada en el 2002 por el Pew Hispanic

Center.[34] El 78% de los latinos considera que la discriminación es un problema en sus centros de trabajo (comparado con el 64% de los afroamericanos y el 57 por ciento de los blancos). Asimismo, el 75% de los hispanos considera que la discriminación es un problema en las escuelas; esta cifra es superior al 55% de los afromaericanos y el 54% de los blancos que piensan lo mismo.

La percepción de discriminación es superior entre los latinos que hablan más español que inglés, que nacieron en el extranjero o que llegaron a Estados Unidos después de cumplir los 10 años de edad. Pero a pesar de estas diferencias, en general los latinos son muy sensibles a este asunto.

La discriminación para los latinos no es un concepto abstracto. Bastan estos cuatro ejemplos:

—Actualmente no hay un senador latino ni un juez hispano en la Corte Suprema de Justicia. Y hasta hace poco tampoco había ningún gobernador latino.

—Los latinos son el único grupo que no está representado proporcionalmente en la fuerza laboral del gobierno de Estados Unidos. Solo el 6.7% de los empleados del gobierno federal son latinos,[35] a pesar de que ya en el 2002 eran al menos el 13.5% de la población total.

—De los aproximadamente 16,000 informes de noticias hechos por las cadenas ABC, CBS, NBC y CNN en el año 2001, sólo 99 (0.62%) fueron sobre latinos.[36]

—Sólo el 11 por ciento de los estudiantes hispanos terminan la universidad en Estados Unidos, comparado con el 29 por ciento de los blancos y el 17 por ciento de los afroamericanos, según la Oficina del Censo.[37]

Nadie se salva de la discriminación. Ni siquiera la familia Bush. Durante la Convención Nacional Republicana en Filadelfia en el verano del año 2000 le pregunté a George P. Bush, el hijo del gobernador de la Florida Jeb Bush y de su esposa Columba, si él había sido discriminado alguna vez. "He encontrado mucha discriminación en mi vida," me dijo, "porque en nuestra sociedad, desafortunadamente, la gente te juzga por el color de tu piel." Y al preguntarle cómo había sido discriminado, el entonces joven de 24 años de edad contestó: "Con palabras como 'mojado' *(wetback)* o palabras muy feas como 'bebé de brea' *(tar baby)* que la gente le dice a los latinos." [38]

Si eso le pasó al sobrino del presidente de Estados Unidos, imagínense lo que les pasa todos los días a los millones de latinos que no lo son.

Strom Thurmond nunca se atrevió a decir la verdad. Poco después de morir en el 2003 nos enteramos que este senador, que durante años defendió ideales y acciones segregacionistas, había tenido una hija con una joven afroamericana. El secreto fue fielmente guardado, tanto por su familia como por su hija. Pero con su muerte quedó claro que quien fuera, en un momento dado, el paladín de la discriminación racial en Estados Unidos escondió una gigantesca contradicción en su vida. Sin duda, Strom Thurmond era un hombre que causaba tormentas.

El 5 de diciembre de 2002, cuando el senador Trent Lott fue invitado a participar en la fiesta del cumpleaños número 100 del también senador de Carolina del Sur, Strom Thurmond, se vio la verdadera cara de estos políticos. Lott, sin tomar en cuenta el pasado racista y segregacionista de Thurmond, dijo: "Quiero decir lo siguiente sobre mi estado. Cuando Strom Thurmond se lanzó para presidente nosotros votamos por él. Estamos orgullosos de eso. Y si el resto del país hubiera votado como nosotros, no habríamos tenido todos estos problemas a lo largo de todos estos años." [39]

Una cosa es felicitar a alguien por sus 100 años de edad y otra muy distinta apoyar su pasado racista. Después de todo fue el mismo Strom Thurmond quien dijo en 1948—cuando aún era gobernador de Carolina del Norte y buscaba la nominación como candidato a la presidencia: "No hay suficientes tropas en el ejército para obligar a la gente del Sur a terminar con la segregación y admitir a negros en nuestros te-

atros, en nuestras piscinas, en nuestras escuelas y en nuestras casas." [40]
La integración de las minorías a la sociedad norteamericana; esos parecen ser "los problemas" a los que se refirió Trent Lott en su discurso.

Sin el apoyo de la Casa Blanca y bajo enorme presión, Trent Lott fue obligado a dejar su puesto como líder del Partido Republicano en el Senado 15 días después de sus comentarios racistas. El senador Bill Frist de Tennessee lo reemplazó. Pero lo que resulta increíble es que uno de los políticos más importantes de Estados Unidos salga a defender un pasado segregacionista que muchos creían superado.

Su comentario el 5 de diciembre de 2002 no fue el primero en ese sentido. En 1980 también dijo lo siguiente sobre Strom Thurmond: "Si hubiéramos elegido a este hombre hace treinta años, no estaríamos metidos en el desbarajuste que tenemos ahora." [41] Por eso las disculpas de Lott no son creíbles. Por eso la sospecha de que otros políticos republicanos como Lott piensan lo mismo que él.

A mí me resultó sorprendente que los líderes latinos en Estados Unidos, tanto dentro como fuera del Congreso, no hubieran saltado para unirse con fuerza a las denuncias de los afroamericanos contra el senador Lott. Después de todo, los comentarios racistas del senador de Carolina del Sur eran tan ofensivos para los afroamericanos como para los latinos. El comentario más fuerte que escuché vino del congresista Silvestre Reyes, entonces presidente del Congressional Hispanic Caucus (CHC). "Millones de norteamericanos, incluyendo a miembros del CHC, se sintieron ofendidos por los comentarios del senador Lott," dijo Reyes en un comunicado de prensa. Esos comentarios "reflejaron falta de sensibilidad frente a un triste capítulo en la historia de nuestra nación . . . y reflejan una mentalidad que no debe poseer ningún miembro de nuestro Congreso." [42]

A pesar de lo anterior, no hubo un esfuerzo conjunto de los congresistas hispanos para pedir la salida de Trent Lott del senado. ¿Por qué? ¿Tenían miedo de molestar a algunos de los políticos más poderosos del país? ¿Era preferible guardar las formas en lugar de defender los principios? Tampoco hubo ninguna conferencia de prensa en que aparecieran conjuntamente congresistas afroamericanos, latinos y asiáticos denunciando los comentarios racistas del entonces líder del Senado.

Y si bien los latinos y asiáticos están más abiertos a votar por candidatos republicanos, ése no ha sido el caso entre los afroamericanos.

Los candidatos republicanos a la presidencia, históricamente, han tenido un bajísimo porcentaje del voto afroamericano: Ford (16%), Reagan (11% y 9%), Bush Sr. (12% y 10%), Dole (12%) y Bush (8%). Con porcentajes tan bajos para el Partido Republicano por parte de la comunidad afroamericana, no es de extrañar que sus esfuerzos se hayan concentrado en obtener el voto de los latinos. Sin embargo, el racismo es un tema que no se ha resuelto en Estados Unidos y que afecta por igual a latinos y a afroamericanos.

El mismo presidente George W. Bush lo ha reconocido. "Nuestra constitución deja muy claro que todas las razas deben ser tratadas con igualdad bajo la ley," dijo al explicar la postura de su gobierno en un caso ante la Corte Suprema de Justicia. "Sin embargo, sabemos que nuestra sociedad no ha alcanzado ese ideal. El prejuicio racial es una realidad en Estados Unidos. Lastima a muchos de nuestros ciudadanos."[43]

Pocos republicanos como el presidente Bush han tratado de enamorar el voto de las minorías. Pero estos comentarios los hizo al oponerse a la forma en que la Universidad de Michigan reclutaba a afroamericanos, hispanos y miembros de otras minorías. Esa práctica permitió que la Universidad de Michigan—que casi no tenía miembros de minorías—aumentara a 8 por ciento el número de estudiantes afroamericanos y a 5 por ciento el de estudiantes latinos.[44] Para afroamericanos y latinos, entonces, el mensaje de Bush es contradictorio: por una parte habla de las ventajas de la diversidad en Estados Unidos pero por la otra se opone a programas concretos—como el de la Universidad de Michigan—que han ayudado a muchos estudiantes de minorías.

Esa misma contradicción quedó patente cuando la Corte Suprema de Justicia decidió mantener los programas de acción afirmativa en las universidades por cinco votos contra cuatro el 23 de junio de 2003. A pesar de que la administración Bush se había opuesto a la manera en que la Universidad de Michigan reclutaba a minorías, el presidente Bush destacó a la Corte por "reconocer el valor de la diversidad en las universidades del país." ¿A quién le creemos? ¿Al presidente que había dicho públicamente en un discurso televisado en enero de 2003 que se oponía a las prácticas de reclutamiento de la Universidad de Michigan o al que favorece la diversidad en las universidades?[45]

Uno de los temas centrales de discusión en la comunidad afroamericana en los próximos años será el de las compensaciones *(reparation)* por la esclavitud; entre los latinos el asunto fundamental será cómo aumentar nuestra influencia en la sociedad al mismo tiempo que quedan por resolver muchos temas fundamentales—como el de una amnistía, la deserción escolar, los programas de acción afirmativa, la preponderancia de la pobreza, la discriminación y la resistencia al uso del español y otras prácticas culturales. Pero ambos grupos—afroamericanos y latinos—tenemos experiencias similares que nos unen.

Es precisamente en el asunto de la discriminación donde podría haber una fuerte alianza entre hispanos y afroamericanos. Los afroamericanos han sufrido el racismo y el rechazo como ningún otro grupo en Estados Unidos. A través del movimiento por las libertades civiles en los años 60 y 70, los afroamericanos nos han enseñado a todos, latinos y no latinos, a luchar por nuestros derechos, a estar orgullosos de ser parte de una minoría y a insistir en que, incluso los miembros de las minorías, son también estadounidenses. Las latinos han aprendido, como los afroamericanos, que para hacer valer sus derechos como estadounidenses hay que luchar todos los días: en el autobús, en la oficina, en la escuela, en los estadios de futbol y beisbol. Esos derechos y privilegios son algo que, contrario a lo que ocurre con muchos blancos no hispanos, nunca podemos dar por un hecho.

Y más allá del tema de la discriminación, la cuestión de una identidad dividida es compartida también por latinos y afroamericanos.

Siguiendo las reflexiones de W.E.B. Du Bois (1868–1963) los afroamericanos han aprendido a vivir con la "doble conciencia" de ser negros y estadounidenses, de tener un color de piel distinto a la mayoría y ser parte de la misma nación. En su libro *The Souls of Black Folks* (1903) Du Bois explica esa extraña sensación de ser dos a la vez: de ser uno mismo y de verse, al mismo tiempo, a través de los ojos de los demás. Esa es una experiencia muy similar a la que viven los latinos hoy en día.

Du Bois, el primer afroamericano en graduarse de la Universidad de Harvard, escribió en 1903:

"Es una peculiar sensación, esta doble conciencia, de verse siempre a través de los ojos de los demás, de medir tu alma con la cinta de medición de un mundo que te ve con desprecio y pena. Uno siempre siente esta duplicidad: un americano, un negro; dos almas, dos pensamientos, dos deseos irreconciliables; dos ideales que batallan en un cuerpo oscuro, cuya inalienable fortaleza evita que lo destruyan.

"La historia de los afroamericanos es la historia de esta lucha—este deseo de alcanzar la conciencia de nuestra humanidad, de unir estos dos seres en uno solo, mejor, más verdadero. En esta unión no desea que los otros yos se pierdan. No van a africanizar a América porque América tiene mucho que enseñar al mundo y a África. Tampoco van a blanquear su alma negra en una corriente de blanco americanismo, porque saben que la sangre negra tiene un mensaje para el mundo. Simplemente quisieran que fuera posible para un hombre ser al mismo tiempo negro y americano, sin ser ofendido o escupido por sus conciudadanos, sin que le estrellen las puertas de la Oportunidad contra su cara."[46]

Du Bois es tan vigente a principios del tercer milenio como lo fue a principios del siglo XX. Tanto así que su concepto de "doble conciencia" se puede aplicar perfectamente para los hispanos. Constantemente escucho a hispanos decir: soy mexicano y americano. O soy latino y estadounidense. O bien soy cubanoamericano, salvadoreñoamericano, colomboamericano. Como los afroamericanos de principios del siglo XX y XXI, los hispanos tienen una doble identidad, compuesta por elementos distintos y, a veces, hasta contradictorios.

¿Cómo, por ejemplo, se puede nacer en otro país pero sentirse norteamericano? ¿Cómo tener un pasaporte estadounidense y mostrar tu lealtad a la bandera de Estados Unidos, y al mismo tiempo sentirse profundamente mexicano o cubano? ¿Cómo pensar en dos naciones cuando dices "mi país"?

Latinos y afroamericanos tienen una historia conjunta de discriminación y se identifican, ambos, tanto como estadounidenses como por su pertenencia a un grupo minoritario. Latinos y afroamericanos tienen un pasado de rechazo y una identidad dividida. Latinos y afroamericanos tenemos en común un pasado difícil. No es el ponerse en un papel de víctimas sino, sencillamente, reconocer la desigualdad con la que negros e hispanos han sido tratados. Los latinos pueden y deben aprender que los afroamericanos lucharon contra la discriminación y la falta de derechos civiles en Estados Unidos. Ellos dieron la primera batalla.

Hay una alianza natural entre latinos y afroamericanos que necesita explorarse, estudiarse y explotarse para desarrollar un plan de acción. ¿El objetivo? Que Estados Unidos sea un país sin racismo y sin discriminación. Quizás suena un poco optimista, pero creo que dicha alianza es posible.

LEALTADES: LOS HISPANOS Y LA GUERRA

Alrededor de 30,000 soldados de origen latino pelearon durante la guerra de Estados Unidos y Gran Bretaña contra Irak en la primavera del año 2003. En mis tareas como corresponsal de guerra entrevisté a muchos soldados hispanos tanto en el frente de batalla en el sur de Irak como en los campamentos militares de Doha y Arefjan, ambos en Kuwait. Me llamó mucho la atención lo fácil que era encontrar a combatientes que hablaran español en la zona de guerra. Otra, tan sorprendente, que había muchos soldados nacidos en América Latina que no son ciudadanos estadounidenses. Ellos, sin embargo, estaban dispuestos a dar su vida por Estados Unidos de ser necesario. Recuerdo, en particular, dos casos: el de Diana González y el de Cindy Segovia.

Diana González, de sólo 19 años de edad cuando la enviaron al

Golfo Pérsico, decidió meterse al ejército norteamericano—al igual que su hermana—tras los actos terroristas del 11 de septiembre de 2001. Conocí a Diana en el hospital del campamento del ejército norteamericano en Arefjan, muy cerca de la frontera con Arabia Saudita. Sus enormes y expresivos ojos le ayudaban mucho en una labor que, a veces, parecía imposible. A pesar de no ser sicóloga, la responsabilidad de Diana era conversar con los soldados que venían heridos del campo de batalla. Unos habían perdido a un compañero en el frente de guerra. Otros se habían quedado sin un brazo o una pierna. Todos traían clavadas en sus mentes las esquirlas de la guerra.

Cuando conversé con ella estaba aterrada de morir en un ataque químico o bacteriológico. Las amenazas de Saddam Hussein de que las madres de los soldados norteamericanos llorarían "lágrimas de sangre" la asustaron mucho. Incluso después de que el régimen de Saddam Hussein cayera el miércoles 9 de abril de 2003—cuando una estatua del ex dictador iraquí de 40 pies de altura fue derribada en el centro de Bagdad—todavía no se separaba de su uniforme protector ni de su máscara antigás.

"Yo soy criada en California desde que tenía dos años," me dijo. "Soy mexicana pero soy americanizada; tengo mi residencia pero nada más." Diana nació en Jalisco, México, pero conoce como pocos el corazón de los soldados norteamericanos.

Cindy Segovia, de 26 años, nació en Monterrey, México. Cindy había iniciado el proceso para convertirse en ciudadana norteamericana cuando la enviaron a pelear a Kosovo. Al regresar de Kosovo reinició el papeleo para obtener la ciudadanía estadounidense pero tuvo que detenerlo todo, por una segunda ocasión, debido a que la mandaron a Kuwait, "¿Qué hace que una mujer mexicana luche por Estados Unidos?" le pregunté. "Yo pienso que soy americana porque he vivido en Estados Unidos toda mi vida," me contestó antes que hiciera la siguiente aclaración: "Soy mexicana y me siento mexicana, pero también soy americana." "¿Estás dispuesta a dar tu vida por Estados Unidos?" insistí. "Sí, claro," respondió sin parpadear y sin dudarlo.

A pesar de casos como el de Diana y el de Cindy, la mayoría de los soldados latinos que lucharon en Irak sí son ciudadanos norteamericanos. El sargento Rafael Fernandez, nacido y criado en Cuba, está orgulloso de ser un infante de marina de Estados Unidos. Cuando hablé con él, se recuperaba en Kuwait de un accidente en el que una pesada ametralladora le cayó en el pie derecho partiéndole en cuatro uno de sus dedos. Es irónico que esto lo hubiera sacado del frente de guerra en Irak después de haber peleado en por lo menos tres batallas dentro de Irak.

"¿Alguna vez pensaste que estabas a punto de morir?" tuve que preguntarle al sargento Fernandez. "Siempre," me dijo. "No sabes lo que va a pasar en la guerra." Contrario a lo que pensaba antes de llegar a Irak, la mayoría de los soldados a quienes entrevisté me confesaron tener miedo de la guerra y de morir. La diferencia entre ellos y el resto de los mortales es que, en un momento dado, superan ese miedo y están entrenados para sobrevivir y para matar.

No es ningún secreto que muchos latinos deciden incorporarse al ejército de Estados Unidos, no por el deseo de entrar en combate, sino por las oportunidades educativas y escolares que surgen al ingresar. Antes del once de septiembre de 2001, el riesgo de ir a una guerra con el ejército de Estados Unidos era relativamente pequeño. Pero desde que el presidente Bush estableció como prioridad la guerra contra el terrorismo y la lucha contra las naciones del "eje del mal"—Irak, Irán y Corea del Norte—las posibilidades de ir al frente de batalla se han multiplicado.

El comandante Mario Reyna, nacido en Coahuila y nacionalizado estadounidense en 1987, ha visto un constante aumento de latinos ingresando a la armada, a la marina o a la fuerza aérea. "Hoy en día hay muchas oportunidades para los latinos para sobresalir en el ejército," me dijo con un cierto sentido de orgullo. "Buscan mejorar sus vidas; muchos entran para obtener dinero para luego ir a la universidad a estudiar."

Los padres del sargento José López nacieron en los estados mexicanos de Durango y Nuevo Laredo. "Nací americano pero mi corazón es de México" me comentó. José López entró a las fuerzas armadas "primero para ir a la escuela, pero me he quedado por orgullo; me gusta mucho el ejército." "¿Es difícil ser latino en el ejército?" le pregunté en Kuwait. "No," me dijo, "la mayoría del ejército es latino como yo." Bueno, no exactamente; apenas el 9 por ciento. Pero es fácil comprender por qué lo siente así. Si José no hubiera entrado al ejército nunca habría terminado sus estudios.

La alternativa para Manuel León, nacido en Los Angeles y de padres mexicanos, era mucho más clara: el ejército o las pandillas. "Me crié en las calles de Los Angeles y no estaba bien," me dijo en el campamento Doha, al noroeste de Kuwait. "Entré [al ejército] para cambiar mi vida y es mejor de lo que yo pensaba."

Hay, sin embargo, latinos que tienen otro tipo de razones para ingresar al ejército. "Estados Unidos ha proveído mucho por nosotros," me dijo José Fernandez, quien llegó de niño a Estados Unidos proveniente de México. Para el sargento Fernandez ingresar al ejército "es una forma de agradecer a Estados Unidos la forma en que nos ha ayudado."

Los soldados hispanos no son distintos a otros hispanos que se identifican, primero, con su país de origen. "Tú, ¿qué te consideras?" le pregunté en Kuwait a Araceli Renderos, "¿salvadoreña o americana?" "Salvadoreña," me dijo; "me hice ciudadana [norteamericana] ya, pero de todas maneras yo soy salvadoreña." Lo mismo ocurre con Armando Urriola. "Desde pequeño tuve una gran admiración por el ejército de Estados Unidos," me comentó. Pero al preguntarle qué se sentía, dijo "panameño" sin titubear.

Otros soldados tienen sus lealtades divididas. Mauricio Montalvo nació en Barranquilla, Colombia y pudo haber ingresado a dos ejércitos: al colombiano o al norteamericano. Decidió por este último porque "los beneficios son mucho mejores." Pero al pedirle que se definiera se quedó en la cuerda floja: "Me siento colombiano y estadounidense, las dos cosas."

El *chief* Pedro Echeverría, de El Paso, Texas, y casado con una mexicana de Ciudad Juárez, tiene el mismo dilema que el soldado Montalvo. Al preguntarle con qué país se identifica dijo: "Me siento de los dos." De México y de Estados Unidos.

Menos suerte tuvo José Gutierrez, un inmigrante guatemalteco que entró como indocumentado a Estados Unidos cuando tenía solo 14 años de edad. Huérfano de padre y madre, ingresó al ejército un año antes del inicio de la guerra contra Irak. Fue, sin embargo, uno de los primeros soldados de Estados Unidos que murieron en combate en el sur de Irak. Como un homenaje póstumo, Estados Unidos le concedió la ciudadanía norteamericana. José tenía sólo 22 años de edad.

Está claro que en el ejército norteamericano hay miles de soldados nacidos en el exterior que están arriesgando su vida—y que han muerto, como el caso de José Gutierrez—por Estados Unidos. Ojalá que el mismo reconocimiento que estos soldados hispanos obtuvieron en tiempos de guerra se pueda extender, para ellos, sus familias y otros inmigrantes, en tiempos de paz. *Inshala*. Ya es hora.

A pesar de estos ejemplos de patriotismo, los hispanos en general, tuvieron muchas más dudas respecto a la participación de Estados Unidos en la guerra contra Irak que el resto de la población. Un mes antes del inicio de la guerra, sólo el 48 por ciento de los latinos estaban de acuerdo con invadir a Irak para sacar del poder a Saddam Hussein.[47] Esto contrasta con varias encuestas que indicaban que entre un 60 y un 70 por ciento de los estadounidenses apoyaban la posible guerra contra Irak. ¿Por qué estas diferencias?

Por principio, debido a que los hispanos tenían una información distinta a la que recibían la mayoría de los norteamericanos que no hablan español. Los principales medios de comunicación en español en Estados Unidos reportaron antes, durante y después de la guerra sobre la enorme oposición al conflicto militar en América Latina. Es decir, escuchaban muchos de los argumentos que se perdían o no existían en la televisión y la radio en inglés. A pesar de los titubeos iniciales, los presidentes de México, Vicente Fox, y de Chile, Ricardo Lagos, dejaron muy claro que no apoyarían en el Consejo de Seguridad de Naciones Unidas una nueva propuesta que autorizara la guerra contra Irak. En ese sentido la postura de México, Chile y muchos más países latinoamericanos se asemejaba más a la posición de Francia, Alemania, Rusia y China que pretendía darle más tiempo a las inspecciones de armas antes de declarar la guerra. Este tipo de información y argumentos se discutió ampliamente en los medios informativos en español en Estados Unidos y pasó desapercibido en los canales y estaciones en inglés.

A esto hay que añadir la triste historia de las invasiones y operaciones militares de Estados Unidos en América Latina; desde Chile hasta República Dominicana, pasando por Panamá, Granada, Haití y Nicaragua. Esas huellas de imposición y violencia quedan en la memoria colectiva de los latinoamericanos—y en los libros de texto de las escuelas. Es difícil, por eso, encontrar mucho apoyo en la región a una nueva incursión militar estadounidense aunque no se trate en América Latina.

Otro punto importante para entender la resistencia de uno de cada dos hispanos a la guerra es que muchas familias aún tienen parientes en América Latina y los contactos (telefónicos, a través de la internet y por viajes) influyeron indiscutiblemente en la opinión pública de los latinos. La política exterior de casi todos los países de América Latina se basa en el principio de no intervenir en los asuntos internos de otras naciones y en una larga tradición de pacifismo. Por ejemplo, una encuesta dada a conocer por la empresa Televisa en México sugería que nueve de cada 10 mexicanos (en México) se oponían a la guerra. Y cada vez que alguien hablaba con sus familiares en México existía la posibilidad de escuchar el rechazo a la guerra. Eso tiene un peso específico.

Un tercer punto de análisis sobre las diferencias de opinión entre latinos y no latinos respecto a la guerra contra Irak es que había la percepción de que más hispanos morirían (proporcionalmente) en esta guerra que soldados de otro grupo étnico. Hubo hasta un congresista mexicano que aseguró que el 70 por ciento del ejército de Estados Unidos estaba compuesto por latinos, información que fue rápidamente negada y corregida por la embajada norteamericana en la ciudad de México.

El mito era que los latinos serían los primeros en morir en la guerra contra Irak. Como veremos un poco más adelante, sólo nueve de cada 100 soldados en el ejército norteamericano son de origen latino; es decir, proporcionalmente, hay menos soldados latinos en las fuerzas armadas de Estados Unidos que hispanos en la población en general. Pero la idea de que más latinos morirían en esta guerra no ha podido ser borrada por completo.

El 28 de abril de 2003 se confirmó la muerte del soldado Edward J. Anguiano. Anguiano había desaparecido el 23 de marzo cuando su unidad de mantenimiento fue atacada por los iraquíes cerca de Nasiriya. Los restos de su cuerpo fueron identificados con pruebas genéticas de DNA. Con la muerte confirmada de Anguiano aumentó a 24 el número de soldados latinos muertos en la guerra contra Irak de un total de 130 militares norteamericanos.[48] Es decir, hasta ese momento, el 18 por ciento de los soldados muertos en la guerra eran latinos y esta cifra era el doble del 9 por ciento de presencia latina en las fuerzas armadas de Estados Unidos. Con estas estadísticas es difícil contrarrestar la percepción de que, proporcionalmente, más latinos mueren en las guerras de Estados Unidos.

Por estas tres razones—información más completa, contactos con familiares en América Latina que se oponían a la guerra y la percepción de que más hispanos morirían en la guerra que soldados de otros grupos étnicos—los latinos dudaron más que otros norteamericanos sobre la decisión de ir a la guerra.

Durante la guerra, al igual que otros grupos dentro de Estados Unidos, el porcentaje de latinos que apoyaba la invasión a Irak aumentó. Los resultados de una encuesta del Pew Hispanic Center realizada entre el 3 y el 6 de abril de 2003 indicaban que el 61 por ciento de los latinos apoyaba la guerra contra Irak. Hubo más apoyo entre los latinos nacidos en Estados Unidos (75%) que entre los nacidos en el extranjero (52%). Sin embargo, ese 61 por ciento estaba aún por debajo del 70 por ciento de los norteamericanos que según otra encuesta (Gallup/CNN) apoyaban en ese mismo momento la guerra.

Es decir, tanto antes como durante la guerra, hubo un menor

apoyo de los hispanos, comparado con el resto de la población, a la acción militar norteamericana contra Irak.

La mayoría de los norteamericanos consideran a Jessica Lynch como una heroína de la guerra. Pero los latinos tienen, también, a sus propios héroes: Edgar Hernández y Shoshana Johnson.

Edgar Hernández, de 21 años de edad y de padres mexicanos, fue uno de los siete prisioneros de guerra de Irak rescatados sanos y salvos días después de la caída del régimen de Saddam Hussein. Edgar resultó herido de bala en el codo. Edgar es un mecánico y entró al servicio militar después de terminar la secundaria o *high school*. Shoshana Nyree Johnson, nacida en 1973 en Panamá a orillas del canal, también fue emboscada por los iraquíes y resultó herida con balazos en los tobillos. Ella se enlistó en la armada porque quería convertirse en una chef de primera categoría.

Ambos formaban parte de la unidad de mantenimiento 507 cuando, en medio de una feroz batalla en la ciudad de Nasariya, fueron tomados como rehenes. Tres semanas después Shoshana, Edgar y otros cinco soldados fueron rescatados.

Jessica en inglés. Edgar y Shoshana en español. Historias paralelas. ¿Qué los diferencia? Simplemente el origen de sus familias. La lealtad de Edgar y de Shoshana hacia la bandera norteamericana es tan fuerte como la de Jessica. Imposible cuestionar su valor o su lealtad por el simple hecho de que sus padres son mexicanos, en el caso de Edgar, o porque nació en Panamá en el caso de Shoshana.

Lo que es curioso es que tanto Edgar Hernández como Shoshana Johnson, que se han convertido en el símbolo del valor de los soldados hispanos en guerra, tuvieron que enfrentar una niñez y una adolescencia cuesta arriba en Estados Unidos. Hay muchos Edgares y Shoshanas en el ejército de Estados Unidos.

Soldados hispanos o latinoamericanos han luchado por Estados Unidos a lo largo de su historia. "En cada guerra y en cada campo de batalla, americanos de España, México, el Caribe, Centro y Sudamérica han arriesgado su vida en defensa de Estados Unidos," escribió el coronel Gilberto Villahermosa, jefe de las Fuerzas Conjuntas de la OTAN (Organización de Países del Tratado del Atlático Norte) en Holanda.[49] La lista de la participación hispana en las guerras está bien documentada por el coronel Villahermosa: 10,000 hispanos lucharon durante la guerra civil, 200,000 en la Primera Guerra Mundial y 500,000 en la Segunda Guerra Mundial, en su mayoría de origen mexicano; 148,000 latinos pelearon en Corea y cerca de 80,000 en Vietnam; 20,000 soldados de origen latinoamericano participaron en la guerra del Golfo Pérsico en 1991 y más de 30,000 en la guerra contra Irak.

Antes de la guerra en Irak 39 latinos habían recibido la condecoración de la Medalla de Honor por su valentía en combate. Esto incluye a Alfred Rascon, quien cubrió de las balas y con su propio cuerpo a sus compañeros heridos en un combate en Long Khanh durante la guerra en Vietnam en 1966. Irónicamente, Rascon no recibió este reconocimiento hasta 34 años después de dicho acto heroico—que le causó múltiples heridas—en la Casa Blanca. Fue el propio presidente Bill Clinton quien en febrero 8 de 2000 le entregó a Rascon su medalla al valor.

A pesar de hechos de heroísmo como el de Rascon y el de Edgar Hernández, de la enorme participación hispana en las guerras de Estados Unidos y de que existen más de un millón de veteranos de guerra latinos, hay relativamente pocos hispanos en los altos mandos militares de las fuerzas armadas norteamericanas. A pesar de que Richard Cavazos se convirtió en 1982 en el primer hispano en ser un general de cuatro estrellas, sólo Luis Caldera—graduado de West Point—ha sido designado Secretario del Ejército (Secretary of the Army). Esto ocurrió 16 años después del logro de Cavazos. Ningún latino ha sido nunca Secretario de Defensa de Estados Unidos. La falta de representación política de los hispanos también se nota dentro del ejército.

Los latinos, basta anotar, no son el 9 por ciento de los generales de cuatro estrellas dentro del ejército norteamericano. De hecho, no existe actualmente ni un solo general de cuatro estrellas de origen latino dentro de las fuerzas armadas de Estados Unidos. Sólo el 4 por ciento de los comandantes del ejército norteamericano (*officers corps*) son latinos, según el Pentágono. Y únicamente ha habido nueve generales hispanos en la historia del ejército (Army) de Estados Unidos.[50]

En conclusión, más soldados latinos murieron proporcionalmente en la guerra contra Irak (18%) que de otros grupos étnicos, sin embargo sólo el 4 por ciento de los jefes u oficiales del ejército norteamericano son hispanos. Los soldados hispanos tienen una mayor participación donde más duele y una menor donde más cuenta.

AMÉRICA LATINA (A VECES) NO EXISTE PARA ESTADOS UNIDOS

América Latina no es una prioridad de la política exterior de Estados Unidos. Debería serlo.

Los latinos, de manera natural, se preocupan más por lo que pasa en América Latina que el resto de los norteamericanos. Después de todo de ahí vienen, ahí están sus familias y para allá va, también, su dinero. Pero esa preocupación constante por América Latina no ha sido compartida, históricamente, por los gobiernos de Estados Unidos. Esta época, desafortunadamente, no es la excepción.

"¿Qué piensan en Estados Unidos sobre América Latina?" me preguntó recientemente un inversionista español. "En Estados Unidos, actualmente, no piensan en América Latina," le contesté. "De hecho, en estos momentos, América Latina no existe para Estados Unidos."

Esta conversación ocurrió poco antes de que Estados Unidos iniciara sus bombardeos contra Bagdad. Pero refleja una de las principales quejas de los latinoamericanos respecto a Estados Unidos: que sólo se preocupan de la región cuando hay una crisis o conflicto y que el resto del tiempo actúan como si América Latina no existiera.

Una semana antes de los ataques terroristas del 11 de septiembre de 2001, el presidente Bush dijo en el rancho del presidente mexicano, Vicente Fox, en Guanajuato que "Estados Unidos no tiene en el mundo una relación más importante que su relación con México."[51] Unos días después de esa declaración—el 20 de septiembre de 2001 para ser exactos—Bush hizo a un lado a Fox y dijo en un discurso ante ambas cámaras del congreso en Washington: "Estados Unidos no tiene a un mejor amigo que Gran Bretaña."[52] Fox fue el mejor amigo de Bush por menos de tres semanas.

Estos cambios son típicos en la relación entre norteamericanos y latinoamericanos. De hecho la relación entre Estados Unidos y América Latina se caracteriza, históricamente, por abrazos y desaires. Es una montaña rusa: a veces los norteamericanos aprietan tanto a América Latina que hasta le sacan el aire, otras ni siquiera le hacen caso. Por ahora vivimos un momento de despreocupación y alejamiento.

El mismo error que cometió Estados Unidos con respecto a Osama Bin Laden lo está repitiendo actualmente con América Latina. Durante años Estados Unidos no le hizo caso a las amenazas de Al Kaeda hasta que fue demasiado tarde. Lo mismo ocurrirá en América Latina: cuando Estados Unidos, de pronto, desee influir de manera decisiva en algún conflicto en la región puede ser que no llegue a tiempo o que la situación se salga de su control. Me refiero por igual a una nueva y más intensa ola migratoria desde Cuba o México, o a posibles alzamientos por la creciente pobreza en América Latina o a la fragilidad de las democracias en la región frente a grupos insurgentes y criminales.

Las consecuencias concretas son evidentes: los mexicanos están molestos por la negativa estadounidense de negociar un tratado migratorio; los colombianos quisieran que Estados Unidos hiciera mucho más en la lucha contra los grupos narcoguerrilleros; la disidencia venezolana desearía una posición más firme frente al gobierno autoritario de Hugo Chávez; los argentinos no salen aún de su asombro ante el rechazo de Estados Unidos a un paquete de ayuda financiera de emergencia en el 2002 . . .

A esto hay que añadir que Estados Unidos no parece tener una política exterior consistente. El esfuerzo para promover la democracia no es parejo. Para Estados Unidos no todas las dictaduras son iguales. A la dictadura iraquí no la toleraron; a la china sí. A la norcoreana le han dedicado mucho tiempo y atención; a la cubana no. Y esta falta de consistencia ha sido aprovechada por Fidel Castro, por ejemplo.

Mientras los aviones norteamericanos bombardeaban Irak, el dictador Fidel Castro organizó hábil y cruelmente una de las olas represivas más fuertes que se recuerden desde los años 70. Y así, mientras el mundo veía a Irak, Castro ejecutó a tres personas—cuyo crimen fue tratar de robarse una lancha para huir de la isla—y mandó a 75 disidentes, opositores políticos y periodistas independientes a cumplir un total de 1,500 años de cárcel.

Una de las grandes frustraciones del exilio cubano en Miami es que Castro—a pesar de sus probados vínculos con organizaciones terroristas y de narcotraficantes—no genera dentro de las administraciones norteamericanas el mismo tipo de urgencia que Osama Bin Laden o Saddam Hussein. De hecho, una de las principales quejas de los congresistas republicanos de origen cubano—Ileana Ros-Lehtinen, Lincoln Díaz–Balart y Mario Díaz–Balart—era que la Casa Blanca no atendía sus peticiones para una política más dura contra Castro. Incluso, en una inusual declaración a la prensa, la congresista Ros-Lehtinen dijo: "Me siento frustrada, pero no me voy a rendir y seguiré batallando, aunque sea contra una administración republicana, en contra de la tiranía."[53]

Estados Unidos, parece ser, tampoco ha sabido aprovechar el gradual pero constante cambio de los gobiernos latinoamericanos hacia Cuba. Estados Unidos no ha buscado una política continental, multilateral, para terminar con el gobierno de Cuba. Y ahora sería el momento perfecto para hacerlo. Durante una época, Fidel Castro era motivo de orgullo en América Latina por su resistencia a Estados Unidos. Pero sus constantes violaciones a los derechos humanos lo han hecho un paria en la región. Una encuesta hecha por Sergio Bendixen & Associates revela que el 69 por ciento de los latinoamericanos tienen una imagen negativa de Castro frente a un 31 por ciento que lo ve de manera positiva.[54] Y país por país, en prácticamente todos—Panamá 82%, Guatemala 73%, Nicaragua 66%, Perú 66%, Venezuela 65% y México 63%—el dictador cubano es visto negativamente. ¿Por qué Estados Unidos no aprovecha este sentimiento en la región para hacer algo efectivo contra la dictadura castrista?

Más allá del tema cubano, Estados Unidos, desde mi punto de

vista, tiene que ser conciente de tres grandes tendencias que marcan actualmente el destino de América Latina y que, por lo tanto, afectan a la población latina: ambivalencia respecto a Estados Unidos, resurgimiento de las izquierdas y golpes a la democracia.

AMBIVALENCIA RESPECTO A ESTADOS UNIDOS

¿Cómo entender que hay millones de latinoamericanos que consumen todos los días productos estadounidenses y que brincarían ante la oportunidad de irse a vivir al norte pero que, al mismo tiempo, rechazan y critican con vehemencia las actitudes y conductas de Estados Unidos? ¿Cómo explicar el odio de los latinoamericanos ante las guerras de Estados Unidos con la intención de millones de ellos de irse a vivir al norte?

Los latinoamericanos tienen sentimientos contradictorios respecto a Estados Unidos. Por una parte admiran sus adelantos médicos y tecnológicos, tratan de copiar su eficiencia y organización, ven sus películas y programas de televisión, y quisieran tener sus libertades y alto nivel de vida. Pero por la otra odian su arrogancia bélica y económica, denuncian su racismo y maltrato a los inmigrantes, les incomoda la mención de Dios en los discursos públicos y que digan tenerlo siempre de su lado y, sobre todo, resienten que actúen como si el resto del mundo no importara.

A pesar de que millones de latinoamericanos han hecho de Estados Unidos su casa, una cosa debe quedar clara: los latinoamericanos están muy orgullosos de su orígenes, de sus costumbres, de su tierra. Pero, claro, no les importaría compartir un poquito de las libertades y la buena vida de Estados Unidos.

Estados Unidos es una constante en las mentes de los latinoamericanos. Muchas veces América Latina se define en oposición a Estados Unidos. Para Estados Unidos, en cambio, América Latina no siempre aparece en su mapa. Los estadounidenses, parece, podrían vivir muy tranquilos sin pensar en América Latina. Pero independientemente de estas actitudes y percepciones, la realidad es que Estados Unidos y

América Latina están en el mismo hemisferio, están condenados a ser vecinos y tienen que desarrollar relaciones más maduras y fructíferas.

Esto, que parece tan obvio, ha sido prácticamente imposible en nuestra historia común. Las frecuentes intervenciones militares norteamericanas en la región—Nicaragua, Guatemala, Cuba, Puerto Rico, Haití, Panamá, Granada—la toma de la mitad del territorio que pertenecía a México, la irregular y en muchos casos nefasta presencia de las compañías estadounidenses en América Latina, el apoyo tácito y a veces no tanto a gobiernos corruptos, asesinos y dictatoriales, y la percepción de que lo predominante es el interés—*the best interest*—de Estados Unidos y no el desarrollo de América Latina han marcado negativamente nuestras relaciones. Y si bien es cierto que en las últimas dos décadas la política norteamericana con respecto a la región ha tenido como objetivos oficiales la promoción de la democracia, el respeto a los derechos humanos y la apertura de mercados, los resultados de esa estrategia no son tangibles para la mayoría de los latinoamericanos.

Decir que la relación entre Estados Unidos y América Latina es complicada y tortuosa es una flagrante simplificación. Es una relación que ha estado marcada por luces y sombras y que aún busca, sin mucha convicción, convertirse en un proyecto entre socios. Pero el dilema para América Latina es muy claro: ¿cómo ser tratado como socio igualitario por la potencia más grande del mundo? ¿cómo negociar sin dejar que los norteamericanos impongan su peso y voluntad?

Las diferencias entre el norte y el sur del continente americano son abismales. El río Bravo/Grande no sólo marca el lugar físico donde se deja de hablar español para empezar a escuchar el inglés; es ahí donde chocan todas nuestras diferencias culturales, económicas y políticas. Los latinoamericanos, ya lo he dicho, no quieren ser estadounidenses. Pero los norteamericanos tampoco quisieran abrir su mundo al nuestro.

Cuando el entonces presidente electo de México, Vicente Fox, sugirió en el verano del 2000 que Estados Unidos y México podrían en un momento dado borrar sus fronteras como lo hicieron los 15 países fundadores de la Unión Europea no hubo ni siquiera una respuesta oficial del gobierno norteamericano. La idea se salía tanto de los parámetros estadounidenses que fue desestimada incluso antes de ser seriamente estudiada.

Estados Unidos y América Latina no parecen querer el mismo destino. Caminos paralelos, quizás. Juntos pero no revueltos, dice un dicho popular.

La guerra contra Irak tampoco ayudó mucho a resolver nuestras diferencias. La tradición pacifista de América Latina se enfrentó al unilateralismo norteamericano. Puede que haya estado muy lejos pero nada ha afectado más las relaciones entre Estados Unidos y América Latina en los últimos años que la guerra contra Irak. La "decepción" que oficialmente expresó el gobierno de Estados Unidos por la falta de apoyo de países como México y Chile a una segunda resolución en el Consejo de Seguridad de Naciones Unidas que apoyara la guerra se contrapone el enorme rechazo que el conflicto bélico generó en la población latinoamericana. Ni una sola encuesta en ningún país de América Latina estuvo nunca a favor de la guerra. Ni una.

Lo lógico hubiera sido que los vecinos de Estados Unidos se solidarizaran con la superpotencia en un momento clave. No fue así. A pesar del mínimo apoyo simbólico que recibió el gobierno de George W. Bush de algunos países—de El Salvador, por ejemplo—hubo protestas constantes frente a las embajadas norteamericanas en varias ciudades de América Latina.

A pesar de lo anterior, sería un error pensar que la guerra es el único tema que saca ampollas. México no acaba de entender la resistencia de Estados Unidos a negociar un acuerdo migratorio. Nada ayudaría más a identificar a todos y cada uno de los habitantes de Estados Unidos que una amnistía. Es en el interés de la seguridad nacional de Estados Unidos el aprobar una amnistía. Pero, aun así, Estados Unidos no quiere hacerlo.

Hay también otros elementos de frustración. Chile y cinco países de Centroamérica (Guatemala, El Salvador, Nicaragua, Honduras y Costa Rica) han tenido que esperar más de un década para poner en marcha esfuerzos que culminen con un acuerdo de libre comercio. Y la fecha del 2005 para culminar con las negociaciones del ALCA

(Acuerdo de Libre Comercio de las Américas) parece responder más a la retórica populista de algunos políticos que al lento ritmo de las conversaciones hemisféricas.

Si a estas frustraciones añadimos otros elementos de tensión—la dolarización forzada de la economía ecuatoriana, la ausencia de un paquete de rescate financiero para los argentinos, la presencia hasta mayo del 2003 de la marina norteamericana en la isla puertorriqueña de Vieques, la aceptación a regañadientes por parte del Secretario de Estado, Colin Powell, a la participación norteamericana en el derrocamiento de Salvador Allende en 1973—nos damos cuenta de que, en el mejor de los casos, la ambivalencia es lo que caracteriza las relaciones entre Estados Unidos y América Latina.

EL RESURGIMIENTO DE LAS IZQUIERDAS Y EL POPULISMO EN AMÉRICA LATINA

En los últimos años vemos con mayor frecuencia a políticos latinoamericanos que dicen luchar por los de abajo, por los pobres, y que prometen hacerlo utilizando métodos populistas que están condenados, por definición, al fracaso. Pero, aun así, están ganando elecciones.

La democracia no ha sido una varita mágica en América Latina. Resolvió en casi todos los países—con la excepción de la dictadura cubana—el problema de una representación legítima. Sin embargo, dejó intacto el problema de la pobreza. Las izquierdas resurgen como una reacción a la pobreza en América Latina. Al menos uno de cada dos latinoamericanos vive en la pobreza. Es la única forma de explicar cómo los votantes han escogido a Hugo Chávez en Venezuela, a "Lula" da Silva en Brasil, a Lucio Gutiérrez en Ecuador e, incluso, a Néstor Kirchner en Argentina.

Si no hubiera sido por una maniobra permitida por la constitución el indígena Ivo Morales pudo haber sido presidente de Bolivia y en México el alcalde de la capital, Andrés Manuel López Obrador del Partido de la Revolución Democrática (PRD) tiene muy buenas posibilidades de ganar las elecciones presidenciales del año 2006. Luis

Eduardo Garzón es el nuevo alcalde izquierdista de Bogotá. Así como ellos, hay toda una nueva generación de políticos izquierdistas y populistas que están llenando el vacío creado por las fallidas políticas neoliberales de las últimas dos décadas.

Las políticas neoliberales o del llamado "consenso de Washington" han creado gobiernos más saludables, más responsables financieramente, pero no han reducido el número de pobres excepto, quizás, en el caso de Chile. Hoy hay más pobres en Venezuela que cuando Chávez llegó al poder en 1999. Cada año hay un millón de mexicanos que entran al mercado laboral y México no puede crecer al 5 por ciento— y menos al 7 por ciento como prometió Vicente Fox en su campaña electoral—para absorberlos.

Son izquierdas *light*. Los movimientos izquierdistas que vemos en América Latina no están cargados de refranes marxistas, no promueven la lucha de clases ni proponen que los trabajadores tomen el poder por la fuerza. Es una lucha, más modesta, contra el hambre y la pobreza. "Lula" dijo que consideraría como un éxito su presidencia si al final de su mandato todos los brasileños pudieran comer tres veces al día. Kirchner, que tomó posesión en Argentina el 25 de mayo de 2003 y que venció al expresidente Carlos Menem, se oponía (igual que "Lula") a la guerra en Irak, ha hecho varias declaraciones en contra de las grandes corporaciones y ha atacado al Fondo Monetario Internacional. Pero, como "Lula," debe ser más pragmático que ideólogo para sacar la economía de su país adelante.

Estamos hablando de una izquierda, incluso, temerosa de identificarse como tal. "¿Es usted un hombre de izquierda?," le pregunté en Quito en enero de 2003 al entonces presidente electo de Ecuador, Lucio Gutiérrez. "Yo soy un hombre más pragmático, no tengo la formación ideológica de izquierda." Para probarlo me dijo que su fórmula para combatir la pobreza—70 por ciento de los 12 millones de ecuatorianos son pobres—incluye la creación de trabajos con la ayuda de empresarios. Gutiérrez ganó las elecciones presidenciales por su mensaje contra la corrupción y a pesar de haber participado en un golpe militar en enero de 2000 contra el presidente Yamil Mahuad; impopular, sí, pero legítimamente elegido.

Hugo Chávez también llegó a la presidencia de Venezuela casi siete años después de un fallido golpe militar en febrero de 1992. Con un mensaje claramente populista Chávez me dijo en una entrevista en Caracas en diciembre de 1998 que él no pensaba nacionalizar ninguna industria. "No, absolutamente nada, incluso estamos dispuestos a darles facilidades a los capitales privados internacionales para que vengan a invertir," me comentó. "Yo no soy el diablo."

Las promesas de Chávez de gobernar para todos los venezolanos terminaron en humo. Es responsable de por lo menos dos matanzas de civiles–11 de abril y 6 de diciembre de 2002—y violando sus promesas iniciales ahora tiene la intención de mantenerse en el poder al menos hasta el año 2013.

Chávez prometió y los venezolanos se tragaron el cuento. Son, al final de cuentas, los venezolanos quienes, con su voto, tienen la culpa de tener a un presidente como Chávez. En las elecciones presidenciales del 6 de diciembre de 1998 el 56 por ciento de los venezolanos votó por él. En las votaciones del 15 de diciembre de 1999, el 71 por ciento de los venezolanos aprobó una nueva constitución que le permitiría a Chávez ser elegido para un segundo período de seis años. Y el 31 de julio de 2000, el 60 por ciento de los venezolanos volvió a elegirlo presidente bajo los términos de la nueva constitución. O sea, fueron los venezolanos—y nadie más—quienes pusieron a Chávez donde está. Pero Chávez, no hay duda, les mintió con promesas y propuestas falsas.

Chávez es el mejor ejemplo de los peligros que enfrentan las frágiles democracias latinoamericanas frente a políticos populistas y oportunistas.

GOLPES CONTRA LAS DEMOCRACIAS LATINOAMERICANAS

Las frágiles democracias latinoamericanas están bajo ataque; igual por parte de grupos irregulares—narcos, paramilitares y guerrilleros— que por intentos de golpe de estado y administraciones corruptas e ineficaces.

Durante un discurso en Washington en abril de 2003, el Secretario de Estado norteamericano, Colin Powell, dijo que los dos principales problemas de América Latina eran gobiernos débiles e instituciones ineficientes. Esto, visto en perspectiva, es un gran logro si lo comparamos con los regímenes dictatoriales y violadores de los derechos humanos que prevalecían hace unas décadas en la región. Sin embargo, no es ningún alivio para los millones de latinoamericanos que tienen hambre, que padecen gobiernos ineficientes y corruptos, que sufren las consecuencias de grupos de guerrilleros, narcotraficantes y paramilitares, y cuyos hijos no tienen la seguridad de una vida mejor que la de sus padres.

El Partido Revolucionario Institucional (PRI) perdió el poder que tuvo por 71 años en México pero eso no resolvió instantáneamente los problemas de la corrupción y pobreza. Democracia no ha sido sinónimo de más justicia en Guatemala—donde el gobierno de Alfonso Portillo fue acusado de colaborar con narcotraficantes—ni en Nicaragua—donde el expresidente Arnoldo Alemán fue denunciado y encarcelado por enriquecimiento ilícito. Democracia no ha significado paz social en El Salvador donde los crímenes, secuestros y peleas entre pandillas son parte del diario panorama urbano. A pesar de que Argentina siguió al pie de la letra lo que indica la constitución, eso no evitó que tuviera varios presidentes temporales antes que Eduardo Duhalde entregara el poder en el 2003.

La primera gran preocupación en América Latina es que las democracias no tienen un futuro garantizado. Cuando a los ecuatorianos no les gusta un presidente, hacen todo lo posible—aunque no esté autorizado por la constitución—para conseguirse a otro que les guste más. Así es como Abdalá Bucaram perdió el poder al ser declarado "loco" por el congreso y como, más tarde, Yamil Mahuad fue expulsado de la presidencia. Ambos ganaron legítimamente las elecciones; ambos perdieron el poder con trampas. La idea de que si no nos gusta un presidente lo único que tenemos que hacer es cambiarlo está tomando fuerza en América Latina y eso es un serio peligro para la democracia en la región. La idea de democracia no va a la par con las ideas de justicia y orden constitucional. Se piensa en la democracia como un proceso para elegir con votos a un nuevo gobierno pero se olvida que se requiere también el respeto de normas y derechos.

La segunda gran preocupación por las democracias latinoamericanas es que aún existe una fuerte tradición caudillista y falta de balance de poderes. Los presidentes que son elegidos democráticamente pronto se sienten todopoderosos. Chávez en Venezuela es el caso más claro y patético. Los académicos le llaman a este fenómeno "democracia delegativa." El problema no es sólo del poder ejecutivo que históricamente ha acaparado la autoridad. Los congresos y las cortes, lejos de ejercer una vigilancia constante sobre el poder ejecutivo, son vistos muchas veces como instrumentos de control de la presidencia.

La tercera gran preocupación—y ésta es la más patente—es que las democracias de América Latina se enfrentan a distintos grupos de poder que cuestionan, erosionan y ponen en peligro su existencia. La presencia de bandas de crímen organizado reducen a su mímima expresión a los gobiernos locales cuando realizan con impunidad secuestros, robos y asesinatos. Asimismo—y Colombia es el mejor ejemplo—cuando narcotraficantes, guerrilleros y paramilitares se disputan regiones completas de un país y el estado carece de los medios para poner orden y garantizar la vida, la democracia tambalea al borde del abismo. Si bien Colombia es el estado que más erosionada tiene su autoridad por estos grupos irregulares, no hay país del continente que esté ajeno al cuestionamiento de su poder por narcos y/o grupos armados.

América Latina—que aún no define qué tipo de relación quiere o puede tener con Estados Unidos—está viendo surgir una nueva corriente de políticos populistas y de izquierda que buscan compensar los vacíos dejados por las fallidas políticas neoliberales y sus democracias padecen embates constantes que ponen en peligro su existencia.

Lo que sí es cierto es que el continente está cambiando de sur a norte y Estados Unidos no se está dando cuenta de estas enormes transformaciones. Mientras tanto, la migración hacia el norte no parece tener fin. Uno de cada cinco mexicanos vive en Estados Unidos. Uno de cada cuatro salvadoreños vive en Estados Unidos. Los Angeles tiene más mexicanos, salvadoreños y guatemaltecos que la mayoría de las ciudades en México, El Salvador y Guatemala.

¿Por qué un político de Arkansas, Wisconsin o Iowa debe preocuparse por lo que está ocurriendo en América Latina? Más allá del dudoso argumento de la solidaridad continental, los políticos norteamericanos deben entender que el voto latino está fuertemente ligado a lo que ocurre en América Latina. Además, para muchos hispanos, lo que ocurre en latinoamerica—gracias a los medios de comunicación en español en Estados Unidos—es como si se tratara de noticias locales. La preocupación de los hispanos en Estados Unidos por lo que ocurre en América Latina es uno de los mejores ejemplos de la globalización informativa. Quien se olvide de esto corre el riesgo de hacer a un lado el voto hispano.

CAPÍTULO CINCO

LA VIDA SECRETA DE LOS LATINOS

"LA ROPA SUCIA se lava en casa," asegura un dicho popular en hispano-américa. En este capítulo, más que hacer una crítica de los puntos débiles de la comunidad hispana, quisiera poner sobre la mesa nuestras diferencias y lavar la ropa sucia en público.

La comunidad latina no es homogénea. Mientras los cubanos están preocupados por Fidel Castro, los puertorriqueños debaten interminablemente su relación política con Estados Unidos y los mexicanos rezan por una amnistía migratoria. Los salvadoreños no se llevan bien con los hondureños desde la llamada "guerra del futbol," los dominicanos tienen sus diferencias con los haitianos y, a su vez, los puertorriqueños tienen en ocasiones una tensa relación con los inmigrantes dominicanos.

Estas diferencias han generado, en ocasiones, fuertes enfrentamientos políticos. Cuando a finales de 1993 se peleaba voto por voto la aprobación del Tratado de Libre Comercio entre México, Estados Unidos y Canadá (NAFTA) el entonces congresista mexicanoamericano Bill Richardson se quejó de la falta de apoyo al acuerdo comercial por parte de los congresistas cubanoamericanos Lincoln Díaz–Balart e Ileana Ros–Lehtinen. "Mi frustración se acrecenta," dijo públicamente Richardson, "por la falta de voluntad dentro de la comunidad cubanoamericana para considerar los argumentos a favor del NAFTA más allá de la estrecha y tormentosa relación bilateral entre México y Cuba."[1] La respuesta no se hizo esperar. Tras notar que unos 200 congresistas tampoco apoyaban el acuerdo comercial, los congresistas cubanos se preguntaron "por qué Richardson había decidido mostrar su incomodidad sólo con los cubanoamericanos."[2] El acuerdo comercial, al final de cuentas, fue aprobado. Pero el fuerte debate del congresista mexicoamericano con los dos cubanoamericanos marcó sus diferencias.

Más allá de la política, también hay diferencias en la forma en que los latinos administran su dinero. Más cubanos (71%) tienen tarjetas de crédito que los mexicanos (47%). Asimismo, los cubanos y los colombianos son los grupos latinos con el más alto porcentaje de cuentas bancarias (79%); en comparación sólo el 60% de los mexicanos tienen su dinero en un banco.[3]

En la forma de hablar y de usar las palabras hay diferencias. Es fácil escuchar a un mexicano decir "nuestro hijo" mientras un cubano habla sobre "el hijo de nosotros." En la computadora que escribo este libro puedo escoger entre 20 tipos distintos de español: de Argentina, Bolivia, Chile, Colombia, Costa Rica, República Dominicana, Ecuador, El Salvador, Guatemala, Honduras, México, Nicaragua, Panamá, Paraguay, Perú, Puerto Rico, España (moderno), España (tradicional), Uruguay y Venezuela. Además, el español que se habla en Miami es distinto al español que se habla en Los Angeles o Nueva York.

Todo son mezclas. "Cuando te das cuenta que Estados Unidos es el quinto país con la población más grande de habla hispana del mundo," dijo la profesora Ana Celia Zentella, de la Universidad de California en San Diego en una entrevista con *The New York Times,* "y que Nueva York tiene más hispanoparlantes que 13 capitales de América Latina, empiezas a apreciar las dimensiones del híbrido lingüístico y cultural que se está desarrollando."[4]

Incluso en el uso de groserías hay diferencias. Un mexicano dice "pendejo," "cabrón" o "pinche" para referirse a algo parecido a lo que los cubanos llaman "comemierda." El cubano te envía a "comer mierda" mientras el mexicano te envía "a la chingada" y el puertorriqueño al "carajo viejo."

Hay más. Incluso en temas en los que hay un cierto consenso, vemos diferencias entre los distintos grupos hispanos. Veamos el tema de la discriminación. El 83 por ciento de los hispanos creen que la discriminación entre latinos es un problema, según el Pew Hispanic Center, debido a distintos niveles de ingresos y educación. Pero hay también claras diferencias basadas en el país de origen. Menos cubanos

(22%) han dicho ser objeto de discriminación que otros grupos latinos: mexicanos (30%), colombianos (33%), puertorriqueños (36%) y salvadoreños (43%).[5]

Independientemente de la discriminación que sufren en Estados Unidos los distintos grupos hispanos, existe una marcada discriminación entre los mismos latinos. Uno de los grandes secretos de las sociedades latinoamericanas es su maltrato y discriminación contra los negros e indígenas. Los países de América Latina siguen sufriendo el clasismo que caracterizó la época virreinal donde los blancos—los conquistadores españoles—se diferenciaban en poder y autoridad de los indígenas y mestizos simplemente por el color de su piel.

En México, incluso hoy en día, existe una sociedad muy clasista que discrimina—a veces sutilmente y otras de manera mucho más grosera—a las personas de origen indígena y de una clase social baja. "Naco," "indio" y "pinche pobre" son tres de los múltiples insultos que se escuchan frecuentemente en México. Esas diferenciaciones por clase y nivel social se han trasladado a Estados Unidos junto con la migración mexicana hacia el norte.

México no es la excepción. Ese tipo de trato clasista, discriminatorio, permea prácticamente a todas las sociedades latinoamericanas. Basta ver el trato que reciben los indígenas en países como Bolivia, Perú, Ecuador y Guatemala, por mencionar sólo a algunos. El mismo tipo de relación asimétrica de autoridad que viven distintos grupos en América Latina tiende a repetirse entre inmigrantes latinoamericanos en Estados Unidos. No son pocas las veces que he escuchado críticas a los medios de comunicación en español en Estados Unidos por no tener en el aire suficientes periodistas, actores o comentaristas negros o con rasgos indígenas. Y aunque en Estados Unidos hay una mayor sensibilidad para tratar este tipo de desbalances, falta todavía mucho por hacer para que los medios de comunicación reflejen apropiadamente la muy diversa comunidad que representan.

Las diferencias, dentro de las mismas comunidades, van más allá de clase social o ingreso. Los chilangos—aquellos nacidos en el Distrito Federal—no son bien vistos por los mexicanos nacidos en la provincia, igual que los cachacos—los habitantes de Bogotá—tienen sus tensio-

nes con la gente de Barranquilla o Medellín. Esto tiene mucho que
ver con el hecho de que los centros del poder—político, económico,
cultural—han estado tradicionalmente en las capitales latinoamericanas y esto ha generado resentimiento en la provincia.

Incluso entre los mismos mexicanos nacidos en Estados Unidos
notamos claras diferencias. "Los hispanos de origen mexicano nacidos
en Texas son más conservadores que los latinos, también de origen
mexicano, pero nacidos en California en temas como el aborto, la homosexualidad y el tener hijos fuera del matrimonio," concluyó una
encuesta del Pew Hispanic Center.[6]

Para complicar las cosas un poco más, hay claras diferencias en la
participación política de latinos y latinas. El género sí tiene que ver con
la política en el caso de los hispanos. Las mujeres mexicanas tienden a
participar más en política que los hombres mexicanos, sin embargo los
hombres puertorriqueños participan más que las mujeres puertorriqueñas, y los hombres y mujeres cubanas tienen un nivel de participación política muy similar, según concluyó un estudio hecho por Lisa
Montoya basado en el Latino National Political Survey.[7] Montoya calificó como participación política actividades como firmar una peti-
ción, escribir una carta a un funcionario público, asistir a un mitin
político, trabajar como voluntario con un candidato o hacer una contribución económica a una campaña política.

El idioma que hablan las mujeres también influye en su participación política. Según el mismo estudio de Lisa Montoya, las mujeres
mexicanas que hablan únicamente español o que son bilingües tienden
a participar menos, políticamente, que las mujeres mexicanas que dominan bien el inglés. En contraste, las mujeres puertorriqueñas que
hablan español o que son bilingües tienden a participar más en actividades políticas que las puertorriqueñas que sólo hablan inglés. Sin
duda, un candidato que sepa qué es lo que quieren las mujeres latinas
en particular tendría una enorme ventaja para obtener el voto hispano
que aquel que no lo sepa. El que piense que el machismo es el único
elemento a considerar en las relaciones entre latinos y latinas y que las
mujeres hispanas no participan en la política se queda, irremediablemente, fuera del juego.

Por todo lo anterior, cuando un candidato político habla de "los latinos" en general, muchos dentro de la comunidad hispana se preguntan "¿de quién está hablando?" Si algo caracteriza a los latinos y las latinas es que no se trata de un grupo homogéneo.

A nivel político, nada refleja mejor las diferencias entre los distintos grupos hispanos que el conflicto entre la Comisión Hispana del Congreso (Hispanic Caucus)—fundada en 1976 y que cuenta con veinte congresistas Demócratas de origen hispano—con la recién creada Conferencia Hispana del Congreso (Congressional Hispanic Conference), formada por seis congresistas Republicanos de origen latino. La Conferencia Hispana del Congreso fue dada a conocer el 19 de marzo de 2003. "Muchos americanos creen que el Congressional Hispanic Caucus representa a los hispanos, pero ese no es el caso," le dijo el congresista Republicano de Texas, Henry Bonilla, a un reportero de Gannet News Service. "[El Hispanic Caucus es el] arma de la extrema izquierda dentro del Partido Demócrata, es el perro de ataque de la izquierda."[8]

Según me explicó el congresista Republicano Lincoln Díaz–Balart, de la Florida, los Republicanos que formaban parte del Hispanic Caucus lo dejaron en 1994 debido a su negativa de exigir públicamente la democratización de Cuba y el respeto a los derechos humanos en la isla. "Es lo menos que podíamos pedirles," me dijo Díaz–Balart. El rompimiento de los Republicanos hispanos con el Hispanic Caucus ocurrió después de un viaje del congresista Demócrata Xavier Becerra a Cuba. Como era de esperarse, la explicación de Hispanic Caucus es muy distinta.

De acuerdo con el congresista Ciro Rodríguez, director o *chair* del Hispanic Caucus, la política norteamericana hacia Cuba ha fracasado y las estrategias de este influyente grupo hispano "no deben girar en torno a Miami."[9] El Hispanic Caucus funciona en base a consensos. Y cuando todos sus miembros no coinciden en un tema—como ocurre con respecto a Cuba o al estatus político de Puerto Rico—el Hispanic Caucus, como organización, no toma ninguna postura públicamente.

A nivel personal, Rodríguez está en contra del embargo contra Cuba, una posición que lo enfrenta de manera frontal con los congresistas hispanos del partido Republicano, incluyendo a Lincoln Díaz–Balart. Sin embargo, Rodríguez cree que hay otra explicación que va más allá del tema de Cuba para explicar la separación de los Republicanos del Hispanic Caucus. "Cuando los Republicanos tomaron el control del congreso," me dijo, "ya no nos necesitaban."

A pesar de las diferencias, el Hispanic Caucus asegura que está dispuesto a aceptar a los congresistas Republicanos que se fueron. Eso, me parece, no va a ocurrir muy pronto.

¿ES MIGUEL ESTRADA SUFICIENTEMENTE HISPANO?

El caso del abogado hondureño Miguel Estrada refleja con mucho dolor las enormes diferencias dentro de la comunidad latina. La imagen de Estrada—no muy alto ni muy fuerte, con su pelo corto y sin canas, cara de niño y actitud tímida—no coincide con la enorme batalla que ha generado dentro de la comunidad latina.

Estrada es un inmigrante de Honduras que aprendió inglés por su cuenta, que se graduó con honores—*magna cum laude*—de la universidad de Columbia y que, más tarde, obtuvo su título de abogado, también con extraordinarias calificaciones, de la prestigiosa Universidad de Harvard. Los problemas de Estrada con el sector más liberal de la política norteamericana comenzaron cuando compararon sus puntos de vista con el de los jueces más conservadores de la Corte Suprema de Justicia, Antonin Scalia y Clarence Thomas. Estrada, sin embargo, no trabajó para ninguno de esos dos jueces; lo hizo con el juez Anthony Kennedy. Pero, independientemente de sus posiciones ideológicas, la experiencia le sirvió muchísimo. El propio presidente Bill Clinton lo nombró asistente del U.S. Solicitor General, un importante puesto político y legal como abogado del gobierno, y Estrada ganó la mayoría de los quince casos que presentó ante la Corte Suprema de Justicia.

El presidente George W. Bush, en el 2002, lo nominó para dirigir la Corte Federal de Apelaciones del Distrito de Columbia (U.S. Circuit Court of Appeals for the District of Columbia). La importancia de la nominación estriba en que Estrada podría convertirse, más tarde, en el primer juez hispano en la Corte Suprema de Justicia. Sin embargo, los Republicanos no tenían los 60 votos necesarios del total de 100 en el Senado para evitar un boicot o *filibuster* contra la nominación de Estrada. Al final, los Demócratas en el Congreso no permitieron que se realizara un voto que aprobara su nominación. ¿Por qué?

El argumento oficial de los Demócratas para evitar un voto para su nominción era que Estrada se había negado a entregar al Senado documentos que él escribió como abogado del gobierno. La sospecha era que Estrada tenía puntos de vista muy conservadores y que estaba tratando de ocultarlos. Sin embargo, la Casa Blanca insitió en su posición de no dar a conocer dichos documentos. "Están bloqueando el voto a este buen hombre sólo por razones políticas," dijo el presidente Bush en febrero de 2003. "Los senadores están aplicando una doble moral respecto a Miguel Estrada al exigirle que conteste preguntas que otros nominados judiciales no han tenido que contestar, y eso no está bien y eso no es justo." [10]

Bush prometió en público, en inglés y en español, que mantendría su apoyo a Estrada hasta que fuera aprobada su nominación. El camino, sin embargo, era cuesta arriba. Los Demócratas no querían a Estrada por sus puntos de vista conservadores; con Estrada en la antesala de la Corte Suprema de Justicia se abría la posibilidad de que el aborto se declarara ilegal y que prevalecieran las posiciones más tradicionales en las cerradas votaciones de la corte. Además, los Demócratas tampoco querían que el presidente Bush utilizara la nominación de Estrada con fines electorales. Sin embargo, esto puso a los congresistas hispanos del partido Demócrata en una posición muy difícil. ¿Cómo rechazar a un hispano, por conservador que fuera, cuando no existe un solo latino en la Corte Suprema de Justicia? Sin duda, el presidente Bush les había robado la iniciativa y se quería presentar como más hispano, incluso, que algunos congresistas latinos.

El presidente Bush, no había duda, quería ampliar su apoyo entre los votantes latinos y nominar a Estrada encajaba perfectamente como parte de esa estrategia. Los latinos, lo hemos dicho con anterioridad, son el grupo electoral de mayor crecimiento en Estados Unidos y de ellos podría depender el resultado de las próximas elecciones presidenciales.

¿Era Estrada suficientemente latino? Ésta era la pregunta que muchos líderes hispanos se empezaron a hacer. A primera vista era obvio que un inmigrante hondureño cuyo primer idioma es el español es un hispano y punto. Pero muchos latinos, curiosamente, no lo veían así. Si Estrada se oponía a los programas de acción afirmativa y defendía los intereses de las grandes corporaciones, como aseguraban sus críticos, entonces no podía representar de manera apropiada a los hispanos. Varios políticos hispanos se vieron en la complicada situación de declarar que un inmigrante centroamericano no era suficientemente latino para representarnos.

Las comparaciones con el proceso de nominación del juez afroamericano Clarence Thomas a la Corte Suprema de Justicia no se hicieron esperar. Miguel Estrada, para muchos de sus críticos, representaba tan poco a los hispanos como Clarence Thomas a los afroamericanos. La pregunta de fondo era ¿cómo quitarle lo hispano a Estrada?

Las declaraciones del congresista Ciro Rodríguez (D) de Texas trataron de encontrar una respuesta a ese dilema. Se discutía, no sólo la nominación de Estrada, sino también una nueva definición de lo que era, realmente, ser un representante latino. Era, a la vez, un problema político y de identidad.

"Sí estamos pidiendo una mayor representación hispana en nuestras cortes," dijo Rodríguez en una conferencia de prensa en febrero de 2003. "Pero queremos a representantes que estén bien calificados; al darnos a un nominado que no tiene nada en común con nuestra comunidad salvo un apellido, y que no tiene las características necesarias, la administración Bush no nos está dando nada." [11]

Los miembros del Congressional Hispanic Caucus, que agrupa a todos los congresistas hispanos—con la excepción de los Republicanos—tomó la controversial decisión de oponerse a la nominación de Estrada. Hablando en nombre del Caucus, la congresista de California, Graciela Flores Napolitano (D), dijo: "A nuestro parecer, el señor Estrada no está calificado. Él nunca ha prestado servicio como juez. Él nunca ha desempeñado ni ha hecho ningún trabajo legal gratuito para nuestra comunidad latina. Tampoco ha pertenecido ni apoyado a ninguna organización dedicada al servicio y la promoción de los intereses de nuestra comunidad hispana. Ni siquiera ha tratado de aumentar las oportunidades para nuestros estudiantes al ingresar a la carrera de leyes. Él no tiene el deseo personal, ni la habilidad, ni siente la responsabilidad de proveer una perspectiva minoritaria a la rama judicial." [12]

En otras palabras, si Estrada no defendía abiertamente la agenda de diversidad racial que identifica a muchos líderes de la comunidad hispana no obtendría su respaldo. Así como nadie quiere ser discrimininado por tener un apellido hispano, el argumento era que nadie, tampoco, debería ser nominado a una corte federal por el simple hecho de tener un apellido hispano. Y si, además, quería el apoyo de la mayoría de los congresistas demócratas, entonces Estrada tenía que demostrar que entendía, respetaba y defendía algunos de sus puntos de vista.

Estrada, para ellos, no representaba los puntos de vista que tradicionalmente se han vinculado con el liderazgo hispano y por lo tanto no recibiría el apoyo de los congresistas latinos del partido Demócrata. Ni el Mexican American Legal Defense and Education Fund (MALDEF) ni del Puerto Rican Legal Defense and Education Fund, dos de las organizaciones más reconocidas por su defensa de los derechos civiles de las minorías latinas, apoyaron a Estrada. En cambio la Cámara de Comercio Hispana de Estados Unidos (U.S. Hispanic Chamber of Commerce) y la Asociación de Abogados Hispanos (Hispanic Bar Association) sí apoyaron la nominación de Estrada.

Estrada, tristemente, decidió mantenerse en silencio y no se defendió nunca de las acusaciones en su contra. Y esto le hizo suponer a muchos que, efectivamente, Estrada no representaba—ni quería representar—a los hispanos ni defendía una agenda centrada en la diversidad racial.

"El origen étnico no es un pase automático para ser juez en Estados Unidos," declaró el congresista de California Luis Becerra (D). Bob Menendez (D) de Nueva Jersey me dijo en una entrevista algo similar: "La única razón por la que la Administración lo está nombrando es porque, supuestamente, es hispano," me explicó Menendez. Pero "tiene que ser más que un apellido hispano. Tiene que ser una persona que ha vivido en parte la experiencia hispana, que ha contribuido a nuestra comunidad o que tiene un conocimiento de las dificultades de ser hispano en este país."

Y si bien los argumentos contra Estrada crecían dentro del partido Demócrata, la definición de "latino" o "hispano" continuaba extendiéndose. Para los Republicanos era absurdo que un inmigrante hondureño tuviera que probar su hispanidad. Después de todo, millones como Estrada, por el simple hecho de haber nacido en América Latina y vivir en Estados Unidos, son considerados automáticamente como hispanos. Estrada no; o al menos no en los ojos de muchos congresistas latinos.

Pero esta aparente contradicción fue rápidamente explotada. Aquí hay un caso. Raúl Damas, director de operaciones de la empresa Opiniones Latinas, escribió en *The Miami Herald* que el rechazo de la mayoría de los congresistas hispanos a la nominación de Estrada "era el más reciente ejemplo de cómo el Caucus hispano ponía la lealtad al partido Demócrata por encima de la solidaridad entre latinos." [13]

En el caso Estrada, por primera vez en la historia del Senado de Estados Unidos fracasaron tres intentos por votar por un nominado a una corte federal. "El problema se reduce a esto," dijo Orrin Hatch presidente de la Comisión de Justicia del Senado (Judiciary Committee Chariman): "[Estrada] es conservador y mis colegas en el otro lado creen que eso es ser pro derecho a la vida (antiabortista)." [14]

El problema político para los Demócratas era muy claro. Si se oponían a la nominación de Estrada serían presentados como antihispanos por el partido Republicano. El congresista Ciro Rodríguez, *chair* del Congressional Hispanic Caucus, trató de desenmascarar la aparente táctica del gobierno del presidente Bush. "La Administración [Bush], lo que iba a hacer era nominar a un latino," explicó en una entrevista para la televisión hispana. "Le dijeron [a Estrada] que no respondiera [las preguntas] y después iban a decir que ese senador [que hizo las preguntas] era antihispano."

Las acusaciones no pararon ahí por lo que el Consejo Nacional de La Raza (NCLR), una de las organizaciones más respetadas dentro de la comunidad latina, tuvo que sacar un comunicado de prensa que decía los siguiente: "A pesar de que el NCLR se mantiene neutral sobre la nominación, le pedimos a aquéllos que han estado insultando y utilizando un lenguage acusatorio que mejor se enfoquen en los méritos de esta nominación. Y ya que la comunidad latina está claramente dividida sobre la nominación de Estrada, consideramos que las acusaciones de que uno u otro lado es 'anti-latino' son particularmente divisivas e inapropiadas."[15] Había que ponerle alto a una pelea que estaba dividiendo a toda la comunidad latina. Pero el llamado al civismo por parte del NCLR no tuvo mucho efecto.

A la par con la nominación de Estrada había una fuerte batalla de los partidos políticos por presentarse como el mejor defensor a los hispanos. "¿Pensarán los votantes hispanos que se está discriminando contra Estrada?" se preguntó Guarione Diaz, presidente del Consejo Cubano Americano. "¿Afectará ello el voto latino en las elecciones del 2004?"[16]

"Desde una perspectiva política, el futuro de Estrada es lo de menos, pues ésta es una batalla por el voto latino y, hasta ahora, Bush la va ganando," escribió en un artículo Sergio Muñoz, miembro de la junta editorial de *Los Angeles Times.* "Conocedor de la ambigüedad política de los latinos," sigue Muñoz, "el presidente Bush sabe que la batalla para lograr la nominación de Estrada sólo puede inclinar el fiel de la balanza a su favor, pues muestra su apoyo a un candidato a juez latino al tiempo que pinta a los demócratas como obstruccionistas opuestos al progreso de los hispanos."[17]

El análisis de Sergio Muñoz no pudo haber sido más certero. Algunos de los principales portavoces hispanos de la administración Bush empezaron a atacar a los Demócratas, y en particular a los congresistas hispanos, por oponerse a que un latino llegara a uno de los más altos puestos en las cortes norteamericanas.

"Miguel Estrada es un inmigrante de Honduras que se enseñó inglés a él mismo, que trabajó duro para convertirse en abogado durante la administración del presidente Bush (padre) y también con la administración del presidente Clinton," dijo el Secretario de Vivienda, Mel Martinez durante un discurso en San Diego a un grupo hispano, luego de calificar a Estrada como un "distinguido y bien calificado abogado." [18]

El asunto culminó el 4 de septiembre de 2003 cuando el propio Estrada retiró su nominación. "Le escribo para solicitarle que retire mi pendiente nominación," le dice Estrada al presidente Bush en una carta. "Creo que ha llegado el tiempo de dedicarme tiempo completo a la práctica de la ley y de recuperar la habilidad de hacer planes de largo plazo con mi familia." [19] Y así terminó el caso Estrada mas no es el fin del debate.

El caso Estrada, más allá de las peleas partidistas e ideológicas, refleja también las enormes diferencias que hay dentro de la comunidad latina. El apoyo a un hispano por el simple hecho de ser latino no está garantizado. Hay otros factores, como en el caso de Miguel Estrada, que tienden a ser más importantes que el origen étnico y el dominio del español. Es decir, la supuesta solidaridad latina—que debería haber entre todos los políticos hispanos cuyo objetivo es aumentar la representatividad latina—no se da en todos los casos. Los hispanos son más heterogéneos de lo que muchos quisieran reconocer.

SALMA HAYEK, FRIDA KAHLO Y EL RESENTIMIENTO A LA MEXICANA

La tentación de equiparar a los mexicanos que viven en México con los inmigrantes mexicanos que viven en Estados Unidos es grande. Después de todo, nacieron en el mismo país. Más allá de las diferencias de ingreso y la distancia geográfica hay claras diferencias entre los dos grupos.

Cuando la película *Frida,* protagonizada por la actriz veracruzana Salma Hayek, se empezó a proyectar en Estados Unidos en noviembre de 2002 hubo reacciones encontradas: a los mexicanos en Estados Unidos les encantó mientras que en México, particularmente intelectuales y críticos de cine, la odiaron. ¿Por qué las diferencias?

Salma Hayek es una actriz conocida tanto en México como Estados Unidos y uno podría suponer que su éxito internacional con una película sobre la controversial vida de otra mexicana—Frida Kahlo—sería muy bien recibida en ambos lados de la frontera. No fue así.

Vi a *Frida*—la película—en un cine de San Antonio, Texas, y me gustó. Mucho. Creo que la película decía tanto de la revolucionaria pintora mexicana como de la actriz que la interpretó. Y para que no haya malentendidos, antes de seguir, déjenme aclarar una cosa: no conozco a Salma Hayek, nunca la he visto, nunca he hablado por teléfono con ella y ni siquiera hemos intercambiado un *e-mail*. Pero su película me gustó.

A partir de esa película es difícil hablar en Estados Unidos de Frida Kahlo sin pensar en Salma Hayek. Así son las cosas aunque le duela a muchos. No sólo porque Salma logró un extraordinario parecido físico con la artista nacida en 1907, sino también porque la actriz veracruzana le ganó la batalla a Madonna y a Jennifer Lopez para llevar a cabo el complicadísimo proyecto. Y eso no fue cosa fácil.

Salma consiguió que Miramax, una división de la corporación Disney, produjera la película; convenció a su novio—Edward Norton—y a sus amigos—Antonio Banderas, Ashley Judd y Geoffrey Rush—a participar sin recibir un cheque millonario y escogió a la reconocida Julie Taymor para dirigir la cinta. Nadie pudo hacer lo que Salma hizo. Nadie.

Si los aplausos que escuché después de la película en San Antonio y las buenas críticas que, en general, recibió Frida en la prensa norteamericana son una señal, esta película hizo lo que, para muchos, parecía imposible en Estados Unidos: atraer la atención hacia una pintora con ideas comunistas, experiencias bisexuales y un cuerpo destrozado por un accidente contra un tranvía. Y esto se obtuvo gracias al esfuerzo, dedicación y voluntad de Salma. Pero aquí termina el sueño de Hollywood.

Lo que nunca me imaginé fue la dureza con que la película sería recibida en México y la frialdad con que Salma fue tratada allá. Es cierto, Salma no parece ser una mujer fácil. Algunos periodistas que conozco se han quejado de su trato distante y, quizás, hasta arrogante. Otros dicen que se le ha subido la fama a la cabeza. Pocos le perdonan el protagonismo—compartido con Thalía—durante el sepelio de María Félix. Pero lo menos que se puede hacer es reconocer que esta artista, que dejó el cómodo mundo de las telenovelas en México, conquistó Hollywood en poco más de una década a punta de trabajo, ingenio y perseverancia.

La crítica principal que escuché en México contra la película es que trivializó la vida de Frida Kahlo. Pero se equivocaron quienes querían ver en la cinta un documental o un video biográfico. No lo es. Frida es una película y nada más. Y como tal cuenta únicamente con dos horas para mostrar una vida. ¿Que tiene imprecisiones históricas? Las tiene. ¿Que simplifica la riquísima vida cultural del México posrevolucionario? Tal vez. ¿Que es una película agringada? Bueno, fue hecha fundamentalmente para un público estadounidense. Sin embargo, el colmo es molestarse porque el personaje de Frida hable en inglés y coma enchiladas de desayuno.

Lo obvio: toda película es ficción. Jamás sabremos, por ejemplo, qué se decían Frida y Diego Rivera en la intimidad ni cómo se tejió el *affair* con Leon Trotsky. Pero la película nos dio una buena idea, pintada con gran colorido, de una de las etapas más interesantes de la historia de México. Y lo más importante es que resalta la figura de Frida Kahlo, cuya obra es casi desconocida fuera de los círculos artísticos e intelectuales. Gracias a la película, la casa de Frida Kahlo en Coyoacán tuvo muchos más visitantes. Y, de pronto, quien murió en 1954 se puso de moda en el nuevo milenio.

Ahora ¿por qué la película fue tan bien recibida en Estados Unidos y tan mal en México? Para entender eso hay que rascar un poco en la sicología del mexicano. En México existe—y aquí sí hablo en primera persona—un cierto resentimiento hacia aquellos que alguna vez decidimos irnos a vivir a otro país. "¿Por qué te fuiste?" nos preguntan con frecuencia a los más de 10 millones de mexicanos, nacidos en México, que vivimos en Estados Unidos. Y no faltan quienes nos consideren "traidores" por habernos ido a buscar mejores oportunidades—económicas, artísticas, profesionales—al norte.

Este resentimiento a la mexicana va más allá del lugar común de decir que nadie es profeta en su tierra. Lo verdaderamente imperdonable es tener éxito en el exterior. Dejar México, y que te haya ido bien en el extranjero, inevitablemente cuestiona a los que nos pronosticaron un fracaso o no se atrevieron a irse. Y Salma ha tenido éxito en el exterior. Fue la primera actriz latina en un papel protagónico en ser nominada a un Oscar. (El Oscar de 2003 a la mejor actriz se lo llevó Nicole Kidman.)

Ese rechazo o sospecha por haberse ido del país—y no necesariamente los fallos o logros de su película—es lo que varios críticos le echaron en cara a Salma. Ella se fue de la ciudad de México a Los Angeles en 1991. No fue ni será la primera mexicana en el exterior a quien la critiquen por irse.

Cuando leía los comentarios sobre Frida en las revistas y periódicos de la ciudad de México y escuchaba los zarpazos en la radio y la televisión mexicana, resaltaban entre líneas otros factores que no tenían nada que ver con la película o con la protagonista.

Los mexicanos en ambos lados de la frontera, después de todo, también tienen sus diferencias. Incluso cuando se trata de algo tan sencillo y trivial como una película producida y protagonizada por una mexicana. Y ahí está el caso de Salma Hayek para probarlo.

OSWALDO PAYÁ Y SU ESGRIMA CON EL EXILIO CUBANO DE MIAMI

El exilio cubano no es monolítico. Vota en su mayoría por el partido Republicano pero no todos son Republicanos. Muchos apoyan el embargo económico contra Cuba pero no todos. Los más jóvenes quisieran un mayor contacto con la isla; los más viejos no. Unos regresarían a Cuba si Fidel Castro dejara el poder; casi todos, sin embargo, se quedarían en Miami, Orlando y Nueva York.

Experimento: ponga a dos cubanos en un cuarto y se dará cuenta en minutos—o quizás en segundos—que no existe un consenso sobre el pasado, el presente y el futuro de Cuba. El problema no es sólo político sino también generacional.

Una encuesta de *The Miami Herald* encontró que sólo el 34 por ciento de los cubanos que emigraron de la isla en los años 60 apoyaba el levantamiento de las restricciones de viajes a Cuba, mientras que casi el doble—un 64 por ciento—de los que llegaron en los años 90 estaría de acuerdo con esas medidas.[20] ¿Por qué la diferencia? Es sencillo. Los recién llegados tienen más familiares en Cuba y quisieran mantener más contacto con la isla que aquellos que salieron hace cuatro décadas.

Otra encuesta del Cuba Study Group y realizada por la empresa Bendixen and Associates tiene resultados parecidos. Sólo un 54 por ciento de los exiliados que llegaron a Estados Unidos en la década de 1960 estarían a favor de las ideas de "perdón y reconciliación" como parte de una transición a la democracia en la isla. En contraste, un 70 por ciento de los que llegaron en la década de 1990 favorecerían esa propuesta.[21]

Las ideas de perdón y reconciliación con aquellos que siguen en la isla se discutieron ampliamente en el exilio cubano con motivo de la visita de Oswaldo Payá a Estados Unidos en enero de 2003. Payá es, quizás, el activista y disidente cubano más reconocido en todo el mundo. Esas son ideas que él proponía pero que no todos aceptaron.

Fue el expresidente estadounidense Jimmy Carter quien—con un discurso transmitido en vivo por la televisión nacional en Cuba en el 2002—impulsó a Payá y su propuesta de cambio. "El proyecto Varela," me explicó Payá, "pide que se consulte al pueblo cubano sobre cambios en las leyes para que se pueda ejercer la libertad de expresión y asociación, para que se liberen a los presos políticos pacíficos . . . para que los cubanos puedan elegir libremente a sus representantes y para que se realicen elecciones libres." Al momento de la entrevista más de 11,000 cubanos habían firmado ya la propuesta para exigir un plebiscito.

¿Quién, dentro del exilio cubano, no querría esos derechos y libertades en Cuba? ¿Por qué Payá no recibió un apoyo multitudinario en Miami?

En realidad, la visita del opositor cubano Osvaldo Payá a Miami sacó ampollas. Y no es de extrañar: Payá no cree que el embargo norteamericano haya servido para terminar con la dictadura de Fidel Castro—60 por ciento de los exiliados lo siguen apoyando según la encuesta de *The Miami Herald*—ni coincide con quienes favorecen el asesinato de Castro o una salida violenta a su régimen.

Payá, en una larga entrevista, me pareció estar legítimamente comprometido con la búsqueda de la libertad y la democracia en Cuba. Sin embargo, eso no evitó que quedaran al descubierto los puntos de fricción dentro de la misma comunidad cubana.

"¿Es un infiltrado?" me preguntó una cubana en una cafetería. "No lo es," le dije. Pero su pregunta refleja el temor de muchos exiliados de que los viajes de Payá por Europa y Estados Unidos a finales del 2002 y principios del 2003 hayan sido producto de un contubernio con Castro. Payá se retorció en la silla y se le prendieron los ojos por el enojo cuando le pregunté: "¿Por qué lo dejan salir a usted [de Cuba]?" "La pregunta que hay que hacer," me contestó, "es ¿por qué no me han dejado salir durante tantos años?"

La verdad es que a Osvaldo Payá lo dejaron salir de Cuba porque al régimen de Castro no le quedó más remedio. La presión internacional fue muy intensa para que viajara a recibir el premio Andrei Sajarov de derechos humanos que otorga la Unión Europea. Luego lo recibieron el presidente del gobierno español, José María Aznar, el presidente mexicano Vicente Fox, el secretario de estado norteamericano, Colin Powell, y el Papa en el Vaticano. Ningún opositor cubano—ninguno—había recibido en los últimos años la misma atención que Payá. Y ninguno, como Payá, había sido nominado al premio Nobel de la paz.

El problema, para muchos exiliados, no era de fondo sino de forma. En el mejor de los casos, el proyecto Varela les parecía una propuesta ingenua, irrealizable, soñadora. Pero el argumento más fuerte era que no querían validar la actual constitución cubana ni al sistema castrista. Y, para un sector del exilio, el proyecto Varela legitimaba, de alguna manera, las leyes de la dictadura.

"¿Le está haciendo el juego a Castro?," le pregunté a Payá. "Esto no es ningún juego; es un movimiento liberador contra ese régimen que dirige Castro," me contestó. "Y no excluye a otros proyectos pero sí excluye la parálisis de los que dicen que esto es hacerle el juego a Castro."

Me queda muy claro que la mayoría de los cubanos que viven fuera de Cuba quiere terminar con la dictadura de Castro. Pero donde no parece haber consenso es en la forma de atacar y de acabar con su régimen. Era doloroso escuchar en algunos programas de radio en Miami cómo criticaban e insultaban a Payá cuando él, al igual que los radioescuchas cubanos, lo único que quería era acabar con la dictadura.

Hay dos temas fundamentales que separaron a Payá de las alas más conservadoras del exilio cubano y que explica las fracturas entre los mismos cubanos: el embargo norteamericano y una posible transición pacífica en Cuba. Aunque el embargo ha ido perdiendo apoyo, particularmente entre los cubanoamericanos más jóvenes, es para muchos una cuestión de principios y un símbolo de resistencia y de dignidad.

"¿El embargo ha servido de algo para terminar con el régimen de Castro?" le pregunté. "No," me dijo. "¿No ha hecho nada en contra de Castro?" insistí. "No," confirmó Payá, "ya hubiera terminado [con la dictadura] en 44 años."

Payá tenía la teoría de que había que "desamericanizar" el conflicto cubano y estaba convencido de que "el embargo no es un factor de cambio dentro de Cuba." Tampoco apoyaba métodos violentos de cambio.

Contrario a lo que pensaban algunos de los exiliados cubanos más radicales, Payá se opone a cualquier intento de matar a Fidel Castro. "La muerte no trae la libertad," me dijo. "No es una forma de liberar a Cuba: es algo que yo no apoyo, es algo que yo repudio."

Lo que sí apoyaba Payá era un cambio desde dentro de Cuba. "Óigame," me dijo, "nosotros vivimos en un régimen totalitarista, como peces en un estanque de agua sucia." "¿El cambio no viene por fuera?" lancé, buscando una aclaración. "Por fuera de Cuba no viene," me dijo, "el cambio viene desde dentro porque la tiranía donde está es adentro." Es una estrategia similar a la que siguió Lech Walesa en Polonia y Vaclav Havel en Checoslovaquia, cuando ambos países eran dominados por líderes comunistas. Pero a muchos dentro del exilio cubano no les gustó que Payá los considerara irrelevantes.

Payá, fundador del Movimiento Cristiano Liberación, y que ganaba sólo 17 dólares al mes—reparando equipos de terapia intensiva para sostener a su esposa y tres hijos adolescentes—se estaba jugando la vida con el proyecto Varela. "Temo por mi vida," me dijo, "porque me pueden meter un balazo; puede pasar uno de esos carros de la seguridad que me persigue . . . Yo vivo rodeado por dispositivos de la seguridad del estado, filmándome, observándome."

Otros, igual de comprometidos pero inevitablemente más cómodos, luchaban desde fuera por la libertad de Cuba. Payá hacía lo mismo, pero desde dentro. Ésa era la diferencia y ese era su valor.

El caso Payá dejó muy claro que, incluso dentro de la misma comunidad cubana, hay serias e importantes diferencias. Después de su visita a Miami ya nadie puede decir que todos los cubanos son iguales.

¿Qué tienen en común Miguel Estrada, Salma Hayek y Osvaldo Payá? Que son figuras claves que muestran las fracturas que existen dentro de la comunidad latina. Y, más aún, que hablan de las enormes diferencias que hay dentro de los grupos que conforman lo hispano. Estrada, Hayek y Payá generan el mismo tipo de pasión y controversia que, por ejemplo, el líder independentista Rubén Berríos en Puerto Rico. Si bien es cierto que la mayoría de los puertorriqueños querían a la marina norteamericana fuera de Vieques—una propuesta empujada y liderada, entre otros, por Berríos—también es cierto que el partido independentista no suele obtener más del 5 por ciento en las elecciones dentro de la isla. Esas diferencias en Puerto Rico tienen también sus paralelismos entre los puertorriqueños que viven en Nueva York.

La próxima vez que alguien tenga la tentación de poner a todos los latinos en la misma categoría, hay que pensar en estos cuatro nombres—Estrada, Hayek, Payá y Berríos—antes de hacerlo. Ellos reflejan mejor que muchos las diferencias y la enorme diversidad entre los mismos hispanos.

Lo fácil, lo simplista, sería ponernos a todos los hispanos en la misma lista. Lo correcto, lo real, lo justo, es apreciar y reconocer nuestras diferencias. Esta es la verdadera vida secreta de los latinos. Mientras mejor se comprendan estas diferencias, mejor se podrá crear una agenda que sirva a toda la comunidad latina.

CAPÍTULO SEIS

EL INVASOR INVADIDO

"**HEMOS INVADIDO** Manhattan," me dijo orgulloso Erasmo Ponce, "con tortillas." Y entre todos los tipos de invasiones, supongo que la de tortillas es la menos grave. Erasmo Ponce es un mexicano que llegó a Nueva York a principios de los años 90 y poco después, con sólo cuatro empleados, echó a andar una fábrica de tortillas. Le llamó "Tortillería Chinantla" en recuerdo del lugar donde nació—Chinantla—en el estado mexicano de Puebla. El negocio de Erasmo produce un millón de tortillas al día. ¡Un millón!

Erasmo, poco a poco, fue expandiendo su negocio. Personalmente iba a los hoteles y restaurantes a ofrecer sus tortillas. Los menos las utilizaban para acompañar la comida mexicana; la mayoría prefería usarlas para hacer *chips* o totopos de maíz. Su inglés no era bueno y, por lo tanto, Erasmo no podía negociar con las personas que le ofrecían la masa de maíz—la materia prima de las tortillas—ni con los que le vendían las bolsas de plástico para envolverlas. Pagaba lo que le decían. Pero conforme aprendió nuevas palabras en inglés y con ellas el arte de la negociación, sus ganancias se inflaron como una tortilla en un comal. Hoy—con 42 empleados y dos fábricas que trabajan 24 horas al día—no sólo controla la distribución de tortillas en toda la isla de Manhattan, sino que domina una buena parte del mercado de Nueva Jersey y está considerando planes para hacerle la guerra—de las tortillas—a los poderosos distribuidores de la costa oeste del país.

Erasmo tiene casi 50 años pero parece mucho más joven. Se ríe con facilidad. Entre tortilla y tortilla se da el tiempo para representar ante el gobierno de México a los millones de mexicanos que viven en Estados Unidos. Eso es lujo. Cuando le pregunté si ya era millonario, hizo una pausa, aflojó una sonrisa de orgullo, y me dijo: "Casi."

La historia de Erasmo y de sus tortillas es parte de un complicadísimo fenómeno. Estados Unidos está siendo invadido culturalmente de la misma forma en que los norteamericanos invaden otras partes del mundo. Yo te invado y tu me invades: este es el nuevo mantra de la globalización.

La empresa de Erasmo en Estados Unidos, sin embargo, es mínima si la comparamos con las 2,600 empresas norteamericanas que actualmente operan en México.[1] Entre esas empresas está McDonald's.

No exagero al decir que cerca, muy cerca, de cualquier taquería en México es factible encontrar un restaurante de hamburguesas. No hay un estereotipo de la globalización más obvio que el de los arcos dorados de McDonald's fuera de Estados Unidos. Por eso fue interesante y sumamente simbólica la pelea que un grupo de artistas e intelectuales mexicanos realizaron contra la construcción de un restaurante McDonald's en el mismo centro de la ciudad mexicana de Oaxaca.

¿Hamburguesas en Oaxaca? Bueno, eso ya es tan común como tacos en Manhattan, pizzas en Tokyo, tapas en Bangkok y *sushi* en Madrid. Puede parecernos una aberración cultural o culinaria, pero este es el tipo de mundo que hemos construido desde hace más de dos décadas cuando la globalización salió de los diccionarios a las calles, restaurantes, baños, oficinas y cocinas. La mundialización—de la comida, el comercio, la política, los derechos humanos—es un fenómeno que ya no podemos parar. No nos queda más remedio que acostumbrarnos: cerrar fronteras es una idea provinciana. Pero eso es precisamente lo que hicieron en el centro de Oaxaca. Le cerraron la puerta a un McDonald's.

El gobierno de la ciudad rechazó en diciembre de 2002 la propuesta de construir un restaurante McDonald's en el precioso zócalo colonial de la ciudad de Oaxaca. Ése es el mismo lugar donde de adolescente probé el mole negro y mis primeros chapulines con chile piquín. El pintor Francisco Toledo y un grupo de intelectuales mexicanos lideró con éxito la campaña para rechazar dicho restaurante. Es cierto, los arcos dorados de McDonald's inevitablemente influirían en la forma de comer de los oaxaqueños. "Tenemos valores que debemos preservar," concluyó el gobierno local al rechazar la solicitud de la empresa transnacional, "como nuestras tradiciones y nuestra cultura."[2]

No se venderán *cheeseburgers with fries and a big chocolate shake* en el zócalo oaxaqueño. Pero casi nada es puro en este mundo. Ni Oaxaca. Éste es el tipo de planeta que estamos construyendo: de lodo, mestizo, mezclado, mixto.

¿Qué piensan hacer Toledo y sus amigos con los otros 235 McDonald's que se han establecido en México desde 1985? De poco sirve realizar actos globafóbicos y pseudorrevolucionarios como el del campesino francés Jose Bove que intentó destruir con su tractor un McDonald's en Millau. ¿Cómo contrarrestar la presencia de los 15,000 restaurantes McDonald's esparcidos por todo el mundo? Definitivamente no con tractores. Pero quizás con tortillas sí. Y si no, pregúntenle a Erasmo el de Manhattan.

La invasión norteamericana en México no es sólo con hamburguesas sino también con Coca-Cola. En México se toma más Coca-Cola por persona que en cualquier otro país del mundo. En promedio, cada mexicano toma 462 botellas de ocho onzas de Coca-Cola (o de algúna otra bebida de la misma empresa) frente a 419 botellas del mismo tamaño que consume, en promedio, un norteamericano.[3]

La fuerte dependencia comercial y laboral de México respecto a Estados Unidos es indiscutible. Pero aún causa fuerte resistencia. A principios de 2003, se propuso cambiar el nombre oficial de México. Desde que se estableció en 1824, después de la independencia, el nombre oficial ha sido Estados Unidos Mexicanos. Después de todo, el modelo a seguir para muchos mexicanos de ese entonces era Estados Unidos y no España, el poder colonial del que se estaban separando. El nombre oficial que se propuso fue "México," así, a secas. Había que sacar a Estados Unidos del nombre oficial. México y ya.

Pero es una ilusión pensar que México podría sobrevivir económicamente sin Estados Unidos. La globalización—aún con sus groseras mezclas, excesos y defectos—es preferible a regresar a un provincianismo de puertas cerradas. Cerrar las fronteras mexicanas a productos, restaurantes y alimentos norteamericanos no es una opción viable. Eso crearía aún más hambre y desempleo en México.

"Noventa por ciento de nuestro comercio exterior es con Estados Unidos, 90 por ciento de los turistas que vienen a México vienen de Estados Unidos, tenemos más o menos a la décima parte de nuestra población viviendo en Estados Unidos y uno de cada cinco mexicanos con empleo tiene ese empleo en Estados Unidos," dijo el excanciller mexicano Jorge Castañeda en una entrevista con Univision.[4] "Las remesas que mandan nuestros compatriotas en los Estados Unidos, cada año a México representan la fuente de divisas más importante del país: uno de cada cuatro mexicanos en el campo tiene familia en Estados Unidos, quizás 80 por ciento de la inversión extranjera que llega a México viene de Estados Unidos; no se trata de necesitar o no necesitar, esa es la situación real." Al final de cuentas, se trata de escoger entre un México abierto al mundo o un México provinciano, asustado, aislado. Así de simple.

Para quienes creen que México se está convirtiendo en un "McMéxico," duerman tranquilos: McDonald's no es el diablo. El mismo fenómeno de mezclas culturales que está viviendo México ocurre en Estados Unidos (y, para tales efectos, en el resto del mundo). Así como algunos mexicanos se sienten "invadidos" por restaurantes de hamburguesas, hay también norteamericanos muy incómodos por la enorme influencia culinaria y cultural de México en Estados Unidos.

Tan preocupados están que no pocos—incluyendo al ex candidato presidencial derechista Pat Buchanan—han denunciado la supuesta "reconquista" de los territorios que perdió México frente a Estados Unidos en 1848 y quieren botar del país, a patadas, a los millones de inmigrantes indocumentados. Pero en ambos lados de la frontera hay provincianos. La realidad es que la mexicanización de estados como Texas, California y Arizona es mucho más profunda que la "macdonalización" de Oaxaca.

La influencia mexicana en Estados Unidos es gigantesca, abrumadora. Incluso en la Casa Blanca.

Laura Bush es la que manda en la cocina de la Casa Blanca y Camp David. En las navidades del año 2002, fue ella quien instruyó a sus cocineros sobre el menú de Navidad: enchiladas y tamales. Y los Bush realmente se los comen; no cometen el garrafal error de Gerald Ford en 1976 cuando al tratar de comerse un tamal en un acto de campaña para atraer el voto hispano, le dió una mordida a la envoltura del tamal hecha de hoja de maíz. Ford hizo el ridículo, obtuvo únicamente el 24 por ciento del voto hispano y perdió la presidencia.

Comer tamales y enchiladas es una tradición que la familia Bush mantiene desde que "W" ganó por primera vez la gubernatura en el estado de Texas. Así, en la residencia de descanso de Camp David, George W., Laura y sus hijas Jenna y Barbara tuvieron la misma cena navideña que millones de . . . mexicanos. Exactamente. Mexicanos.

La cena navideña de los Bush es cada vez menos excepcional en Estados Unidos. No es que el pavo y la salsa de arándanos haya sido re-emplazada por tradiciones culinarias de México. Pero ahora comparten la mesa ingredientes que hace sólo unas décadas hubieran sido impensables e insoportables para el paladar norteamericano.

Es difícil imaginarse que en Nueva York se vendan más tortillas que pizzas o bagels, pero así es. Las ventas de salsa han superado las de *ketchup.* Cada año se venden más de 700 millones de dólares en salsa picante.[5] La famosa *ketchup* se quedó atrás con ventas anuales de 515 millones de dólares, según la organización Information Resources, Inc.

Es decir, Estados Unidos—a quienes muchos consideran con razón el invasor cultural número uno del mundo—también se siente invadido. El invasor se siente tan invadido—por inmigrantes, por la comida mexicana, por el español—que 27 de los 50 estados norteamericanos han declarado el inglés como el idioma oficial. Aunque el gesto es absurdo e inútil. Si los datos del censo son correctos, en menos de 50 años casi 100 millones de latinos en Estados Unidos hablarán español. *Sorry.*

Estados Unidos se siente invadido. Bueno, el mundo también.

"Los nativistas que quieren declarar el inglés como el idioma oficial de Estados Unidos no entienden el apetito omnívoro del lenguaje que desean proteger," escribió Richard Rodríguez en su libro *Brown.* "Tampoco entienden que dicha protección va a lastimar nuestra lengua."[6] Si se trata de idiomas invasores no hay ninguno con mayor influencia que el inglés. El inglés se ha convertido en la práctica en el idioma oficial de comunicación en el mundo—para los negocios, la ciencia, la política, las universidades, el turismo—y resulta absurdo que dentro de Estados Unidos lo quieran proteger como si se tratara de una lengua en peligro de extinción. El inglés es el idioma del nuevo imperio.

Es difícil no pensar en Estados Unidos como un imperio. ¿Cómo no pensar eso después de las contundentes victorias en las guerras en Afganistán e Irak? ¿Cómo no pensar en Estados Unidos como un imperio cuando desafía con éxito al Consejo de Seguridad de Naciones Unidas? ¿Cómo no pensar en Estados Unidos como una superpotencia militar cuando derrota en 21 días al régimen de Saddam Hussein? ¿Cómo no pensar en Estados Unidos como una hiperpotencia cuando su ejército podría derrotar a todos los otros ejércitos del mundo? ¿Cómo no pensar en Estados Unidos como una nación arrogante cuando le pone al mundo la siguiente disyuntiva: con nosotros o contra nosotros?

Estados Unidos, para una buena parte de mundo, es el nuevo imperio. La política oficial de Estados Unidos no tiene por objetivo expandirse territorialmente en el resto del mundo. Pero conquista con sus productos, con su idioma, promoviendo sus ideas—democracia, apertura de mercados, respeto a los derechos humanos—y vendiendo al exterior el *American way of life.* "Todos somos americanos," escribió para la revista *Newsweek* el editor político de la cadena británica BBC, Andrew Marr. Y, luego, al explicar que toda cultura fuera de Estados Unidos tiene influencia de los productos y la forma de vida norteamericanos, dijo: "El mundo se está volviendo bicultural."[7]

El dominio norteamericano ha llegado a tal punto que un escritor español se ha atrevido a llamar a nuestro mundo "el planeta americano." Otros prefieren llamar al fenómeno la "macdonalización" del planeta o incluso rebautizarlo como McMundo o *McWorld.* Como en toda simplificación, al utilizar alguno de estos términos caemos en errores y exageraciones. Pero lo que sí es cierto es que la presencia norteamericana en nuestro planeta es, a veces, abrumadora.

Una democracia como la norteamericana tiende a resistirse a ser caracterizada como un imperio. Después de todo una definición clásica de imperio implica el abuso del poder y la imposibilidad de cambio pacífico dentro de las mismas estructuras del poder. Pero si bien Estados Unidos es, hacia dentro, una democracia, el poder que proyecta hacia afuera recuerda a viejos imperios: China, Grecia, Roma, el imperio Otomano. Sin embargo, Estados Unidos se presenta al mundo como un nuevo imperio con características distintas a otros que le precedieron: no sólo tiene un traspaso del poder democrático y pacífico—es la democracia más antigua del mundo—sino que no tiene un obvio interés por incorporar territorialmente a otros países. Es dominio e influencia sin expansión territorial. Es imperio—un nuevo orden global—sin las connotaciones geográficas e históricas del viejo imperialismo europeo. Es, como algunos la llaman, una república imperial.

El concepto de "imperio," según lo definen los académicos Michael Hardt y Antonio Negri, "está caracterizado fundamentalmente por la ausencia de límites," por un "orden" "así van a ser las cosas" y por extenderse "a las profundidades del mundo social" más allá de la administración de un territorio y una población.[8] Y el "imperio" protagonizado por Estados Unidos se extiende a través de su poderío militar, sus empresas transnacionales, su comercio a nivel mundial y la exportación de su cultura.

Dinesh D'Souza en su libro *What's So Great About America* explica que otros imperios—como el romano, el otomano o el británico—dominaron a través de la fuerza y dejaron sin tocar a partes importantes de la humanidad. "La hegemonía americana es única porque se extiende a prácticamente la totalidad de la tierra," escribe D'Souza. "Estados Unidos es diferente porque su influencia no depende primordialmente de la fuerza. Esto no significa que Estados Unidos deje de utilizar su poder militar en el exterior. Pero estas proyecciones de su poder no pueden explicar el enorme atractivo que la idea de Estados Unidos tiene alrededor del mundo."[9] No se trata sólo de la enorme influencia de la música, las películas o la comida norteamericana, sino

también que los principales debates y temas políticos a nivel internacional son impuestos, de alguna manera, por la presencia (o ausencia)
de Estados Unidos.

Esto es patente, incluso, en la literatura. En 1996 se publicó una
antología de escritores jóvenes de América Latina bajo el título
McOndo. La palabra viene de la población imaginaria de Macondo
donde se desarrolla la famosa novela *Cien Años de Soledad* del colombiano Gabriel García Márquez. Son escritores menores de 35 años,
que escriben en español y que no tienen que pedir perdón de su influencia norteamericana. "Pueden llamarnos muchachos alienados
que se vendieron a la cultura *pop* de Estados Unidos," dijo en una
entrevista de prensa el boliviano Edmundo Paz–Soldán, uno de los
colaboradores de *McOndo.* "Pero ésa es la verdad de nuestros tiempos;
crecimos viendo *Los Simpsons* y *The X-Files* y esto se puede ver en
nuestras obras." [10]

Este fenómeno de mezclas ideológicas y culturas no es exclusivo
de América Latina. El periodista Pico Iyer ha logrado captar perfectamente en sus libros *The Global Soul* y *Video Night in Kathmandu,* entre
otros, la constante influencia de lo norteamericano en el mundo y
del mundo en lo norteamericano. Es, también, la interacción entre
el individuo y un mundo en constante movimiento. Todo se mueve
a nuestro alrededor a velocidades que jamás hubiéramos imaginado
hace unos años. Pero lo importante para el argumento de este capítulo
es cómo lo norteamericano—a veces por la fuerza y otras veces más
sutilmente—tiende a dominar o imponerse frente a aquello que no
lo es.

¿Por qué? Porque la globalización depende fundamentalmente de
avances tecnológicos y Estados Unidos, a través de los nuevos inventos
puede extender su dominio, sus políticas y sus prioridades al resto
del mundo. Estados Unidos está actualmente en el centro y no en la
periferia de la historia. Este proceso hacia el centro de la historia se
inició con la participación norteamericana en ambas guerras mundia-
les. Y si tuviera que escoger una fecha en la que el mundo cambió sería
el 11 de noviembre de 1989: ese día cayó el muro de Berlín, se definió
a favor de Estados Unidos la prolongada guerra fría contra la Unión

Soviética y un nuevo orden internacional—el de la globalización—inició su dominio con una sola superpotencia—Estados Unidos—como líder.

Otros, quizás, dirán que el día que cambió al mundo fue el 11 de septiembre de 2001. Pero ese día—en que más de tres mil personas murieron por los actos terroristas en las torres gemelas de Nueva York, el Pentágono en Washington y a bordo de un avión en Pennsylvania—fue sólo una reacción al nuevo orden mundial con Estados Unidos al frente.

La caída del muro de Berlín es un símbolo extraordinario que marca el inicio de una nueva era globalizadora caracterizada por la caída de muchos otros muros: comerciales, tecnológicos, de comunicaciones, políticos y geográficos. La Unión Soviética, después de todo, terminó desintegrándose en varias repúblicas. Y es a Estados Unidos a quien más le interesa mantener el actual orden. "Como el país que más se beneficia de la integración económica global," escribió el columnista de *The New York Times* y premio Pulitzer de periodismo, Thomas Friedman, "es nuestro trabajo asegurarnos de que la globalización sea sostenible y que sus avances superen sus desventajas para la mayor cantidad de gente, en el mayor número de países posible, y durante el mayor número de días posibles."[11] Como asegura Friedman, es la globalización y el rápido cambio económico y tecnológico el gran fenómeno—*"the one big thing"*—que está ocurriendo ahora.

La globalización es la forma como se extiende el poder—económico, político, comercial, tecnológico—de Estados Unidos. El terrorismo es la forma asimétrica y violenta de tratar de contrarrestar dicho poder. Sin embargo, hay otras formas no violentas y mucho más efectivas de enfrentar el enorme poder de Estados Unidos. Es curioso que el país más poderoso de la historia esté siendo invadido culturalmente al mismo tiempo en que extiende su dominio a todo el planeta. Estados Unidos, mientras invade culturalmente, es invadido. Lo que pasa es que la globalización—al abrir puertas y tirar muros—abre paso para que gente, productos, dinero e ideas crucen de un lado a otro, de un país a otro.

Estados Unidos, que tanto se beneficia del fenómeno de la globalización y de la apertura de todo tipo de fronteras, está también pagando las consecuencias. Estados Unidos es un invasor invadido.

"Nos están invadiendo," se quejó amargamente un ranchero en Arizona al hablar ante un reportero de *The New York Times* sobre la constante entrada a Estados Unidos de inmigrantes indocumentados.[12] Su llamado al ejército norteamericano para que patrulle y cierre la frontera con México no es nuevo. El excandidato presidencial Pat Buchanan dijo durante una entrevista televisiva en 1995 que él "detendría en seco la inmigración indocumentada poniendo una barda doble a lo largo de 200 millas de la frontera por donde millones de mexicanos se cuelan cada año."[13] Una barda—o dos—no puede detener la historia.

Que chistoso que en el país más poderoso del mundo tengan miedo a ser invadidos. Los ejemplos de xenofobia aparecen por todos lados:

—El personaje de Dame Edna en la revista *Vanity Fair* causó un revuelo—y una fuerte campaña de denuncias en su contra— por haber dicho que "no hay nada que valga la pena leer [en español] con la excepción de *El Quijote*" y sugerir que las únicas personas que lo hablan son "jardineros" y "sirvientas."[14]

—El columnista de *The Miami Herald*, Jim DeFede, publicó una carta que le fue enviada por una lectora cansada de escuchar sobre Cuba en Miami y que decía: "Si usted habla con mucha gente aquí [en Miami], la mayoría no cubanos, no vas a tener una opinión favorable de esta gente [los cubanos]. No quiero parecer un prejuiciado . . . pero esto es como vivir en el tercer mundo, en un país suramericano."[15]

—El comentarista Bill O'Reilly de la cadena de noticias Fox News calificó como *"Mexican wetbacks"* ("mexicanos espaldas mojadas") a los inmigrantes de México, luego de decir que una encuesta—Fox News Opinion Dynamics—sugería que

el 79 por ciento de los norteamericanos favorecían poner
al ejército de Estados Unidos en la frontera para detener la
inmigración ilegal.[16]

Comentarios como éste son frecuentes. "Lo que estamos viendo
en el sur de California no es asimilación," dijo Glenn Spencer, presidente de la organización Voices of Citizens Together, "es una anexión
por parte de México."[17] La verdad es que la influencia mexicana en Estados Unidos precede a la misma creación del país y va mucho más
atrás que la reciente ola migratoria.

La frontera cruzó a los mexicanos de California, Texas y Arizona
en 1848, no al revés. "Estados Unidos . . . en una de las guerras más
injustas en la historia, ya de por sí negra, de la expansión imperialista,
nos arrebatan más de la mitad del territorio," escribió el poeta mexicano Octavio Paz en *El Laberinto de la Soledad*.[18] Tras esa pérdida,
comentó más tarde el escritor Carlos Fuentes, "la nueva frontera sobre
el río Bravo se convirtió, para muchos mexicanos, en una herida
abierta."[19]

En esta época nadie está pidiendo el regreso de los territorios que
pertenecieron a México ni existe un movimiento anexionista que
tenga por objetivo negociar con Estados Unidos el retorno de dichas
tierras. Pero lo que no se está luchando a nivel legal o militar se está peleando a nivel cultural. Es la reconquista.

Los latinos están reconquistando culturalmente zonas que pertenecieron al imperio español y cuyos nombres gritan su origen: Los
Ángeles, San Bernardino, Monterrey, San Luis Obispo, San Diego . . .
Los españoles, incluso, controlaron poblaciones que hoy forman parte
del estado de Oregon. Tras el inicio de la guerra de independencia
contra España en 1810, cayeron bajo la jurisdicción de México grandes extensiones donde no había presencia física del estado mexicano.
Muchos de esos territorios son los que se perdieron en 1848 ante
Estados Unidos mientras liberales y conservadores se disputaban el
poder en México. Lo interesante es que en muchos de esos lugares
que hoy controla el gobierno norteamericano se siente, todavía con
orgullo su origen mexicano. Y la llegada de nuevos inmigrantes

refuerza tradiciones y costumbres mexicanas que, en realidad, nunca han desaparecido.

La influencia se siente en ambas direcciones. "De hecho," escribe Carlos Fuentes, "la enchilada puede coexistir junto a la hamburguesa."[20] Estados Unidos, sigue Fuentes, lleva su cultura—la influencia de sus películas, su música, sus libros, sus ideas, su periodismo, su política, su lenguaje—a cada país de América Latina de la misma manera en que Latinoamérica trae a Estados Unidos sus propios regalos: el sentido de lo sagrado, el respeto por nuestros mayores y el compromiso, siempre, con la familia.

Pero esta influencia latina está erosionando áreas que eran exclusivamente del ámbito de las empresas estadounidenses. Los mismos productos de la panadería Bimbo que yo comí de niño en México los puedo encontrar ahora—¡con el mismo sabor!—en varias tiendas de California. Grupo Bimbo vendió $3,700 millones *($3.7 billion)* de dólares en Estados Unidos en el 2002 y sigue creciendo. "Los latinos estan convirtiéndose en mayoría en muchas comunidades de California y en muchos estados del oeste," dijo Oralia Michel, la portavoz de Expo Comida Latina en Los Ángeles. "Casi todos están comiendo comidas latinas."[21] Las tiendas Gigante, donde aún compra mi mamá en México, están entrando a California. En el 2002 el Grupo Gigante—con ventas anuales de $3,000 *($3 billion)* en México—abrió cuatro tiendas en el área de Los Ángeles y tenía planes para abrir varias más. California, cada vez más, sabe a México. Y al mundo.

El directorio del New California Media—una organización fundada en 1996—incluye a medios de comunicación *(ethnic media)* que publican o transmiten en español, coreano, vietnamita, árabe, farsi, tagalog, ruso, mandarín, armenio, japonés, húngaro y filipino, entre muchos otros idiomas, sólo en el estado de California. California es, sin lugar a dudas, el futuro de Estados Unidos; es ahí donde confluyen lo europeo y lo africano con lo asiático y lo latinoamericano.

En un discurso en 1998 el entonces presidente Bill Clinton dijo que "en menos de cinco años no va a haber una raza mayoritaria en California." Tenía razón. Ya no la hay. "En menos de 50 años no va a haber una raza mayoritaria en Estados Unidos," dijo también Clinton. "Ninguna otra nación en la historia ha tenido un cambio demográfico de esta magnitud en un tiempo tan corto."[22] Lo interesante de esta cita no es, nada más, lo que dijo el expresidente sino que fuera utilizada por Pat Buchanan para su libro *The Death of the West*. Me ha tocado debatir dos o tres veces con Buchanan en programas de televisión y siempre me ha parecido fascinante que los mismos argumentos y datos que él utiliza para enfatizar el mal rumbo que lleva Estados Unidos—respecto a su política migratoria—sean los que yo uso para subrayar las enormes aportaciones de los inmigrantes al país.

"Estados Unidos no tiene la fortaleza para defender sus fronteras y exigir, sin pedir disculpas, que los inmigrantes se asimilen a nuestra sociedad," asegura Buchanan. "El tío Sam está tomando un enorme riesgo al importar a decenas de millones de una nación tan distinta a la nuestra. Y si cometemos un error fatal . . . nuestros niños tendrán que vivir con las consecuencias, una balcanización, el fin de Estados Unidos tal y como lo conocemos."[23] El fatalismo y xenofobia de Buchanan, sencillamente, no tiene ningún apoyo en la realidad. Estados Unidos es mejor—económicamente, culturalmente—debido a los inmigrantes. Pero hay poco que se pueda hacer contra gente que se resiste a ver las enormes ventajas de esta mezcla de culturas.

La percepción de sentirse invadido no es nueva. El procurador general William French Smith dijo en 1981, ante dos subcomités del congreso—uno de la Cámara de Representantes y otro del Senado— que estudiaban una reforma migratoria: "Hemos perdido el control de nuestras fronteras . . . Hemos fallado en hacer respetar nuestras leyes."[24] Smith dijo lo anterior al principio de un larguísimo debate que culminaría con una amnistía migratoria y la aplicación de sanciones contra empleadores de indocumentados en 1986.

Ha habido varios esfuerzos por estructurar la entrada de inmigrantes provenientes de México hacia Estados Unidos. De 1942 a 1964 se puso en marcha el llamado programa "bracero" que trajo casi cinco millones de mexicanos a trabajar legalmente a Estados Unidos. La mano de obra, particularmente en los campos de cultivos estadounidenses, hacía falta. Pero a pesar de este programa, muchos norteamericanos pensaban que su país estaba siendo invadido por inmigrantes.

En julio de 1954 se inició, primero en California y luego en Texas, la llamada "Operación Wetback." El Servicio de Inmigración (INS) aseguró entonces que 6 de cada 10 indocumentados eran arrestados a menos de dos días de haber cruzado la frontera y el número de arrestos se mantuvo relativamente bajo por 10 años más.[25] Pero para principios de la década de los 70, sin el programa "bracero" funcionando, el número de inmigrantes que entraban legal e ilegalmente a Estados Unidos se volvió a disparar.

Esa ola migratoria no ha parado hasta nuestros días. Pero lejos de ser una invasión con tintes nacionalistas y fines anexionistas, se trata simplemente de un fuerte movimiento migratorio (con orígenes y consecuencias en ambos lados de la frontera) en una época de globalización donde gente, productos y dinero se mueven en cantidades y a velocidades sin precedentes.

¿Invasión? No. ¿Reconquista cultural? Puede ser; parcialmente. Las cosas nunca serán en California ni en Texas como eran antes de 1848 cuando pasaron a formar parte de Estados Unidos. Pero tampoco serán igual después de esta última ola migratoria que aún no acaba de reventar.

Los latinos están influyendo culturalmente a Estados Unidos de maneras nunca antes experimentadas y esto nos lleva a concluir que estamos en proceso de convertirnos en una nación hispana. No es una exageración decir que hay varias ciudades, como Miami, o estados, como California, que ya se rigen al ritmo que imponen los latinos. Y una vez la concentración de hispanos salga de las fronteras de estados como Florida, Illinois y Nueva York, esto se va a convertir en un fenómeno a nivel nacional.

LA DOBLE INVASIÓN DEL LENGUAJE Y EL *ESPANGLISH*

Nos estamos invadiendo con palabras y en la forma de decir las cosas. Tú me invades y yo te invado. Estados Unidos puede sentirse invadido por el español. Curiosamente, los puristas del castellano se quejan de que el español se está contagiando del inglés produciendo un híbrido llamado *espanglish* o *spanglish*.

Este mestizaje entre lo latino y lo no latino tiene, también, sus consecuencias en la forma en que hablamos. En Estados Unidos el inglés está invadiendo al español y el español está invadiendo al inglés. A veces ninguno de los dos idiomas domina y el resultado—lo que sale de nuestras bocas—es la fusión del *espanglish*. Esto es lo que ocurre cuando el invasor es invadido por un idioma distinto al suyo. Los que hablamos español, muchas veces, ya ni siquiera sabemos cómo hablarlo bien.

¿Cómo se vería y se escucharía, por ejemplo, el famoso *Don Quijote de la Mancha,* escrito por Miguel de Cervantes Saavedra en *espanglish?* Así es como se lo imagina el profesor Ilan Stavans:

"In un placete de La Mancha of which nombre no quiero remembrearme, vivía not so long ago, uno de esos gentleman who always tienen una lanza in the rack, una biclker antigua, a skinny caballo y un grayhaound para el chase. A cazuela with más beef than muñon, carne choppeada para la dinner, un omelet pa' los sábados, lentil pa' los viernes, y algún pigeon como delicacy especial pa' los domingos, consumían tres cuarers de su income. El resto lo employaba en una coat de broadcloth y en soketes de velvet pa' los holidays, with sus slippers pa' combinar, while los otros días de la semana él cut a figura de los más finos cloths. Livin with él eran una housekeeper en sus forties, una sobrina not yet twinty y un ladino del field y la marketa que le saddleaba el caballo al gentleman y wieldeaba un hookete pa' podear. El gentleman andaba por allá por los fifty. Era de complexión robusta pero un poco fresco en los bones y una cara leaneada y gaunteada. La gente sabía que él era un early riser y que gustaba mucho huntear. La gente say que su apellido was Quijada or Quesada—hay diferencia de opinión entre aquellos que han escrito sobre el sujeto—but acordando with las muchas conjecturas se entiende que era really Quejada. But all this no tiene mucha importancia pa' nuestro cuento, providiendo que al cuentarlo no nos separemos pa' nada de las verdades."

Nada es sagrado ni permanente en los idiomas. Ni el Quijote.

Primero, una confesión: los hispanos hablamos muy mal el español. O, más bien, lo hablamos de una forma muy distinta al que se escucha y lee en México, Argentina o España. En lugares como Hialeah en la Florida, Santa Anna en California, Queens en Nueva York, Pilsen en Chicago y el West Side en San Antonio a veces se habla un español—o algo parecido—que ni el pragmático Sancho Panza entendería.

Estoy, lo sé, cometiendo una especie de *harakiri* al plantear la defensa del español mal hablado. Pero lo hago, primero, porque es la realidad lingüística de millones de hispanoparlantes en norteamérica y, segundo, porque estoy convencido de que los latinos en Estados Unidos están contribuyendo de maneras insospechadas al enriquecimiento y a la expansión del idioma español.

No, no propongo que dejemos el español y empecemos a hablar *espanglish,* la mezcla transitoria del inglés y el español. Eso sería absurdo, impráctico e imposible. Tampoco podemos considerar al *espanglish* como una nueva lengua. No lo es ni pretende reemplazar al inglés y al español. Pero sí sugiero que muchas de las expresiones del *espanglish,* criticadas tanto dentro como fuera de Estados Unidos, se integren a lo que podríamos llamar el español global.

El español global es dinámico, innovador, abierto y está en cambio continuo. No es anquilosado, innerte, ni se resiste a las influencias de otras lenguas y de las nuevas tecnologías como Internet. Es, en otras palabras, un español vivo. Y este español global podría enriquecerse con muchas expresiones del *espanglish.*

Muchos puristas se escandalizan al ver que el *espanglish*—palabra por palabra—le está ganando terreno al español de los diccionarios. Pero la verdad, ni vale la pena molestarse. Eso es lo que se habla en las calles y lo que termina repitiéndose en los medios de comunicación en español de Estados Unidos. Particularmente en la televisión.

"¡Ustedes, los periodistas que trabajan en la televisión hispana, tienen la obligación de hablar bien el español!" me han instado en repetidas ocasiones. Ante lo cual es fácil responder: "¿A cuál español se refiere? ¿Al que hablan los mexicanos de la capital, los cubanos de Santiago, los puertorriqueños de Ponce, los chilenos de Santiago o los argentinos de Jujuy?"

Sí, es verdad, hay un código compartido. De no ser así nadie entendería lo que decimos. Pero es arrogante y pretensioso sugerir que hay una sola manera correcta de expresarse en español.

Incluso los hispanos no nos ponemos de acuerdo sobre cuál es el español correcto. Posiblemente porque no existe. ¿Deben predominar las palabras y el acento de la mayoría mexicana, de los poderosos cubanos, de los influyentes puertorriqueños o del resto de centro y sudamericanos?

Las cosas se complican cuando la misma palabra en español significa cosas distintas. Darse un palo en Puerto Rico es tomar un trago. Darse un palo, entre cubanos, es una golpiza. Darse un palo en México, bueno, mejor imagíneselo usted. Incluso las tareas mas sencillas tienen su reto. Los chilenos dicen corchetera a lo que los cubanos llaman presilladora, los mexicanos engrapadora, algunos puertorriqueños clipeadora y los norteamericanos *stapler*.

Todo lo anterior apoya un argumento muy sencillo: el español que se habla en los Estados Unidos es un idioma vivo, cambiante, dinámico, sujeto a las influencias del medio y es una batalla perdida el tratar de resistirse o rechazarlo. Los latinos de Estados Unidos, en estos días, pueden aportar más al crecimiento del idioma español que la mayoría de los grupos de habla hispana.

El asunto no puede ser visto como una amenaza más del supuesto imperialismo lingüístico de los anglosajones sobre los hispanoparlantes. Por el contrario, es el español el que le está ganando terreno al inglés dentro de Estados Unidos.

"Es la primera vez en la historia que una comunidad de origen distinto al estadounidense no ha tenido que pasar por el proceso de la olla podrida [*melting pot*] que es el de homologar sus costumbres a las de la población de habla inglesa para ser reconocidos como estadounidenses," aseguró el escritor peruano Mario Vargas Llosa en una entrevista con el diario español *El País*. "Los hispanos no han tenido que perder su lengua ni su cultura para sentirse asimilados a la de los anglosajones; por el contrario, muchos han tomado una posición de defensa de esa cultura."

El español forma parte de la identidad cultural de los hispanos. La mayoría de los latinos lo hablan en casa. Lejos de desaparecer, el español está tomando fuerza: algunos de los programas de radio y televisión de más audiencia en ciudades como Los Angeles, Miami y Houston, son en español y vencen en la batalla de los *ratings* a espacios similares en inglés. Pero ciertamente no se trata de un español puro ni de diccionario. Es probablemente el español más mezclado que se hable en el mundo, no sólo por las influencias del inglés, sino porque tiene tres orígenes fundamentales: México, Cuba y Puerto Rico.

En Estados Unidos hablamos un español muy madreado; por golpeado y porque hay muchas "madres" o fuentes del español que usamos. La homogeneidad en el uso de reglas, acentos y acepciones del español en Estados Unidos no es más que un sueño guajiro.

Mi propuesta es que se trata de un verdadero error y de una arrogancia supranacional el intento de conformar el habla de más de 40 millones de hispanoparlantes en un país anglosajón a las estrictas reglas de la Real Academia de la Lengua Española. En realidad, y es una pena decirlo así, pero muy pocos hispanos conocen dichas reglas en Estados Unidos. Y los que las conocen las ensalivan hasta dejarlas casi irreconocibles.

Lejos de resistir los cambios, la única verdadera opción es acogerlos. De hecho, la mayoría de los periodistas que llevamos décadas trabajando en la televisión en español en Estados Unidos hemos preferido informar de manera que se entienda (y con expresiones del *espanglish*, si es necesario) a intentar dar clases de un castellano lejano, ajeno, viejo.

El *espanglish* es mezcla y es cambio. Y está más vivo que nunca. Atacarlo, lejos de herirlo, lo fortalece. En Estados Unidos se entiende mejor *green card* que tarjeta de residencia. (Incluso una profesora chilena de la Universidad Internacional de la Florida proponía que se escribiera *grincar,* tal y como se pronuncia, y que nos olvidáramos de problemas). Para quienes utilizan los beneficios del *welfare,* el *medicaid* o el *unemployment* es mas fácil referirse a una palabra en inglés que a una extensa e incomprensible explicación en español.

Luego, por supuesto, están esas maravillosas y polémicas mezclas del *espanglish* que se han apoderado del habla. *Ganga* es una oferta en México, pero en las calles del Este de Los Ángeles nadie confundiría a una pandilla con la oportunidad de comprar barato. La mayoría de los inmigrantes en Texas, Arizona y California saben que el *bordo* o el *borde* queda al sur, aunque no hayan tenido que cruzar ilegalmente la frontera. *Tener sexo* es usado frecuentemente en lugar de hacer el amor; sin embargo, quien lo tiene casi nunca se queja de las palabras. *Hacer lobby* es tan usado como cabildear. *Surfear* es más fácil que correr tabla o tontear en Internet. *Ambientalista* es más corto y directo que defensor del medio ambiente. *Sexista* no aparece en muchos diccionarios pero es un término más amplio que machismo. Y *soccer* busca reemplazar a futbol.

Un prominente miembro de la Real Academia dijo en el congreso de la lengua celebrado en 1997 en Zacatecas, México, que el *espanglish* era una afrenta al español. Con todo respeto pero no sabe de lo que está hablando. No es un afrenta ni un obstáculo; es un nuevo cauce por el que crece el español.

El fallecido escritor mexicano Octavio Paz fue un poco menos insensible a las influencias culturales de los hispanos, pero cuando le pregunté en Miami si era correcto utilizar el *espanglish,* me contestó: "Yo no creo que sea correcto o incorrecto; es fatal . . . estas formas mixtas son formas transitorias de comunicación entre los hombres."

¿Formas transitorias? Sin duda. Pero no por ello puede negarse su influencia, real y definitiva, en la forma de hablar de millones de hispanoparlantes. El *espanglish* es hoy más popular que nunca, empujado sin duda por la Internet.

Más críticas.

El profesor Roberto González–Echeverría, profesor de literatura hispana y comparativa de la Universidad de Yale dijo en un artículo publicado por el diario argentino *El Clarín,* que "el *spanglish* es una invasión del español por el inglés," y que plantea "un grave peligro a la cultura hispánica y al progreso de los hispanos." Añade González–Echeverría: "La triste realidad es que el *spanglish* es básicamente la lengua de los hispanos pobres, muchos de los cuales son casi analfabetos en cualquiera de los dos idiomas . . . algunos se avergüenzan de su origen e intentan parecerse al resto usando palabras inglesas y traduciendo directamente las expresiones idiomáticas inglesas."

No coincido en lo absoluto con el profesor de Yale. El *espanglish* no plantea ningún peligro a la cultura hispana. Por el contrario, es un reflejo de la latinización de Estados Unidos y producto del crecimiento de la población de origen hispano. Lejos de amenazar a esa cultura que tanto preocupa al profesor, el *espanglish* proyecta a sus miembros hacia fuera y los da a conocer; los refuerza.

Tampoco es cierto que el *"spanglish* es una lengua de los hispanos pobres, muchos de los cuales son casi analfabetos." No. El *espanglish* se habla por igual entre latinos pobres que entre hispanos con doctorados. Basta escuchar a algunos de los principales ejecutivos latinos en las grandes empresas norteamericanas para corroborar que el *espanglish* se ha colado en todos los sectores económicos. Lo que sí es probable es que en los sectores menos favorecidos económicamente no exista la misma conciencia del uso del *espanglish* que se da en otras capas con mayores posibilidades educativas.

Ilan Stavans es probablemente la persona que más a fondo ha estudiado el fenómeno del *espanglish*. Sus enemigos le llaman "el destructor del idioma español." Pero Stavans, profesor de Amherst College en Massachussetts, lejos de destruir se ha dedicado los últimos años a construir un diccionario del *espanglish* con más de 6,000 palabras.

"Hablar de mantener la pureza del idioma español en los Estados Unidos es utópico," me dijo Stavans en una entrevista. "Los puristas quieren mantener un español congelado en el tiempo, como si los idiomas no se transformaran."

"¿Qué es el *espanglish?*," le pregunté al profesor de 40 años nacido en México.

"El *espanglish* no es un idioma," me contestó. "Tampoco está a nivel de dialecto, aunque está en proceso de convertirse en dialecto. Es un *slang* o una jerga."

Ilan Stavans está convencido de que "estamos siendo testigos de un fenómeno verbal sumamente creativo que nos hace repensar la manera en que el mismo español se desarrolló a lo largo de los siglos."

El *espanglish* se remonta a 1848 (al Tratado de Guadalupe Hidalgo) cuando México perdió más de la mitad de su territorio frente a los Estados Unidos. Fue entonces que grupos de mexicanos se encontraron viviendo, de pronto, en unas tierras controladas por los norteamericanos y tuvieron que enfrentar un idioma y una cultura que no era la suya. Según Stavans, el fenómeno del *espanglish* se intensifica en la guerra de 1898 cuando España pierde a Cuba y Puerto Rico ante los estadounidenses.

Con la retirada de España del continente americano, el español en sus formas más puras se vio bajo ataque. "No es un fenómeno que se limita a los Estados Unidos," me dijo Stavans. "El *espanglish* incluye muchas palabras colombianas, venezolanas . . . y de hecho el *espanglish* no es lo mismo para mexicanos, cubanos y neoyorriqueños." A pesar de todas sus variaciones—dependiente de distintos grupos étnicos y lugares donde se habla—no fue sino hasta la segunda mitad del siglo XX que surge la conciencia del *espanglish* como algo único, que no es ni inglés ni español.

Y ahora, no cabe la menor duda, que el *espanglish* llegó para quedarse. "En la misma panza del imperio hablamos *espanglish*," observó el profe. "Y lo habla igual la gente educada que la menos educada." Es cierto. He escuchado a abogados y doctores hablar *espanglish* con sirvientas y personal de limpieza; políticos y funcionarios en Texas, California y Arizona constantemente usan el *espanglish* para comunicarse con sus votantes mas pobres.

El *espanglish* ya ha infiltrado todas las capas de la población latina en los Estados Unidos y como periodista que lleva casi dos décadas en este país tengo que reconocer que muchas veces es mas fácil utilizar una palabra que no es ni del inglés ni del español con el objetivo de comunicarse e informar de manera mas rápida y eficiente.

"Ya somos más hispanos en Estados Unidos que la población entera de España. Me parece ridículo que esta gente de la Academia crea que lo único que hay que hacer es olvidar lo que hablamos y tratar de imponernos un idioma ajeno," apuntó Stavans. "Por décadas los círculos académicos han visto al *espanglish* como una deformación y una prostitución de la lengua. Lo que yo propongo es que ya no es posible verlo en un tono tan negativo."

"Yo no soy profeta, pero creo que el *espanglish* no está desapareciendo," me dijo Stavans cuestionando la conclusión de Octavio Paz—de que el *espanglish* era una forma transitoria de comunicación. "No creo nada improbable que dentro de 200 o 300 años se escriban grandes obras en *espanglish*."

La última palabra sobre el *espanglish* la tienen, desde luego, los millones de personas que lo hablan todos los días y los millones más que lo *emilean* por la *web*. Ésta es una clara señal de lo rápido que se está dando la reconquista cultural de Estados Unidos. Muy pronto podríamos ver, incluso, una boleta de votación escrita en *espanglish*. A la velocidad con que se está latinizando Estados Unidos, esa posibilidad no resulta tan extraña.

CAPÍTULO SIETE

EL VERDADERO PODER DE

LOS INMIGRANTES

"La inmigración no es un problema que tenga que resolverse. Es una señal de una nación segura y exitosa . . . Los recién llegados deben ser recibidos, no con sospecha y resentimiento, sino con apertura y cortesía." [1]

Presidente GEORGE W. BUSH
Ellis Island, Nueva York Julio 10, 2001

CRITICAR A LOS inmigrantes es criticar, de alguna manera, a los hispanos. Siete de cada 10 latinos (68%) son inmigrantes o uno de sus padres nació en el extranjero. Y aunque millones de inmigrantes de origen latinoamericano ya se han hecho ciudadanos norteamericanos, hay una hipersensibilidad en la comunidad hispana cuando se critica a los inmigrantes. ¿Por qué? Bueno, porque cuando critican injustamente a los inmigrantes de los principales problemas de Estados Unidos critican también a tu padre, a tus abuelos, a tus tíos, a tus mejores amigos . . . Y lo más probable es que—si tú eres un latino—cuando alguien critique a un inmigrante te estén criticando también a ti.

La realidad es que, muchas veces, cuando hay problemas serios en Estados Unidos los inmigrantes suelen ser los chivos expiatorios; igual cuando se trata de recesión económica o alto desempleo como cuando el país es objeto de un ataque terrorista como el del 11 de septiembre de 2001. Es cierto que los responsables de la muerte de más de tres mil personas en el World Trade Center, el Pentágono y Pennsylvania fueron extranjeros. Pero la mayoría de los inmigrantes que vivimos en Estados Unidos no somos terroristas. Los inmigrantes no debemos ser acusados, indirectamente, por las enormes fallas en los servicios de inteligencia de la CIA y el FBI que permitieron el secuestro de cuatro aviones.

El gobierno norteamericano debe refinar sus servicios de inteligencia y perseguir a terroristas dentro del país. Nadie cuestiona eso. Si la CIA, el FBI y la docena de agencias de espionaje hubieran hecho bien su labor, el 11 de septiembre hubiera pasado a la historia como un día soleado y sin nubes en Washington y Nueva York. Se equivocaron. Terriblemente. Sin embargo, compensar esos enormes errores tratando al resto del mundo como sospechoso de terrorismo es igual que matar mosquitos a cañonazos.

La organización National Immigration Forum resumió con claridad el dilema que viven muchos inmigrantes después de los actos terroristas. "Bajo el microscopio del escrutinio del gobierno, las comunidad inmigrantes a lo largo de Estados Unidos se sienten atacadas," explicaron en un comunicado de prensa. "Desafortunadamente, las acciones del gobierno a partir del 11 de septiembre parecen desorganizadas, sin un objetivo claro, y dirigidas más a crear miedo y confusión entre las comunidades de inmigrantes que a incrementar la seguridad de los norteamericanos en general."[2]

Eso de la lucha contra el terrorismo está muy bien: todos los que vivimos en Estados Unidos queremos sentirnos más seguros. Pero tratar como sospechosos de algún crimen a todos los inmigrantes, extranjeros, visitantes y turistas es contraproducente, exagerado y, francamente, una pérdida de tiempo.

Los inmigrantes, en general, como cualquier otro sector de la sociedad, no son criminales ni terroristas. Nadie debe cuestionar, tampoco, el patriotismo de los inmigrantes que han decidido hacer de Estados Unidos su hogar permanente. Tras los hechos terroristas de septiembre de 2001 hubo banderas norteamericanas ondeando desde Hialeah en la Florida y Pilsen en Chicago hasta Brooklyn en Nueva York y el este de Los Angeles; supe de gente que ni siquiera era residente legal dispuesta a ofrecerse como voluntaria para luchar con el ejército estadounidense.

Jesús Suárez del Solar y José Angel Garibay son sólo dos de los muchos soldados extranjeros—residentes legales aunque no ciudadanos norteamericanos—que perdieron su vida en la guerra contra Irak. Son los llamados "soldados tarjeta verde." Resulta irónico que Jesús y José Angel hayan sido aceptados en las fuerzas armadas de Estados Unidos pero que no hubieran podido conseguir un trabajo en la seguridad de los aeropuertos del país. ¿Hay acaso una mayor muestra de lealtad que estar dispuesto a morir por Estados Unidos?

Contrario a lo que muchos piensan, éste es el momento más apropiado para otorgar una amnistía o legalizar el estatus migratorio de más de ocho millones de indocumentados que viven en este país. Hacerlo permitiría identificar y localizar a personas que, en la práctica, no existen o son invisibles para el gobierno norteamericano y sus agencias de inteligencia. La idea no es tan descabellada.

Altos funcionarios de México y Estados Unidos querían tener para finales del 2001 una propuesta concreta sobre el futuro de millones de indocumentados. El 11 de septiembre lo detuvo todo. Las conversaciones han continuado, incluso después de los actos terroristas. Pero no se han obtenido logros concretos en asuntos migratorios que ambos gobiernos puedan aceptar.

Lo más triste, sin embargo, de las críticas a los inmigrantes es que una buena parte de ellas no tienen un sustento en la realidad ni en razonamientos económicos sino en el racismo y la discriminación. Esta nación fue creada por inmigrantes y cada uno de los que vivimos en Estados Unidos—con la excepción de los indios americanos o *Native Americans*—es un inmigrante o un descendiente de inmigrantes. Todos. Pero esto tiende a olvidarse cuando surge alguna crisis financiera o de seguridad nacional.

Estados Unidos es una nación multiétnica, multicultural y multirracial. Y aceptarse como tal es su verdadero reto. En esto radica su fuerza y su destino. Por eso, ser antiinmigrante es, en realidad, ser antiamericano.

Una de las principales preocupaciones de las organizaciones que luchan por los derechos de los inmigrantes es que para muchos norteamericanos, incluyendo a altos funcionarios del gobierno, los indocumentados son clasificados automáticamente como criminales.

Durante una entrevista con Tom Ridge, antes de que fuera nombrado Secretario de Seguridad Interna, le pregunté si creía que los inmigrantes indocumentados eran criminales. Su respuesta "Técnicamente, han roto la ley, así que en un sentido técnico, por violar la ley, se les puede definir como criminales"[3] refuerza la idea equivocada de muchos norteamericanos de que todos los indocumentados son criminales y, por lo tanto, un peligro para Estados Unidos.

Ridge, sin embargo, quería ser más comprensivo y añadió que "como americanos reconocemos que ellos son gente buena tratando de mantener a ellos y a sus familias: también reconocemos que muchos de ellos son muy importantes para el éxito económico de compañías en nuestras comunidades y que, aunque hayan roto la ley para venir aquí, apoyan el sistema de inversión y comercial una vez que ya están aquí."[4]

Lo curioso del caso es que los mismos inmigrantes que son "criminales" para Tom Ridge son considerados "héroes" por el presidente de México, Vicente Fox. Así los definió en una declaración pública.

Cuando le comenté al ahora ex canciller mexicano, Jorge Castañeda, sobre las declaraciones de Ridge me dijo que quienes realmente estaban violando la ley eran las compañías estadounidenses que empleaban a los indocumentados. "Desde la ley de 1986 es un delito contratar a extranjeros sin papeles," me explicó. "Y sin embargo, decenas de miles de patrones contratan a mexicanos o centroamericanos sin documentos todos los días."

Independientemente de que sean considerados criminales o no, estos inmigrantes son parte de la sociedad norteamericana, no van a regresar a su país de origen y contribuyen enormemente a la economía de Estados Unidos.

"Datos sobre varios aspectos de la migración mexicana sugieren la intensificación, en las últimas dos décadas, de una tendencia hacia el establecimiento permanente en Estados Unidos," concluyeron en un estudio los doctores Marcelo M. Suarez–Orozco y Mariela M. Páez de la Universidad de Harvard.[5] Sus observaciones coinciden con las de Wayne Cornelius de la Universidad de California en San Diego: "Los inmigrantes mexicanos están cambiando rápidamente sus estrategias transnacionales. Por ejemplo, según pasa el tiempo y de generación en generación, los mexicanos tienden a enviar menos dinero [a México], a involucrarse cada vez menos en la política mexicana y a visitar el país con menos frecuencia."[6]

El incremento de la seguridad en la frontera entre México y Estados Unidos, aunado a los semipermanentes problemas de pobreza y desempleo en América Latina han hecho que los inmigrantes que iban y venían de sus países de origen tiendan a romper ese ciclo con más frecuencia. Esto ocurre, particularmente, entre aquellos que se convierten en residentes legales y en los que pueden traer a sus familiares a Estados Unidos.

Los que llegan ya no se quieren ir. Eso era antes del 11 de septiembre. Eso era hace décadas. El ciclo migratorio sigue existiendo, pero ya no tiene la misma periodicidad ni la misma fuerza.

LA PROPUESTA MIGRATORIA DE BUSH

La propuesta migratoria del presidente Bush ya se veía venir. El martes 9 de diciembre de 2003, en la ciudad de Miami, el secretario del Departamento de Seguridad Interna, Tom Ridge, dijo: "Como país tenemos que darnos cuenta de la presencia de ocho a 12 millones de ilegales y darles algún tipo de estatus legal."[7] Las declaraciones de Ridge, que seguramente ya estaba trabajando en la propuesta migratoria de Bush, tomaron a muchos por sorpresa y generaron una multitud de comentarios en todo el país. El tema de la inmigración ilegal empezaba a cobrar fuerza. Y luego de Ridge vino Bush.

El miércoles 7 de enero de 2004 el presidente George W. Bush invitó a un grupo de hispanos influyentes a la Casa Blanca para que escucharan, a las 2:45 p.m., su propuesta para modificar las leyes migratorias de Estados Unidos. Se trataba de la propuesta más importante desde la amnistía concedida por el presidente Ronald Reagan en 1986.

"Propongo un nuevo programa de trabajadores temporales que va a juntar a trabajadores extranjeros con empleadores norteamericanos cuando no se pueda encontrar a estadounidenses que ocupen esos empleos," dijo Bush. "Este programa espera que el trabajador temporal regrese permanentemente a su país de origen luego de que su período de trabajo en Estados Unidos haya terminado."[8] La propuesta de Bush ofrecía una estadía inicial de tres años para los inmigrantes indocumentados que consiguieran empleo. La protección incluiría, también, a su familia más cercana pero el solicitante tendría que pagar una multa. Asimismo, se podría aplicar desde el exterior para solicitar un trabajo en Estados Unidos siempre y cuando no hubiera ningún estadounidense que deseara ese empleo.

Bush, sin embargo, dejó muy claro que no estaba a favor de ningún tipo de amnistía. "Me opongo a una amnistía y a poner a los trabajadores indocumentados en un camino automático para obtener la ciudadanía norteamericana," dijo en su discurso. "Dar una amnistía promueve la violación de nuestras leyes y perpetúa la inmigración ilegal. Estados Unidos es un país generoso pero la ciudadanía no debe ser la recompensa automática para los que violan las leyes del país."[9]

El rechazo de Bush a una amnistía no era nuevo. En una conferencia de prensa en Washington el 15 de diciembre de 2003 dijo: "Déjenme aclarar una cosa; esta administración está firmemente en contra de una amnistía."[10]

Bush, como se esperaba, fue atacado por ambos lados del espectro político. Por la derecha, lo acusaban de recompensar a personas que habían roto la ley. Por la izquierda, lo atacaban por usar la propuesta como un anzuelo para pescar votantes latinos.

Los miembros de la Comisión Hispana del Congreso (Hispanic Caucus) dijeron en un comunicado de prensa que "el plan migratorio de Bush es una copia moderna del programa bracero de los años 40 que separó familias y le robó a los trabajadores sus ingresos y su futuro. El programa del presidente crearía una generación de ciudadanos de segunda clase que son atraídos a trabajar a Estados Unidos con la falsa promesa de que algún día disfrutarían los beneficios de la ciudadanía."[11] La organización sindical más grande del país, la AFL–CIO, dijo que el plan de Bush "crearía una subclase permanente de

trabajadores"[12] mientras que NALEO (National Association of Latino Elected and Appointed Officials) dijo que la propuesta "no hace
suficiente énfasis en ofrecer a los trabajadores inmigrantes la posibilidad de convertirse en ciudadanos y participar plenamente en nuestra
sociedad."[13] El presidente del Concilio Nacional de la Raza, Raúl Izaguirre, concluyó así su sentir tras escuchar la propuesta de Bush: "Los
hispanos están muy desilusionados con la propuesta migratoria del presidente ya que le ofrece acceso completo de trabajadores inmigrantes a
la industria mientras que le da muy poco a esos mismos trabajadores."[14]

El presidente de México, Vicente Fox, calificó la propuesta migratoria de Bush como "muy importante" durante la reunión extraordinaria de 34 mandatarios del continente americano en Monterrey,
México. Sin duda, la propuesta tomaba en cuenta las enormes presiones del gobierno mexicano para legalizar, de alguna manera, la situación de mexicanos en Estados Unidos. También, era una forma de
tratar de ganar el voto hispano en Estados Unidos. La propuesta migratoria de Bush fue un buen primer paso; no tanto por lo que proponía
como por abrir el debate a nivel nacional e internacional. Bush, con su
propuesta, se metió al ruedo del debate público y ahora no le queda
más remedio que enfrentar el toro de la inmigración.

Fue importante que en su discurso Bush reconociera que el actual
sistema migratorio "no funciona" *("the system is not working")* y que
hablara extensamente de las enormes aportaciones de los inmigrantes a
la historia, a la cultura y a economía de Estados Unidos. Fue importante que reconociera el miedo en que viven actualmente millones de
trabajadores en este país y que estuviera dispuesto a hacer algo al respecto. Fue importante que aceptara que Estados Unidos necesita mano
de obra extranjera para seguir creciendo. Fue importante que Bush,
por razones humanitarias y de seguridad nacional, estuviera dispuesto
a legalizar (aunque sea de manera temporal) a millones de trabajadores.

Sin embargo, la propuesta migratoria de Bush se quedó corta por
ser poco realista, porque carece de detalles importantísimos, porque es
unilateral y no ofrece soluciones a largo plazo al problema migratorio.
La propuesta de Bush tenía, además, un tono populista y oportunista

por su falta de especificidad y por haberla presentado en un año electoral. Pero vamos por partes.

La propuesta de Bush era poco realista porque sólo ofrecía una legalización temporal a los trabajadores indocumentados y a sus familias. ¿Qué pasaba luego de que se venciera esa visa especial y no hubiera posibilidad de renovarla? Eso no estaba claro. Bush dejó los detalles en el aire. Es de una ingenuidad casi infantil el pensar que los inmigrantes que trabajen legalmente por unos años en Estados Unidos se van a regresar a su país de origen al vencerse su visa. Eso no va a ocurrir. Cualquier propuesta seria debe incluir la posibilidad de convertirse en residente legal y luego en ciudadano norteamericano. Esa posibilidad no estaba especificada en la propuesta original de Bush.

La propuesta de Bush era unilateral. La anunció él solito en la Casa Blanca. Bush no consultó con ninguno de los 20 miembros de la Comisión Hispana del Congreso (Hispanic Caucus)—que son lo que más han hecho para proteger a los inmigrantes y los que más saben sobre el tema—ni con ninguno de sus vecinos. El presidente de México, Vicente Fox, se puede dar todo el crédito que quiera por la propuesta de Bush pero la realidad es que el mandatario norteamericano habló 15 minutos por teléfono con Fox en la mañana del anuncio y sólo le adelantó lo que iba a decir. No hubo ningún tipo de negociación con México antes de anunciar la propuesta. Por eso estaba tan coja.

La propuesta de Bush no resolvía el problema de la inmigración indocumentada a largo plazo. Por el contrario, solo lo retrasaba y complicaba. Bajo el plan de Bush, millones de indocumentados dejarían de serlo por un tiempo—tres años, quizás seis—para, después, volver a ser indocumentados al término de sus visas. Eso no resolvía nada.

La legalización temporal, también, pudiera convertirse en una trampa. Estos trabajadores temporales—como los braceros en los años 40 y 50—podrían ser fácilmente explotados y manipulados por los empleadores que patrocinan sus solicitudes migratorias. Y al final de su estadía, los trabajadores temporales pudieran ser deportados sin muchos problemas ya que el nuevo Servicio de Inmigración sabría exactamente dónde viven y dónde trabajan.

Asimismo, la propuesta de Bush no decía nada sobre la violencia y las muertes en la frontera entre México y Estados Unidos. Cada día muere, en promedio, un inmigrante en esa frontera; mueren más inmigrantes ahí que soldados norteamericanos en la guerra en Irak. En el año 2003 "murieron 409 inmigrantes" en la frontera entre México y Estados Unidos, según Claudia Smith, directora de la Fundación de Asistencia Legal Rural de California.[15]

Bush tampoco dijo nada en su propuesta sobre cómo piensa regular o controlar los cruces de indocumentados en la frontera sur. Cada día mil inmigrantes, en promedio, cruzan ilegalmente la frontera de México a Estados Unidos o violan sus visas y se quedan a vivir permanentemente en territorio estadounidense. Es absurdo hablar de seguridad nacional y de reforma migratoria en Estados Unidos cuando la frontera sur parece una coladera. La única manera de enfrentar de manera realista el asunto de los cruces ilegales en la frontera es a través de un acuerdo migratorio con México y Centroamérica. Y, aún así, mientras haya una disparidad tan grande de salarios entre Estados Unidos y América Latina seguirá habiendo inmigración indocumentada. Por eso, cualquier propuesta migratoria debería incluir también un programa de inversión—como el de la Unión Europea—que intentara nivelar los salarios en todo el continente americano.

Bush, con su propuesta, se queda en la orilla del problema. Ni resolvía permanentemente la situación migratoria de millones de indocumentados ni plantea las bases para que en el futuro hubiera un flujo ordenado y seguro de inmigrantes hacia Estados Unidos. Mi única esperanza—y la de millones de indocumentados—es que otros corrijan y expandan lo que el presidente norteamericano echó a rodar.

ES UN GRAN NEGOCIO TENER INMIGRANTES

Estados Unidos sigue siendo un país de inmigrantes. Uno de cada cinco habitantes de Estados Unidos es extranjero o al menos uno de sus padres nació en otro país. En el año 2000 había casi 56 millones de extranjeros o hijos de extranjeros en el país; éste es un aumento considerable frente a los 34 millones, con las mismas características, de 1970.

EXTRANJEROS O HIJOS DE EXTRANJEROS EN ESTADOS UNIDOS	
NACIDOS EN EL EXTERIOR	28.4 MILLONES
NACIDOS EN ESTADOS UNIDOS CON DOS PADRES EXTRANJEROS	14.8 MILLONES
NACIDOS EN ESTADOS UNIDOS CON UN PADRE EXTRANJERO	12.7 MILLONES
TOTAL	55.9 MILLONES

Fuente: Oficina del Censo[16]

Esta cifra es un récord. Nunca antes en la historia Estados Unidos había tenido tantos extranjeros. Sin embargo, esto es usado por enemigos de los inmigrantes para asegurar que ellos son los responsables de los principales problemas del país y para exigir un alto a la inmigración. Sus preocupaciones, sin embargo, no tienen sustento en la realidad.

Si bien es cierto que el número de extranjeros es el más alto hasta la fecha, también es cierto que en términos porcentuales han existido otras épocas con más extranjeros e hijos de extranjeros. De 1890 a 1930 más del 30 por ciento de la población de Estados Unidos estaba compuesta por extranjeros y sus hijos; actualmente es de sólo el 20 por ciento. La diferencia es que en esa época la mayoría de los extranjeros venían de Irlanda, Alemania e Italia mientras que hoy vienen de México.

Asimismo, si nos concentramos exclusivamente en la categoría de los que nacieron en el exterior, en 1870 (14%) y en 1910 (14.7%) había más extranjeros viviendo en Estados Unidos que en el año 2000 (10.8%).

Los inmigrantes son un fantástico negocio para Estados Unidos. Los inmigrantes que provienen de América Latina son importantísimos para evitar la inflación y mantener bajos los precios. Sin los inmigrantes podrían dispararse los precios de la comida y la renta o compra de casas, entre muchas otras consecuencias. Los inmigrantes le permiten a la sociedad norteamericana mantener los altos niveles de vida a los que está acostumbrada. Además, Estados Unidos necesita de más inmigrantes—que, por supuesto, pagan impuestos y crean puestos de trabajo—para mantener una población que envejece a ritmos acelerados.

Según un estudio de *The Washington Post,* la fundación Kaiser y la Universidad de Harvard, el envejecimiento de la sociedad norteamericana se refleja claramente en su participación política. Su conclusión es que, si las tendencias se mantienen, el número de personas de 65 años o más que vota en elecciones será cuatro veces mayor que la de aquellos que tienen 30 años o menos para el año 2022.[17] ¿Y quién va a pagar por el *social security* de muchos de los llamados *baby boomers?* Los inmigrantes.

The Pew Hispanic Center calcula que "el número de trabajadores blancos se va a reducir en cinco millones del año 2000 al 2025 debido a que la generación de los *baby boomers* (nacidos después de la Segunda Guerra Mundial) empieza a jubilarse. Al mismo tiempo, y basados en las cifras del Censo, el número de latinos en edad de trabajar aumentará en unos 18 millones de personas."[18]

Cuando el Comité Especial sobre el Envejecimiento del Senado de Estados Unidos (Special Committee on Aging, United States Senate) invitó a hablar a Alan Greenspan, el presidente de la Reserva Federal, pocos esperaban una defensa del trabajo de los inmigrantes. Pero así fue. "El envejecimiento de la población (de Estados Unidos) va a traer muchos cambios en nuestra economía," dijo Greenspan. "La inmigración, si decidimos expandirla, puede ser un potente antídoto contra el lento crecimiento de la población en edad de trabajar. Como lo demostró la llegada de trabajadores extranjeros en respuesta a la necesidad de mano de obra en la década de 1990, la inmigración responde cuando hay empleos que llenar."[19]

Otro estudio, del Centro para el Estudio del Mercado Laboral de la Universidad de Northeastern (Center for the Labor Market Studies at Northeastern University), corrobora la importancia de los inmigrantes en la fuerza laboral. Concluyó que "los nuevos inmigrantes fueron básicos para el crecimiento económico del país en la última década," según informó *The Washington Post.* "Ocho de cada 10 nuevos trabajadores hombres durante esa época fueron inmigrantes."[20]

Las consecuencias del incremento de los inmigrantes en el mercado laboral está cambiando la manera en que se trabaja en Estados Unidos. Hay una clara división del trabajo; existen empleos que nadie, excepto los inmigrantes, estarían dispuestos a hacer. Sobre todo en la agricultura, en el área de servicios y en la industria de la construcción y costura, para nombrar sólo algunos. "La economía norteamericana necesita absolutamente de inmigrantes," declaró a la prensa Andrew Sum de la Universidad de Northeasthern y responsable del estudio. "Estoy conciente de que algunos trabajadores [norteamericanos] han sido afectados por esto y que mucha gente se enoja cuando lo digo, pero nuestra economía depende más del trabajo de los inmigrantes que en cualquier otro momento en los últimos 100 años."[21]

Los inmigrantes conforman el 34 por ciento de la fuerza laboral en el trabajo doméstico, el 23 por ciento en agricultura y pesca, el 21 por ciento en operaciones de ensamblaje o maquinaria y el 18 por ciento en el área de servicio, según el Instituto Urbano.[22] El título del artículo del diario *USA Today* que publicó estas estadísticas no podía ser más claro: "Estados Unidos no funcionaría sin el trabajo de los inmigrantes." *("USA just wouldn't work without immigrant labor.")*

A pesar de que los inmigrantes reemplazan a los norteamericanos que dejan de trabajar, que pagan por su *social security* o fondo de jubilación y que son fundamentales en varias industrias y esenciales para la economía, hay un eterno debate sobre las contribuciones de la inmigración a la sociedad norteamericana. Constantemente hay denuncias de que los inmigrantes toman más de lo que aportan a Estados Unidos. Pero el estudio más completo hecho al respecto—por la Academia Nacional de Ciencias (National Academy of Sciences)—no da lugar a dudas: los inmigrantes contribuyen más de lo que toman a la sociedad en que viven.

Cansados de escuchar argumentos a favor y en contra de los inmigrantes y sin saber cuál era la realidad, los miembros de la Comisión de Reforma Migratoria (U.S. Commision on Immigration Reform), designada por el Congreso de Estados Unidos, le pidió al Consejo Nacional de Investigación (National Research Council), que depende de la Academia Nacional de Ciencias "que examinara los efectos de la inmigración en la economía nacional, en los ingresos y gastos del gobierno, y en las características y tamaño de la población."[23] Los resultados se dieron a conocer en una conferencia de prensa en Washington, D.C. el 17 de mayo de 1997 y fueron contundentes: "En general, la economía de Estados Unidos se beneficia de la inmigración."[24]

"Los inmigrantes le pueden estar añadiendo hasta $10,000 millones a la economía cada año," dijo James P. Smith, un economista de la organización Rand que estuvo al frente del grupo investigador. "La gran mayoría de los norteamericanos están disfrutando de una economía más saludable, una mayor mano de obra y bajos precios como resultado de la inmigración."[25]

Es cierto que los inmigrantes les cuestan y mucho a los gobiernos locales y estatales por los servicios que les prestan. Sobre todo en los gastos por educación y salud. Los gobiernos locales y estatales no siempre reciben la compensación que les corresponde por parte del gobierno federal por todos estos servicios que dan a los inmigrantes, ocasionando serios problemas financieros.

Pongamos el ejemplo del condado de Los Ángeles. De los 2.5 millones de personas sin seguro médico que son atentidas en los hospitales y centros médicos del condado de Los Ángeles, se calcula—según un informe de *The New York Times*—que 800,000 son indocumentados. Esto explicaría, en parte, el deficit de $400 millones que el condado consideró para el año fiscal del 2003.[26]

Al final de cuentas, los inmigrantes contribuyen más de lo que le cuestan a Estados Unidos. Una de las principales conclusiones del estudio fue la siguiente: "Los cálculos a largo plazo indican que a nivel nacional, la mayoría de los nuevos inmigrantes y sus descendientes van a añadir más a los ingresos del gobierno de lo que reciben a lo largo de su vida."[27]

La Academia Nacional de Ciencias no es la única que ha corroborado las ventajas económicas que representan los inmigrantes para Estados Unidos. National Immigration Forum calcula que cada inmigrante contribuye cada año $1,800 más a la economía de lo que toma en servicios públicos, que el inmigrante típico y sus descendientes pagan $80,000 más en impuestos a lo largo de su vida que los beneficios que obtienen de los gobiernos locales, estatales y federal y que, por ejemplo, en el año 1997 las familias de los inmigrantes pagaron $133,000 millones *($133 billion)* en impuestos directos a nivel federal, estatal y local.[28] Esas cifras seguramente han aumentado desde entonces.

Y si bien es cierto que estos cálculos no diferencian a inmigrantes legales de los indocumentados, la realidad es que quienes no tienen sus documentos en orden también pagan impuestos en Estados Unidos. El North American Integration and Development Center (NAID) de la Universidad de California en Los Ángeles (UCLA) calcula que "los actuales niveles de inmigración indocumentada proveniente de México (tres millones de trabajadores) representa una contribución de $154,000 millones al producto interno bruto de Estados Unidos, incluyendo los $77,000 millones del producto estatal bruto de California. Este cálculo conservador está basado en las cifras más bajas posibles de la fuerza laboral indocumentada. Pero si se utilizan otros cálculos que consideran que hay 4.5 millones de trabajadores indocumentados de México en Estados Unidos, eso aumentaría su contribución anual a aproximadamente $220,000 millones *($220 billion)*."[29]

Los periodistas Peter Jennings y Todd Brewster resumen, sin tantas cifras, la importancia de los indocumentados para este país. "La economía norteamericana depende del trabajador indocumentado; de hecho, se aprovecha de él," escribieron Jennings y Brewster en su libro *In Search of America*. "Toma impuestos del seguro social del ingreso de los indocumentados, billones que se pagan a un sistema que el trabajador, por su estatus de indocumentado, nunca podrá utilizar. Se le retienen impuestos federales y estatales de sus salarios también, y quizás se le quitan más impuestos de los que debe ya que, por miedo de llamar la atención del servicio de inmigración, no hace su declaración de impuestos y el gobierno no le va a pagar ningún reembolso."[30] ¿Es esto justo? Definitivamente no.

Los indocumentados, además de sus aportaciones económicas,

salvan vidas de norteamericanos. Literalmente. Los indocumentados, según la organización United Network for Organ Sharing, son el 2 por ciento de los donantes de órganos en Estados Unidos mientras que sólo reciben el 1 por ciento de los órganos donados. En el año 2001 hubo 124 indocumentados fallecidos que donaron sus organos. "Cada día hay donantes en nuestro país que son inmigrantes indocumentdos" dijo Pam Silvestri, la portavoz de Southwest Transplant Alliance al periódico *El Paso Times*.[31]

A pesar de las enormes aportaciones de los inmigrantes, legales e indocumentados, a la vida en Estados Unidos, las críticas no paran. El Center for Immigration Studies (CIS), una organización antiinmigrante, insiste en que "históricamente, el número de inmigrantes viviendo en Estados Unidos no tiene precedente" y añaden que incluso a principios del siglo XX, cuando llegó a su máximo la ola migratoria, había solo la mitad de los inmigrantes que hay actualmente (13.5 millones en 1910).[32] La comparación, sin embargo, está falseada. Como vimos anteriormente, en 1910 el 14.7 por ciento de la población era extranjera; en el 2000 era únicamente el 10.8 por ciento.

La misma organización asegura que, "al incrementar la oferta de mano de obra no calificada, la migración mexicana en los años 90 ha reducido los salarios de los trabajadores sin educación secundaria en un cinco por ciento." La consecuente reducción en los precios para los consumidores, según CIS, fue de entre 0.08 y 0.20 por ciento en la misma década y, de acuerdo con su conclusión, "el impacto es muy pequeño debido a que la mano de obra no calificada representa una pequeña fracción de la producción económica total."[33] Aun si estas cifras fueran correctas y pudieran ser corroboradas de manera independiente, las desventajas de tener a trabajadores inmigrantes en Estados Unidos son mínimas si las comparamos con las enormes ventajas: pagos multimillonarios de impuestos, labor esencial en grandes industrias, control de la inflación y el sostenimiento de una población que envejece rápidamente.

En uno de los estudios más completos que se han hecho sobre las aportaciones de los inmigrantes—"The Economic Consequences of Immigration"—Julian L. Simon se hace la siguiente pregunta:

"¿Cuántos inmigrantes y de qué tipo deben ser admitidos en Estados Unidos?" Su conclusión general es contundente: "Más de los que existen actualmente y escogidos, más por sus características económicas, y menos en base a conecciones familiares."[34] Estados Unidos, no hay duda, necesita más inmigrantes.

CÓMO AYUDAN LOS INMIGRANTES A AMÉRICA LATINA

Ahora bien, las aportaciones de los inmigrantes van mucho más allá de las fronteras de Estados Unidos. Las remesas que envían los inmigrantes latinos a sus países de origen alcanzaron $32,000 millones (*$32 billion*) en el 2002, según informó el Banco Interamericano de Desarrollo.[35]

El envío de remesas supera, y en mucho, la ayuda directa de Estados Unidos a los países de la región. En la mayoría de los casos, estos envíos constituyen la principal fuente de divisas extranjeras. El 44 por ciento de los inmigrantes envía dinero a sus países de origen, al menos de vez en cuando, según la organización Public Agenda.[36]

Para México, por poner un ejemplo, las remesas son ya la segunda fuente de ingresos del país después del petroleo y por encima del turismo. Por lo tanto, Estados Unidos podría ayudar mucho a la región, no mandando más dinero, sino legalizando la situación migratoria de muchos de los indocumentados que sostienen a sus familias en su país de origen.

Los inmigrantes, ya hemos visto, no sólo contribuyen enormemente a la economía norteamericana sino también a la de toda la región latinoamericana. Lejos de ser una carga, son uno de los principales motores económicos del continente.

Los inmigrantes latinos—contrario a lo que sugieren muchos estereotipos—no vienen para aprovecharse de la sociedad norteamericana. El 73 por ciento de los inmigrantes dice que es extremadamente importante "trabajar y no depender del *welfare* o asistencia social" y el 80 por ciento cree que Estados Unidos "es un país único que defiende algo especial en el mundo," según una encuesta de la organización Public Agenda.[37] Quien piense que todos los inmigrantes son criminales, terroristas o flojos no tiene ni la menor idea de la historia ni de la manera en que Estados Unidos se convirtió en una gran potencia. Sin los inmigrantes, Estados Unidos no sería lo que es.

EL VOTO DE LOS INDOCUMENTADOS

Los políticos se equivocan cuando atacan a los inmigrantes indocumentados. Hacer eso, en el fondo, significa votos en contra. ¿Por qué? Si consideramos que casi siete de cada 10 hispanos son extranjeros o que uno de sus padres lo es, entonces es fácil concluir que existe entre los votantes latinos una mayor sensibilidad y comprensión hacia quienes, hasta el momento, no han podido legalizar su situación migratoria. Atacar a un indocumentado puede tornarse en un asunto personal. Ese ataque puede ir dirigido al padre, al abuelo, al tío, al amigo, al vecino o al compañero de trabajo de un votante hispano. No es exagerado decir que en casi toda familia hispana hay un inmigrante o conocen a un inmigrante. En vista a esto es realmente absurdo— y muy poco práctico—criticar a los indocumentados en lugar de buscar una forma de ayudarles.

Pero hay algo más. Es cierto que los indocumentados no votan pero eventualmente lo podrían hacer. En el año 2000 había casi 10 millones de latinos (28% del total) que no podían votar por no ser ciudadanos norteamericanos. Pero muchos de ellos son ya residentes legales, están en el proceso de convertirse en ciudadanos y pronto serán votantes. Una amnistía, desde luego, permitiría que millones más fueran votantes en menos de una década. Es, por lo tanto, una verdadera tontería—además de una política partidista con muy poca visión—atacar a los votantes potenciales de mañana.

Una observación más. Los indocumentados no votan pero sus vecinos, sus compañeros de trabajo y algunos de sus familiares sí lo hacen. Los indocumentados votan indirectamente a través de quienes los conocen y presionan, como cualquier ser humano, por políticas que los favorezcan y por políticos que los comprendan.

Los indocumentados, permítanme decirlo una vez más, no se van a regresar voluntariamente a su país de origen. La encuesta de Public Agenda sugiere claramente que el 74 por ciento de los inmigrantes planea quedarse a vivir en Estados Unidos.[38]

Los inmigrantes seguirán viniendo a Estados Unidos por una sencilla ley económica de oferta y demanda: en América Latina hay trabajadores sin trabajo y aquí en Estados Unidos hay empleos que requieren de mano de obra barata. Así de sencillo. Mientras un latinoamericano o caribeño pueda ganar con una hora de trabajo en Estados Unidos lo mismo que gana en su país de origen en uno, dos o tres días, seguirá habiendo inmigración indocumentada. Entonces lo que hay que hacer es regular ese imparable movimiento de trabajadores. Punto.

ACUERDO MIGRATORIO

El gobierno de Estados Unidos tiene que entender que sólo un acuerdo migratorio con México, primero, y luego con el resto de los países de América Latina, puede ponerle orden a la frontera. Únicamente así habrá un flujo ordenado, pacífico y sin muertes, de trabajadores que vienen del sur y que son tan necesarios para la economía norteamericana. No se trata de parar la inmigración a Estados Unidos. Nunca la van a parar. De lo que se trata es de manejar y administrar efectivamente esa migración.

Los únicos que ganan con el caos actual que existe en la frontera son los "coyotes." En el 2004 era difícil encontrar a un "coyote" o "pollero" que cobrara menos de mil dólares por ayudar a cruzar la frontera. Los hay muy buenos; hay que reconocer eso. Saben donde y cuando cruzar sin ser detectados. Pero otros roban, estafan, violan y matan a los inmigrantes.

La política migratoria de Estados Unidos es confusa, contraproducente, contradictoria y muy poco efectiva. En lugar de ayudar a la economía del país, la bloquea y boicotea. En lugar de proteger a los inmigrantes, los orilla a lugares muy peligrosos y a la muerte. Si la política migratoria de Estados Unidos tiene por objetivo controlar sus fronteras, entonces es un verdadero fracaso. Es una gigantesca coladera. No solo no controla sus fronteras sino que provoca la muerte de inmigrantes. Solamente un acuerdo migratorio de Estados Unidos con América Latina sumado a una amnistía o propuesta migratoria que incluya legalización permanente de los indocumentados podría solucionar a largo plazo el problema migratorio y la violación constante de la frontera sur de Estados Unidos.

Por todo lo anterior es importante retomar las pláticas migratorias entre México y Estados Unidos y dar una amnistía a los indocumentados que ya están aquí. Acuerdo migratorio y amnistía son dos temas distintos pero ambos son fundamentales para que haya orden en la frontera y desaparezca el miedo entre las comunidades de inmigrantes dentro de Estados Unidos. Uno—el acuerdo migratorio—regularía y administraría el ingreso de inmigrantes de México y de otros países latinoamericanos; el otro—la amnistía—tendría por objetivo sacar del submundo en que se encuentran a millones de habitantes en el país más rico del planeta.

No es ningún misterio que la administración del presidente Bush frenó en seco las pláticas migratorias con México despues del 11 de septiembre de 2001. El entonces canciller mexicano, Jorge Castañeda, tuvo que reconocer en enero de 2002 que los plazos para llegar a un acuerdo migratorio con Estados Unidos "no son los que hubiéramos esperado porque han sucedido los acontecimientos que han sucedido." [39] México no tendría en el corto plazo "la enchilada completa," como le gustaba llamar a Castañeda al posible acuerdo migratorio.

Por esas mismas fechas, el Secretario de Estado norteamericano, Colin Powell, se rehusaba a declarar muerto el acuerdo migratorio con México. "Tengo la determinación, el presidente tiene la determinación," dijo Powell a la prensa en Washington, "de regresar a este tema tan importante que es la regularización del movimiento de entrada y salida de mexicanos. No hemos renunciado a este tema." [40] Pero pocos podían creer que Estados Unidos estuviera dispuesto a negociar con México sobre ese asunto.

Para noviembre de 2002 el tono de Powell era totalmente distinto.

En una visita a la ciudad de México, el presidente Fox le pidió a los norteamericanos que diferenciaran a las personas que llegan a Estados Unidos a trabajar y a enriquecer la economía con su labor de quienes pueden representar una amenaza para la seguridad de Estados Unidos.[41] "Estas cosas toman tiempo," respondió Powell. "Esto no es sencillo."[42] Fox, muy incómodo, se preguntaba en voz alta si Estados Unidos no podía pensar en dos cosas a la vez. El presidente de México quería que se negociara un acuerdo migratorio mientras Estados Unidos establecía una nueva secretaría de seguridad interna. El verdadero interés de Estados Unidos, sin embargo, estaba en otro lado: en Afganistán y en Irak.

Castañeda, más tarde, renunciaría al gabinete del presidente Fox, dando una clara señal de que no había posibilidades de avanzar mucho en el tema más importante para México en su relación con Estados Unidos. Sin embargo, la situación de millones de indocumentados continuaba pendiente.

Estados Unidos no ha acabado de entender que un acuerdo migratorio y una amnistía son medidas muy compatibles con las nuevas preocupaciones de seguridad nacional. Un acuerdo permitiría saber quienes son los nuevos inmigrantes desde antes que entren y una amnistía permitiría identificar a casi todos los habitantes que actualmente hay en el país. ¿Es esto, acaso, muy difícil de entender?

Ciertamente el proponer una amnistía migratoria podría costarle votos a cualquier político si no se les explica bien la idea a los norteamericanos. Tanto así que el gobernador de Colorado, Bill Owens, se vió en la necesidad de defender las propuestas migratorias que analizaba la administración del presidente Bush. "Nunca se ha definido como una amnistía para ilegales," dijo Owen, tambien presidente de la Asocación de Gobernadores Republicanos, "es una propuesta para legalizar programas de trabajo."[43]

Ni Bush ni Gore apoyaron la idea de un amnistía durante la campaña electoral del año 2000. Quizás porque encuesta tras encuesta indicaba que la mayoría de los norteamericanos se oponía a ella. Unos días antes de los actos terroristas del 2001, una encuesta interactiva de la empresa Harris—dada a conocer por la organización antiinmi-

grante The Federation for American Immigration Reform (FAIR)—
indicaba que 60 por ciento de los estadounidenses se oponían a una
amnistía mientras que un 29 por ciento la apoyaban.[44] Independientemente de la metodología utilizada y la interpretación dada por FAIR,
la realidad es que la idea de una amnistía nunca ha sido bien explicada
a los norteamericanos ni apoyada por un grupo o personaje de importancia a nivel nacional.

Entre las varias propuestas de amnistía, una de las más concretas y
manejables fue presentada por el congresista Luis Gutierrez (D) el 7 de
enero de 2003. La propuesta de Gutierrez, un defensor de los inmigrantes, era dar estatus legal a todos aquellos indocumentados que hubieran entrado a Estados Unidos antes del 7 de enero de 1998. A nivel
legal, se trataba de cambiar la fecha de entrada o *date of registry* del 1 de
enero de 1972 al 7 de enero de 1998. Todo inmigrante que haya
entrado al país antes de esa fecha tiene, por ley, derecho a legalizar su
situación migratoria. La propuesta de Gutierrez llamada U.S. Emplo-
yee & Family Unity and Legalization Act careció del apoyo para ser
aprobada por el congreso.

Dentro del congreso norteamericano ha existido una fuerte resistencia a aprobar una amnistía y un acuerdo migratorio sin que México dé algo a cambio. El Tratado de Libre Comercio de America
del Norte (NAFTA) que entró en efecto el 1 de enero de 1994 dejó
fuera dos temas centrales: el petróleo mexicano y la migración en
Estados Unidos. Según me comentó en una entrevista el expresidente
mexicano Carlos Salinas de Gortari, negociador del tratado, el acuerdo
tácito entre ambos países fue que esos dos temas no se tocarían en las
negociaciones y no se tocaron. La pregunta es ¿hasta cuándo?

En ambas cámaras del congreso norteamericano hay quienes
quisieran que México abriera su industria petrolera a cambio de un
acuerdo migratorio. Pero desde la expropiación petrolera en 1938 el
petróleo ha estado intrínsecamente relacionado al concepto de sobera-
nía en México y aun hoy en día es casi un tema tabú. Ciertamente hay
algunas áreas de la industria petrolera mexicana que permitirían una
limitada participación de empresas extranjeras, pero la idea de privati-
zar el petróleo de México es por ahora una imposibilidad política.

El concepto que tiene mayores probabilidades de tener éxito es el de un acuerdo migratorio con México y una amnistía a cambio de que se incremente significativamente la seguridad de Estados Unidos. Migración a cambio de seguridad; esa es la propuesta. Pero mientras no haya voluntad política para negociar algo así, surgirán fracturas dentro del sistema. La más patente es el creciente uso de las matrículas consulares de México.

La matrícula consular es una forma de identificación proporcionada por los consulados de México en el exterior a sus ciudadanos. No es, desde luego, una identificación aprobada en todo Estados Unidos. Pero ya para principios del 2003 era aceptada por unos 60 bancos norteamericanos—Bank of America, Wells Fargo, Citibank, entre otros—más de 800 departamentos de policía y decenas de ciudades, incluyendo el Condado de Los Ángeles y la ciudad de Chicago.[45] En enero de 2003 la matrícula consular del gobierno de México fue aceptada para entrar al edificio federal en San Francisco. Las críticas, sin embargo, fueron tantas que se decidió dar por terminado el experimento tras sólo dos semanas.

En la época del terrorismo, cuando es prácticamente imposible para un indocumentado conseguir una licencia de conducir, la matrícula consular es una forma de decir: "no soy un terrorista, no soy un criminal." Además, en el caso de los bancos, el uso de la matrícula consular es una gran oportunidad para captar los millones de dólares que ganan los indocumentados. En el año 2002 se expidieron más de un millón de matrículas consulares de México en Estados Unidos, según me confirmó el consulado mexicano en Miami.

Como era de esperarse, congresistas como Thomas Tancredo (R) de Colorado y Dana Rohrabacher (R) de California, enviaron una carta al presidente Bush en mayo de 2003 protestando por la creciente aceptación de la matrícula consular de México, tanto en bancos como en ciudades y departamentos de policía. En una conferencia de prensa en Washington, Tancredo y algunos de los 15 congresistas que firmaron la carta, mostraron un poster con una gigantesca matrícula consular que incluía la foto del presidente de México, Vicente Fox.

Para la embajada de México en Washington eso fue una "falta de respeto." "Yo le llamo a eso ser antihispano," dijo el congresista Ruben Hinojosa (D) de Texas a *Los Angeles Times*. Pero Tancredo defendió el uso del poster con la foto de Fox. "No hay nada de antihispano en usar la fotografía del presidente de México en una identifiación mexicana," dijo Tancredo al mismo diario. Y luego se preguntó: "¿Querían que pusiera ahí a alguien que se parece a un sueco?"[46] Colorado, sin sorprender a nadie, se convirtió en el primer estado en prohibir el uso de las matrículas consulares como forma válida de identificación.

Al FBI tampoco le gustan las matrículas consulares de México. En una audiencia ante el congreso norteamericano en junio de 2003, Steven McCraw dijo que el FBI y el Departamento de Justicia habían determinado que la matrícula consular mexicana no era una forma confiable de identificación y que puede convertirse en una amenaza terrorista. En particular, le preocupaba que la matrícula se utilizara para abordar aviones, transferir fondos u ocultar a terroristas en Estados Unidos.

Independientemente de las acusaciones, el uso de la matrícula consular de México y de otros países continuará extendiéndose mientras los indocumentados no tengan la posibilidad de obtener documentos oficiales de identificación por parte del gobierno norteamericano. Este tipo de complicaciones, sin embargo, no detienen el ingreso de indocumentados. No conozco a ninguna persona que haya detenido su viaje a Estados Unidos debido a que aquí no podría obtener su licencia de manejar. Ninguna.

Es cierto: en el actual sistema político norteamericano, complacer a los inmigrantes no genera votos, proponer una amnistía no genera votos, ofrecer una legalización permanente de millones de indocumentados no genera votos, favorecer un acuerdo migratorio con América Latina no genera votos. Bueno, ni siquiera aprobar licencias de conducir para indocumentados genera votos y por eso el nuevo gobernador de California, Arnold Schwarzenegger decidió quitarle ese derecho a miles de inmigrantes tan pronto tomó posesión en Sacramento. Sin embargo, a veces es preciso tomar decisiones impopulares para resolver problemas o por cuestiones humanitarias, aunque no generen votos.

Además, quienes quieran entender la "experiencia latina" tienen que comprender la importancia que para los hispanos tiene su legalización permanente en este país. Incluso para aquellos latinos que ya son ciudadanos norteamericanos hay un claro apoyo a aquellos que todavía no han conseguido su residencia permanente.

En estos momentos puede ser relativamente fácil atacar a los inmigrantes, negarles una amnistía y obstaculizar una negociación de un acuerdo migratorio entre Estados Unidos y América Latina. Pero los hispanos, como todo grupo que va creciendo en poder e importancia, no van a olvidar a quienes les dieron la espalda cuando más los necesitaban. Es, simplemente, una cuestión práctica: miles, quizás millones de esos jóvenes que hoy están indocumentados, podrían convertirse en votantes potenciales en una o dos décadas. Y si ellos no lo logran, sus hijos sí lo serán. Oponerse a un trato humano y justo a los inmigrantes indocumentados hoy en día podría ser contraproducente a nivel político en un futuro no muy lejano. Además, siendo muy pragmáticos, es preciso hacer algo con respecto a millones de personas que hoy viven en la oscuridad y con miedo en Estados Unidos.

La idea central de este capítulo es que los inmigrantes son necesarios para este país: contribuyen más de lo que toman, su influencia es creciente tanto a nivel cultural como a nivel económico y político, están dispuestos a aprender inglés y a trabajar para no depender del *welfare* o programas de asistencia social, mantienen a millones de familias en América Latina, son los votantes del futuro, aportan enormemente a la diversidad cultural de Estados Unidos y no tienen planeado regresar a sus países de origen.

Los inmigrantes van a seguir llegando. Así que, en lugar de pretender detenerlos en la frontera—una verdadera misión imposible—es preferible administrar su entrada cooperando y colaborando con los gobiernos de los países de donde vienen. El profesor Jagdish Bhagwati, de la Universidad de Columbia, dice que si no es posible detener efectivamente la inmigración ilegal, entonces es necesario "integrar a los inmigrantes a sus nuevos hogares de manera que se minimicen los costos sociales y se maximicen los beneficios económicos." Los castigos a los inmigrantes no están funcionando. Hay países pobres que no tienen más remedio que enviar a sus trabajadores fuera. "El futuro es . . . de las naciones que entiendan esta realidad," escribió Bhagwati en la revista *Foreign Affairs*, "y busquen soluciones creativas para trabajar con los inmigrantes y con la migración." [47]

El profesor Bhagwati propone la creación de la Organización Mundial de la Migración (World Migration Organization) para supervisar y monitorear las políticas migratorias de las naciones y buscar soluciones conjuntas. Apoyo totalmente la idea. Pero antes es preciso hacerle entender al gobierno norteamericano—al igual que a muchos gobiernos europeos—que la fuerza no es la mejor política para enfrentar un problema que requiere del diálogo, la cooperación y el entendimiento.

Mientras tanto, como dice la canción de Willy Chirino, "y siguen llegando."

CAPÍTULO OCHO

LA AGENDA LATINA

¿ES POSIBLE TENER una sola agenda latina para todos los distintos grupos que conforman la comunidad hispana? La respuesta es un categórico sí.

La agenda latina se deriva de los dilemas que enfrentan los latinos día a día. De su ausencia en muchas de las estructuras de autoridad y poder surge la necesidad de mayor representación política; de la enorme cantidad de inmigrantes indocumentados parte la exigencia de normalizar la situación legal de millones de familias; de nuestra doble identidad como norteamericanos y latinoamericanos se da la necesidad de hablar en inglés y en español; de las precarias condiciones en que viven muchos hispanos nace la prioridad de sacar a la comunidad latina de la pobreza, en particular a sus niños; de la triste realidad de que miles de estudiantes latinos no terminan la escuela secundaria o highschool parte la directriz de ponerle un alto inmediato a esta tragedia; de la injusticia de que muchos graduados de *high school* no pueden seguir a la universidad sale la propuesta de convertirlos, simultáneamente, en residentes legales una vez reciban su título de secundaria; de la discriminación y nuestros conflictos de identidad se desarrolla el interés por aliarnos con otros grupos minoritarios; de la incongruencia de que América Latina, a pesar de ser vecina de Estados Unidos, no sea su prioridad en política exterior vemos la urgencia de un cambio; de darnos cuenta que sólo uno de cada cinco latinos vota en elecciones parte la urgencia de que cada vez más hispanos se registren y voten; y del enorme desconocimiento que existe sobre quiénes son y qué quieren los hispanos nace la idea de extender la difusión de lo que es la experiencia latina.

Los problemas de la comunidad hispana están ahí, a la vista de todos. De lo que se trata es de definir una agenda—que incluya a todos los grupos hispanos de todas las regiones—que enfrente efectivamente esos problemas.

UNA AGENDA ÚNICA (A CUATRO VOCES)

Son, de alguna manera, los cuatro Papas o papás del mundo hispano. Lo que dicen Raúl Yzaguirre, del Consejo Nacional de la Raza (NCLR), Harry Pachón del Instituto Tomás Rivera, Roberto Suro del Pew Hispanic Center y Arturo Vargas del National Association of Latino Elected and Appointed Officials (NALEO) lo escuchan—con mucha atención—los otros latinos. A cada uno de ellos lo entrevisté de manera independiente.

No es que no haya otros que tengan su experiencia y profundidad en el análisis de temas hispanos, pero pocos como ellos dicen las cosas tal y como son, sin obvios partidismos políticos, y con el respaldo de una organización respetada y respetable. A propósito no quise incluir en este último capítulo a políticos ni a académicos. Unos podrían pecar de pragmáticos y otros de idealistas. Además, sería una lista interminable.

Quería, sí, discutir la posibilidad de crear una agenda única para toda la comunidad latina y tratar de entender por qué no ha surgido un líder latino a nivel nacional para los hispanos. También—como balance a la teoría de este libro de que los hispanos, como una ola, están latinizando a Estados Unidos—deseaba explorar aún más el fenómeno opuesto, la contracorriente; el de la americanización de los hispanos y su integración a la sociedad norteamericana.

Así, a cuatro voces, empezamos discutiendo el tema de la agenda hispana. Por principio ¿existe una agenda hispana?

Raúl Yzaguirre, presidente del Consejo Nacional de la Raza, considera que sí existe una agenda latina. "Creo que sí hay consenso en educación, creo que sí hay consenso en inmigración, creo que sí hay consenso en educación bilingüe,"[1] me dijo Yzaguirre.

Pero lo interesante es que, en muchos sentidos, la agenda latina se confunde también con los temas que más preocupan al resto de los norteamericanos. "De alguna manera es una agenda americana, ya que queremos mejores escuelas, queremos calles más seguras, queremos oportunidades para todos independientemente de su color o nacionalidad," continuó Yzaguirre, quien ha estado al frente del NCLR desde 1974. "La agenda latina es, básicamente, una agenda norteamericana. Pero hay algunas cosas que son únicas para los latinos (como inmigración y educación bilingüe) y que expresan nuestras prioridades. Salvo esas excepciones, queremos lo mismo que todos los norteamericanos."[2]

Arturo Vargas, director ejecutivo de NALEO (National Association of Latino Elected and Appointed Officials) cree, al igual que Yzaguirre, que la agenda latina se parece en mucho a lo que quieren la mayoría de los estadounidenses y que va más allá de diferencias étnicas o geográficas. "Hay un sólido compromiso en temas relacionados con mejorar la calidad de vida de los latinos de bajos ingresos. Y hay tres o cuatro temas que, consistentemente, ocupan a la mayoría de los políticos y funcionarios latinos: educación, acceso a servicios de salud, acceso a trabajos con buenos salarios y desarrollo económico," me comentó Vargas. "Ahora, la gente puede decir: 'eso es lo que quiere todo americano'. Lo que es distinto es la naturaleza de nuestra comunidad, nuestra población, ya que somos muy jóvenes. La política educativa afecta más a los latinos que al resto de la población debido a nuestra juventud. Un mayor porcentaje de latinos son afectados por el sistema público de educación, en comparación con negros, asiáticos o blancos. Debido a que tantos latinos son niños, los temas que afectan a la niñez son más importantes para los latinos que para otras comunidades."[3]

Harry Pachón coincide con Vargas e Yzaguirre. "Puedo conseguir unidad en educación, puedo conseguir unidad en proveer servicios sociales, en mejorar nuestros negocios y en facilitar el proceso de naturalización," me dijo Pachón, quien, antes de dirigir el Instituto Tomás Rivera, fue uno de los fundadores del National Association of Latino Elected and Appointed Officials y su director ejecutivo a partir de

1983. "Asuntos de inmigración, como los procesos de ciudadanía, es otro tema de acuerdo entre los latinos. Y eliminar el crimen de nuestras vecindarios es otro punto sobresaliente."[4]

Pero el tema central de la agenda latina es la educación. "En las encuestas que realicé en todo Estados Unidos, no importaba si era con cubanos, puertorriqueños o mexicoamericanos, todos ponen primero la educación de los niños,"[5] me dijo Pachón.

Roberto Suro está de acuerdo en el tema de la educación. "La educación se está convirtiendo en un tema sobresaliente, abrumador, debido a que hay tantos latinos con niños," me dijo Suro.[6] Sin embargo, Suro es el más escéptico de los cuatro con respecto a la existencia de una agenda latina a nivel formal.

"No creo que exista hoy una agenda latina que haya sido definida como tal, que tenga un amplio apoyo y ante la cual la gente pueda decir: 'ahí está, estos son los puntos más importantes," analizó Suro. "Pero puede existir. Hay asuntos comunes a una gran parte de la población. Y en parte eso es, simplemente, por la demografía; una gran parte de la población latina está en el proceso de tener niños . . . Hay un amplio acuerdo de que las escuelas públicas están en crisis y hay una especie de movimiento nacional de reforma educativa para aplicar estándares a nivel nacional y que no dejen a ningún niño fuera del sistema."[7]

Si Suro tiene razón ¿por qué no existe una agenda latina estructurada, formal, conocida por todos? "Ha habido una serie de intentos en los últimos 10, 15 años por varios líderes políticos para alcanzar un acuerdo respecto a una agenda y no se ha logrado, en términos de un esfuerzo organizado y estructurado," me dijo Suro. "Henry Cisneros hizo un gran esfuerzo en los años 80 y a principios de los 90 para establecer una agenda y otras organizaciones han tratado de establecer una. Nadie está tratando de juntarnos a todos. No ha ocurrido." Pero ¿por qué no ha ocurrido? "Hay algunas diferencias por origen nacional, hay algunas diferencias de clase y hay algunas diferencias políticas que no han podido superarse hasta el momento," continuó Suro. "Pero eso está cambiando. Creo que estamos viendo el principio de un cambio porque hay una creciente conciencia de que tenemos preocupaciones comunes, particularmente en educación. Nunca lo había visto antes."[8]

La comunidad latina no es monolítica. Y esto complica la creación de una sola agenda defendida por todos los grupos hispanos. "Hay sólo algunos pocos temas en que no coincidimos y donde nuestras prioridades son diferentes," comentó al respecto Raúl Yzaguirre. "Son obvias. Los cubanoamericanos son más anticastristas que otros latinos. Y desde luego los puertorriqueños están más preocupados por el estatus de Puerto Rico que otros latinos. Pero cuando hablamos de igualdad de oportunidades, inmigración, educación bilingüe—que son claramente temas latinos—estamos muy unidos."[9]

Las diferencias entre grupos hispanos van más allá de los tres grupos más grandes. "Por principio, esa tríada es obsoleta. No podemos hablar sólo de mexicoamericanos, puertorriqueños y cubanos. Tenemos que hablar también de otras comunidades: dominicanos, centroamericanos, etcétera. Incluso dentro de la comunidad de origen mexicano están los que han vivido aquí por generaciones y aquellos que acaban de llegar ayer," me dijo Arturo Vargas de NALEO. A pesar de lo anterior, "yo creo que [los políticos y funcionarios electos] no se dan cuenta de todo lo que tienen en común hasta que se reúnen y se ponen a hablar de eso."[10]

En las últimas décadas han existido varios intentos por crear una agenda latina formal y estructurada que todos los hispanos puedan apoyar. Lo ha intentado tanto NALEO como el Hispanic Caucus en el congreso norteamericano. Y a nivel legislativo ha quedado plasmada en el National Hispanic Leadership Agenda o agenda nacional de liderazgo hispano. Pero esta agenda, si es que existe, no ha logrado ser identificada como tal ni es, tampoco, reconocida inmediatamente por todos los líderes hispanos. Hay puntos en común, sí, pero no existe actualmente un esfuerzo consciente y organizado para presentar una sola agenda hispana.

Aún así, Harry Pachón ve con optimismo el avance. "Lo que he visto en los últimos 15 años es que la comunidad latina ha pasado de ser invisible a surgir como una fuerza visible a nivel nacional," me dijo.

La agenda latina "sólo tiene que ser expresada y necesitamos concentrarnos en temas que nos unan y no en asuntos donde tenemos diferencias de opinión." [11]

A pesar de los consensos y acuerdos tácitos, parece claro que la agenda latina—lejos de ser un documento preestablecido y conocido por todos los hispanos—es, por ahora, una aspiración y un proyecto en marcha.

DIEZ RECOMENDACIONES PARA UNA AGENDA LATINA

Al final de cuentas, siempre queda la duda sobre qué hacer para entender la experiencia hispana y mejorar la vida de los latinos en Estados Unidos. Así que aquí hay 10 recomendaciones concretas:

1. MAYOR REPRESENTACIÓN POLÍTICA.

Los hispanos son, al menos, el 13 por ciento de la población pero no hay un sólo senador hispano ni un sólo juez latino en la Corte Suprema de Justicia. Sólo hay 22 congresistas hispanos y un gobernador latino. Los soldados hispanos son el 9 por ciento del total de las fuerzas armadas pero únicamente el 4 por ciento de los comandantes son latinos. Los hispanos deben tener la representación política que les corresponde. Mayor representación política para los latinos se traducirá inmediatamente en mayor diversidad. Y esa es una meta que vale la pena.

2. NORMALIZAR LA SITUACIÓN LEGAL DE LOS INMIGRANTES LATINOS Y PROMOVER UNA REFORMA TOTAL DEL SISTEMA MIGRATORIO.

Hay que promover una amnistía o un acuerdo migratorio: 85 por ciento de los latinos favorece algún tipo de legalización permanente para los indocumentados, de acuerdo con un estudio de Hispanic Trends. Es preciso informar al resto de los norteamericanos de los enormes beneficios que aportan los inmigrantes latinos a Estados Unidos. Seis de cada 10 latinos, contrario a lo que piensa el resto de la población, creen que los indocumentados favorecen la economía de Estados Unidos. Hay que entender los problemas particulares de los inmigrantes. La mayoría de los latinos son inmigrantes o hijos de inmigrantes.

Asimismo, es preciso dar la residencia permanente a estudiantes graduados de *high school*. Hay que permitir que todo estudiante indocumentado que termine *high school* sea considerado residente estatal en las universidades y que todo graduado de la universidad, con la excepción de estudiantes extranjeros, pueda obtener la residencia legal en Estados Unidos para él o ella y su familia cercana. Esto atacaría el problema de la deserción escolar y centraría los esfuerzos familiares en la educación de sus hijos.

3. INGLÉS + ESPAÑOL: UN IDIOMA NO ES SUFICIENTE.

Aprender inglés es imprescindible para salir adelante en Estados Unidos pero, al mismo tiempo, es necesario mantener vivo el español. El español es el vínculo directo de los latinos con su país de origen, con su historia, con su cultura, con sus tradiciones y con los familiares que dejaron atrás. Uno de cada dos hispanos reacciona positivamente—según un estudio del Instituto de Política Tomás Rivera—cuando un candidato o un político trata de hablar con ellos en español y seis de cada 10 latinos bilingües prefieren ver noticias en español. El apoyo a la educación bilingüe es fundamental para mantener la diversidad lingüística y cultural de Estados Unidos.

4. SACAR A LOS HISPANOS DE LA POBREZA: MÁS ACCESO A BUENOS TRABAJOS Y A PROGRAMAS DE SALUD.

La mayoría de los latinos no quiere que le regalen nada. Los hispanos—como toda persona que vive en Estados Unidos— quieren un buen trabajo con un salario justo para mantener a su familia y acceso a doctores y hospitales en caso necesario. Dos de cada cinco niños latinos viven en la pobreza. Ése es el verdadero origen de muchos de los problemas—económicos, educativos, de salud—que afectan a toda la comunidad hispana. Trabajos y acceso a servicios de salud es la clave para salir de la pobreza.

5. ENFRENTAR LA DESERCIÓN ESCOLAR.

Uno de cada tres estudiantes latinos no termina *high school*. En California la deserción escolar alcanza, incluso, el 40 por ciento. Muchos latinos como asegura Robert Suro han tenido éxito como inmigrantes pero han fracasado como padres de hijos norteamericanos. Es preciso romper ese ciclo para que tengan éxito como inmigrantes y como padres. Esto sólo puede beneficiar a la sociedad norteamericana en general.

6. LUCHAR CONTRA EL CRIMEN Y HACER MÁS SEGURAS NUESTRAS COMUNIDADES.

Los hispanos quieren muchas de las mismas cosas que desea el resto de la población. Pero el mínimo común denominador es que los niños latinos puedan salir a las calles con seguridad y sin el peligro de ser víctimas del crimen o de las pandillas. No se vale que los índices de criminalidad de muchas comunidades hispanas sean superiores a las de otros grupos.

7. FORMAR UNA ALIANZA CON OTRAS MINORÍAS.

El objetivo es luchar por problemas comunes—como el del racismo y la discriminación—y estudiar fenómenos parecidos como el de la doble identidad. La comunidad afroamericana ha tenido mucho éxito en su lucha por los derechos civiles y los hispanos pueden y deben seguir ese ejemplo. Los mejor de Estados Unidos son sus oportunidades; lo peor sigue siendo el racismo.

8. CONVERTIR A AMÉRICA LATINA EN UNA PRIORIDAD DE LA POLÍTICA EXTERIOR DE ESTADOS UNIDOS.

Latinoamerica debería ser el principal socio comercial y político de Estados Unidos. No lo es. Ya es hora de que lo sea. Somos vecinos, hermanos y socios. No hay ninguna justificación para que otras regiones del mundo reciban mayor interés y cooperación de Estados Unidos que América Latina. Nos conviene a todos.

9. ACELERAR LOS PROCESOS DE CIUDADANÍA.

Es básico que, cada vez más, los hispanos se hagan ciudadanos, se registren y voten. Sólo esto se traducirá en mayor representación y mayor poder político para los hispanos que viven en Estados Unidos. Como decía Willy Velázquez: "Regístrate y vota." *("Register and vote")* Ése es el mensaje.

10. ENTENDER LA EXPERIENCIA HISPANA.

Ser latino significa tener una experiencia muy particular, como la de ningún otro grupo en Estados Unidos. Implica una historia, un origen y un camino únicos. Quienes quieran el voto de los hispanos, quienes quieran enamorar a los latinos, primero los tienen que conocer y entender. No basta con ofrecer enchiladas y música ranchera.

UN SÓLO LÍDER

¿Es posible tener a un sólo líder latino que represente a todos los grupos hispanos en Estados Unidos? ¿Podría ser el gobernador de Nuevo México Bill Richardson? ¿O el cubanoamericano Bob Menendez de Nueva Jersey, el demócrata hispano de más alto rango dentro del congreso norteamericano? ¿Dónde está el Jesse Jackson de los latinos? ¿Por qué es tan difícil encontrar a un líder nacional? ¿Por qué el ex alcalde de San Antonio y ex Secretario de Vivienda durante la presidencia de Clinton, Henry Cisneros, no se convirtió en un líder para todos los grupos hispanos? ¿Por qué Cesar Chávez tampoco pudo serlo? ¿Qué le faltó a Jorge Más Canosa de la Fundación Nacional Cubano Americana para tener influencia a nivel nacional entre todos los hispanos? ¿Por qué ningún líder puertorriqueño ha podido unir a toda la comunidad hispana? ¿Podría George P. Bush—el sobrino del presidente George W. Bush e hijo del gobernador de la Florida, Jeb Bush y de la mexicana Columba Bush—convertirse en un líder hispano a nivel nacional?

Muchos creen que la unificación de la comunidad latina no depende de la existencia de un líder a nivel nacional. El problema fundamental para que surja un solo líder hispano está en los nacionalismos y regionalismos que marcan a la comunidad hispana. A pesar de que, como vimos en las páginas anteriores, hay un cierto consenso sobre una agenda latina, las diferencias e intereses de los distintos grupos hispanos son muy claras.

Una de las cosas más interesantes de las conversaciones que tuve para este libro es que no encontré muchos deseos de tener un solo líder hispano a nivel nacional. Por el contrario, la idea de que debe haber muchos líderes latinos y no sólo uno prevaleció. Raúl Yzaguirre, Harry Pachón y Arturo Vargas no ven la necesidad de tener un solo líder; Roberto Suro sí. Esto es lo que me dijeron.

"Siempre reacciono negativamente a este concepto de un solo líder latino," me dijo Harry Pachón. "No tenemos a un solo líder blanco, no tenemos a un solo líder negro. Quizás debemos ser más realistas y pienso que debe haber muchos líderes latinos. Pienso que eso es saludable."

"Somos una comunidad de 37 millones de personas, tenemos orígenes distintos, experiencias históricas muy diversas," continuó Pachón. "¿Es realista esperar que una persona pueda unificar y representar a todas las comunidad el cien por ciento del tiempo?" Pachón considera que ya tenemos a varios líderes latinos a nivel regional que tienen, al mismo tiempo, un impacto a nivel nacional. "Bob Menendez en Nueva Jersey y en la costa este, Xavier Becerra en la costa oeste, dos congresistas que son líderes de gran significancia son [Ileana] Ros-Lehtinen y [Lincoln] Díaz-Balart en la Florida; esto es muy saludable para la comunidad latina dada nuestra diversidad y dispersión geográfica."[12]

Yzaguirre tampoco defiende la idea de un solo líder latino. "Tenemos a muchos Jesse Jacksons," me dijo. "Si definimos a Jesse Jackson como su habilidad para estar en contacto con su comunidad, su habilidad de expresar los intereses de los afroamericanos y su habilidad de ser elocuente, creo que tenemos a mucha gente así [en la comunidad latina]." El problema para Yzaguirre radica, no en la falta de líderes, sino en la poca promoción que reciben de la prensa. "Lo que no tenemos son medios de comunicación que resalten nuestro liderazgo y esa es la diferencia," comentó. "Poner todos nuestros huevos en una sola canasta sería un error. Creo que tenemos la suerte de tener a muchos líderes. Tenemos líderes muy fuertes. No estoy seguro de que hubiera dicho lo mismo hace 30 años."

¿Qué ha cambiado? le pregunté a Yzaguirre. "Que nos apoyamos," contestó. "Quiero mucho a Henry Cisneros, quiero mucho a Bill Richardson. Trabajamos juntos. Pasa lo mismo con Bob Menendez. Nos conocemos, trabajamos juntos, nos apoyamos. Tenemos bastante claridad, entendimiento y congruencia respecto a nuestra agenda." [13]

¿Por qué es tan complicado hablar de un solo líder para todos los hispanos? Se lo pregunté a Arturo Vargas. "La gente se identifica con los líderes, la gente se ve en esos líderes," me dijo, "y debido a que el nacionalismo es tan fuerte entre los latinos, no veo a la gente diciendo: 'Bob Menendez, el demócrata cubanoamericano de Nueva Jersey es mi líder'. No veo a nadie en El Paso identificándose con Bob Menendez. No creo que vaya a ocurrir."

"Un solo líder," continuó Vargas, "creo que es poco práctico y poco realista, y si vamos a esperar por eso nunca va a ocurrir. No veo a nadie en el horizonte que pudiera convertirse en el Jesse Jackson, en el Martin Luther King [de la comunidad hispana]. No veo a nadie que tenga ese apoyo ni creo que nuestra comunidad está estructurada de manera tal que pudiera apoyar a un sola persona." [14]

Como contraste, Roberto Suro del Pew Hispanic Center fue el único de los cuatro que sí estuvo de acuerdo con la idea de un líder hispano a nivel nacional. "Algo que no ha ocurrido—y que podría hacer una gran diferencia—es un líder latino a nivel nacional," me dijo. "Es la naturaleza de la política, no sólo en Estados Unidos pero también en todo el mundo y en la historia de la humanidad. Los líderes no sólo reúnen a simpatizantes sino que determinan la manera en que un grupo se desenvuelve."

¿Y por qué los latinos no han tenido un líder así? "En parte es porque tenemos líderes muy importantes pero con objetivos y agrupaciones muy específicas. César Chávez no pudo haber sido un líder para los cubanoamericanos de la misma forma en que Más Canosa tampoco pudo haber sido un líder para los trabajadores mexicanos del campo." [15]

Con un solo líder o sin él, uno de los principales problemas de la comunidad latina es su falta de representación política. A Henry Cisneros le gusta decir que los hispanos han alcanzado una "masa crítica" *(critical mass)* que los ha hecho visibles e influyentes en la sociedad norteamericana. Yzaguirre, tomando prestado el mismo término de Cisneros, coincide. Él cree que muchos de nuestros académicos y hombres y mujeres de negocios representan lo mejor de la comunidad hispana. Pero que "donde no tenemos una "masa crítica" es en la política. No tenemos a nadie en el Senado ni en la Corte Suprema. No tenemos suficientes miembros en las juntas directivas de las compañías que aparecen en la revista *Fortune 100.* No tenemos suficiente gente en los medios de comunicación ni en la industria del entretenimiento. Hay algunos sectores donde no tenemos "masa crítica" pero ojalá estemos teniendo algún progreso." [16]

El futuro del liderazgo hispano nos plantea dos alternativas. Una de múltiples líderes en una comunidad fortalecida e influyente y otra, con un solo líder, que sepa capturar las aspiraciones y sueños de la mayoría de los latinos. Harry Pachón defiende este primer escenario.

A Pachón le gustaría que la comunidad hispana se pareciera a la judía en Estados Unidos. "Lo que necesitamos es tener una infraestructura en la comunidad que nos permita expresar nuestras posiciones en lugar de depender de un hombre carismático que vaya a llegar montado a caballo. Nos debemos alejar de la imagen del caudillo. Me encantaría que siguiéramos el camino de la comunidad judíoamericana. Hay judíos en muchas posiciones de liderazgo. No hay un solo líder nacional pero nadie duda del poder de la comunidad judíoamericana porque ellos siempre se pueden unir en ciertos temas. La gente que está tratando de imponernos un modelo de un solo líder no se da cuenta que no es saludable tener a un solo portavoz para una comunidad tan diversa." [17]

Roberto Suro, en cambio, tiene una visión distinta. Él cree que un líder latino a nivel nacional le daría fuerza y visibilidad a una comunidad que crece día a día. Y eso podría superar nuestras diferencias geográficas y de nacionalidad. "Creo que es posible tener un líder que emocione tanto a los cubanos ricos de Miami y a los mexicanos pobres de Fresno. Creo que es posible. No ha pasado pero no hay razón para que no ocurra. Se trata de encontrar a la personalidad correcta, con carisma que exprese un mensaje," me dijo. "Hay un mensaje cargado de aspiraciones. La gente que hace mercadotecnia para los consumidores latinos lo entiende muy bien. Es el mensaje de sobresalir, de superarme . . . sube los ánimos y tiene mucho éxito. Si consigues a la persona correcta expresando ese mensaje de la manera apropiada, eso va a ser imparable." [18]

Independientemente de la forma en que tome este liderazgo—que vaya de la mano de un solo líder o que dependa de varios—la comunidad latina es como un torrente de agua que requiere (a veces de manera urgente) una clara dirección.

LA AMERICANIZACIÓN DE LOS HISPANOS

El principal argumento de este libro es que los latinos están cambiando de manera muy significativa a este país. Y, ciertamente, no le he dedicado el mismo espacio a un argumento paralelo que tiene mucha fuerza y corre en dirección contraria. Así como los latinos están cambiando a Estados Unidos, la sociedad norteamericana está cambiando también a los latinos. Es la americanización de los hispanos.

Este proceso de americanización requeriría, para ser justos, otro libro. Pero por el momento no tenemos más remedio que analizar brevemente cómo funciona.

"Todos hablan de la latinización de Estados Unidos, pero poca gente habla de la americanización de los latinos," me dijo con firmeza Harry Pachón. "Es como una carretera de dos vías. Estamos cambiando a América pero América está también cambiando a los latinos. Estamos aprendiendo inglés muy rápidamente; para la segunda y tercera generación muchos latinos han perdido su capacidad de hablar español. El 70 por ciento de los hijos de inmigrantes ven televisión en inglés. Es un cambio generacional."

A nivel económico, también hay claras señales de asimilación. "Un cubanoamericano que estudió en la universidad, de segunda o tercera generación, gana tanto o más que un blanco no hispano en el estado de la Florida," me explicó Pachón para apoyar su argumento. Pero esto no está confinado a la Florida o a la comunidad cubanoamericana. "Un mexicoamericano de tercera generación gana lo mismo que un blanco con un nivel educativo similar. Así que la movilidad es posible. Está ahí. La ves en California, la ves en la Florida, la ves en todo Estados Unidos. Un millón de familias hispanas se unieron a la clase media norteamericana en Texas y California en los últimos veinte años."[19] Y luego Pachón me dio unos datos que explican cómo los hispanos se están integrando, físicamente, al *mainstream*, el mismo centro de la sociedad norteamericana.

De acuerdo con un estudio del Tomás Rivera Policy Institute la mitad de todos los latinos de tercera generación se casan con personas que no son hispanas.[20] Es decir, el 51.6 por ciento de los hombres latinos y el 49.1 por ciento de las mujeres hispanas, nietos y nietas de inmigrantes, terminan casándose fuera de la comunidad en que crecieron. En comparación sólo uno de cada 10 inmigrantes latinos— 10 % de los hombres y 11.4% de las mujeres—se casan con personas que no son hispanas. Este fenómeno de casarse con alguien que no es de tu mismo grupo étnico (*outmarrying*, en inglés) es uno de los indicadores más claros de cómo la comunidad latina se está integrando a la sociedad estadounidense. El mismo estudio enfatiza lo obvio: hay más latinos nacidos en Estados Unidos (56%) que nacidos en el exterior (44%).

"Una de las cosas de las que no hablamos es de la enorme cantidad de *intermarrying* (matrimonios entre distintos grupos) dentro de la comunidad latina," me comentó Arturo Vargas. "Vamos a tener generaciones de niños diciendo: 'Bueno, tengo padres de Puerto Rico y de México' o 'Mis padres son de El Salvador y de México, entonces ¿qué soy yo?' Creo que vamos a tener una nueva generación de niños, de segunda y tercera generación, que se van a identificar como parte de la comunidad latina (en lugar de decir que son mexicanos, cubanos, etcétera). Creo que en el futuro vamos a ver un identidad 'panhispana.' Pero va a tomar tiempo para desarrollarse."[21]

La pregunta es si los hispanos seguirán el mismo proceso de asimilación que tuvieron otros inmigrantes europeos o si crearán un espacio cultural y de identidad único. "No creo que vayamos a ser como los italianos o los alemanes," siguió Vargas. "Por principio hay una diferencia física. Los norteamericanos consideran rasgos físicos como diferencias. Mientras más oscura sea tu piel será más difícil asimilarse por completo."[22]

Parte de las diferencias de los hispanos con otros grupos de inmigrantes es la cercanía geográfica con nuestros países de origen. La familia de Raúl Izaguirre, por ejemplo, lleva viviendo en lo que hoy es Texas desde 1748 (cuando ese territorio todavía era parte de México). Más que irse a vivir a Estados Unidos, a la familia Izaguirre le llegó Estados Unidos hasta su misma casa. "Hay la sensación de que no estás llegando a un país extraño porque tus hermanos, hermanas, primos y tíos ya están aquí," reflexionó Izaguirre. "No es la experiencia drástica de muchos inmigrantes que se ven forzados a cortar toda comunicación y a deshacerse de aquello que los definía para aceptar una nueva cultura y una nueva forma de vida. Para nosotros es una extensión de donde estábamos más que una línea divisoria. Algunos de nosotros que buscaremos asimilarnos rápidamente y así lo haremos, incluso cambiando nuestros nombres. [Pero debido a] cosas como Univision, las estaciones de radio, los periódicos y *La Opinión,* tenemos unos medios de comunicación que refuerzan y mantienen una cultura diferente."[23]

El proceso de integración de los latinos a Estados Unidos no es sencillo ya que abarca tanto al recién llegado como a aquellas familias, como la Izaguirre, que llevan varias generaciones viviendo aquí. Y esto implica formas muy distintas de identificación y de adaptación dentro de la comunidad hispana. "Lo que tenemos ahora es un proceso en el que todas nuestras comunidades están recibiendo, por una parte, a nuevos inmigrantes, con una identidad latina muy fuerte y un fuerte uso del español y, por la otra, tienes a gente que se está americanizando," concluyó Roberto Suro. "Sabemos que el *melting pot* nunca derritió [el sentido de identidad] de la gente completamente. La identidad hispana no va a desaparecer. Está en proceso de formarse; pero estamos en la mitad del proceso y es muy difícil saber qué forma va a tener."[24]

Si Estados Unidos, efectivamente, se convierte en una nación hispana a principios del próximo siglo ¿qué características tendrá?

¿Cómo nos veremos? De nuevo, Harry Pachón: "Para el futuro, cuando hablemos de que nos estamos convirtiendo en una nación latina, lo que realmente tenemos que decir es que Estados Unidos se está haciendo un poquito más oscura. Quizás los latinos le van a poner un poco de color al concepto de blanco, de tal manera que blanco será más oscuro en Estados Unidos que en Europa." [25]

¿Será esta una nación latina? Arturo Vargas dice: "Quizás una nación hispana que hable inglés. ¿Qué significa esto? No lo sé. Está desarrollándose. Nunca lo hemos visto antes. Si vamos a ser uno de cada cuatro norteamericanos en menos de 20 años, eso va a tener un efecto definitivo en la manera en que se define a la sociedad norteamericana." [26]

¿Qué idioma se hablará? Roberto Suro dice: "La gente que viene aquí como adulto mantiene el español como primer idioma y sus hijos hablan inglés. Los hijos de inmigrantes absorben la cultura americana—la cultura popular estadounidense—muy rápido. Si la inmigración continua de la misma forma que en los últimos 10 o 20 años, el español se va a mantener vivo; siempre y cuando haya un flujo constante de medio millón o más de inmigrantes que hablen español [cada año]. Eso refuerza constantemente el español. Pero la evidencia hasta este momento es que el español va desapareciendo significativamente de una generación a la siguiente." [27]

¿Cómo influirá todo esto en Estados Unidos? Raúl Izaguirre responde: "[Estados Unidos] se está convirtiendo en una nación más plural. Se está convirtiendo en una nación donde ningún grupo será mayoría, ni ahora ni en el futuro. También se está convirtiendo en una sociedad donde hay muchos matrimonios entre distintos grupos étnicos. Así que, de alguna manera, ser un hispano o latino en el futuro será una opción. Yo no tuve esa opción. Yo era un mexicano y si me llamaba italiano la gente se reiría de mí. Era quien era y no tenía alternativa. Mis hijos sí tienen una opción. Se pueden americanizar, se pueden convertir en latinos, se pueden convertir en mexicanos, se pueden convertir en chicanos. Y, de alguna manera, los he visto hacer eso." [28]

Estados Unidos, en otras palabras, se está convirtiendo en una nación multiétnica, multicultural y multirracial en donde será una tarea muy complicada—y hasta inútil—el tratar de etiquetar y estereotipar a una población cada vez más diversa.

EL VOTO LATINO EN EL 2004

El jueves 3 de octubre de 2002 el presidente Bush invitó a la Casa Blanca a algunos de los líderes y funcionarios Republicanos más conocidos del país con motivo del mes de la herencia hispana. Estaban los congresistas Republicanos Lincoln Díaz-Balart, Ileana Ros-Lehtinen y Henry Bonilla. También la tesorera Rosario Marín y el asesor legal del presidente, Al Gonzalez. "Mi abogado es magnífico" dijo Bush en español. Risas. Más risas. Aplausos. Luego vino la parte seria.

"Mi trabajo es, por supuesto, promover la diversidad de América," dijo Bush, "y resaltar el hecho de que uno de los grandes pilares de Estados Unidos es que somos diversos y le damos la bienvenida a la diversidad en este país." [29] La semana siguiente siguieron los festejos y los discursos.

El miércoles 9 de octubre Bush invitó a cantar a la Casa Blanca a las texanas Jaci Velazquez y Jennifer Peña, y al peruano Gianmarco. A la hora del almuerzo, ofreció—horror—burritos, quesadillas y otros platos de la comida mexicana, cubana y puertorriqueña. La verdad, he comido mejor en otros lados. ¿Acaso el chef de la Casa Blanca no puede cocinar otro tipo de comida para los latinos?

Llevar mariachis, cocinar arroz con pollo y decir unas palabritas en español no es suficiente para atraer el voto hispano. Es preciso conocer la experiencia latina y enfrentar con acciones concretas los principales problemas de la comunidad hispana. Es importante saber que nos preocupa tanto la economía como la guerra contra el terrorismo, que no somos un bloque político monolítico, que saltamos del inglés al español en la misma frase, que podemos leer a García Márquez y a Graham Green, que nos emociona más Sammy Sosa que Mark McGuire y más Shakira que Britney Spears, que somos muy jóvenes, que nos preocupan las escuelas y la falta de buenos trabajos, y que estamos aquí para quedarnos.

Taco and sombrero politics o política de taco y sombrero como Harry Pachón les llama a esos eventos en los que un candidato trata de acercarse a la comunidad hispana ofreciendo comida latina y poniéndose un sombrero. Pero eso no basta. "Si yo pudiera fijar un solo tema de discusión entre los candidatos presidenciales me gustaría que fuera el de la educación," me dijo. Educación preescolar para todos los niños, involucrar a los padres en la educación de sus hijos y facilitar el proceso que permite a un estudiante llegar a la universidad son tres de los elementos que, según Pachón, deben considerar las candidatos a un puesto de elección popular en materia de educación. "Porque ese es el futuro de la comunidad latina." [30]

A pesar de la extraordinaria importancia que el tema de la educación tiene para los latinos y del impresionante crecimiento de la comunidad hispana, hay serias dudas sobre los esfuerzos para enfrentar este problema. "A pesar de este panorama demográfico," escribió el profesor de la Universidad de Harvard, Gary Orfield, "no hay ningún plan, ninguna política, ninguna propuesta concreta en Washington o en las capitales de los estados que pudiera llevar a los latinos al mismo nivel educativo que el resto de la población. La política al respecto es no tener ninguna política." [31]

La responsabilidad actual de la política educativa es del presidente Bush. Él podría iniciar el cambio pero hasta el momento no existe un proyecto específico a nivel nacional de ayuda para estudiantes latinos. Y esto, claro, podría tener sus consecuencias el día de las elecciones.

Si el presidente George W. Bush saca en el 2004 el mismo porcentaje de votación entre los hispanos que el obtenido en el 2000 puede perder la Casa Blanca. Lo que pasa es que estos últimos cuatro años la población latina ha seguido creciendo, particularmente en estados que tienen muchos votos electorales.

Raúl Izaguirre calcula que en el 2004 podría haber unos tres millones de votantes latinos más que en el 2000. "Esperamos alcanzar nueve millones [de votantes latinos]," me dijo. "Pero ya sean ocho millones o nueve millones, lo importante es que estamos concentrados en estados electorales claves: Californai, Texas, Florida, Nueva York, Illinois. Marcamos la diferencia en el 2000 y vamos a ser una fuerza mayor en el 2004. Somos el voto decisivo *(swing vote)* en muchos estados y esto será la realidad, cada vez más, en el futuro." [32]

¿Quién se va a llevar a esos nuevos votantes? ¿Podrá aumentar Bush el porcentaje de voto latino obtenido en el 2000?

No es ningún secreto que para el año 2059 los blancos serán una minoría en Estados Unidos. Según las cifras del censo, ese cambio ocurrirá exactamente el 1 de julio del 2059 cuando los blancos no hispanos sean el 49.9 por ciento de la población. [33] Y mientras disminuye el porcentaje de votantes blancos aumenta considerablemente el del voto hispano. Cualquier asesor político haría bien en empezar a concentrar desde ahora sus esfuerzos para captar esos nuevos votos.

Incluso analistas Republicanos coinciden en la creciente importancia del voto latino. "Si el presidente Bush obtiene los mismos porcentajes del total del voto en el 2004 que los que obtuvo en el 2000 entonces, debido al crecimiento de las minorías, perdemos el Colegio Electoral y perdemos el voto popular por casi tres millones de votos," dijo a *The Washington Times* Mathew Dowd, encargado de las encuestas para el partido Republicano en las elecciones pasadas. [34]

Aparentemente, mientras más ingresos tengan los hispanos más probabilidades existen de que voten por el partido Republicano. Dos encuestas de Gallup realizadas en el 2001 y en el 2002 indican que los hispanos cuyas familias tienen ingresos anuales de más de $50,000 tienden a identificarse más como Republicanos que los que viven con menos de $50,000 al año. [35] Según Dowd, Bush recibió el 31 por ciento de los hispanos que ganan menos de $30,000 al año, 37 por ciento de los que ganan entre $30,000 y $75,000 al año y 46 por ciento de los que ganan más de $75,000 anuales. "Las malas noticias," como lo comentó Jill Lawrence de *USA Today,* es que "78 por ciento de los hispanos ganan menos de $30,000 y sólo el 2 por ciento gana más de $75,000."

Varios grupos de congresistas, Demócratas y Republicanos por igual, han entendido bien que hablar en español—o al menos tratar de hacerlo—logra atraer la atención de los hispanos. Por eso han tenido tanto éxito los cursos de español organizados en el congreso de Washington por el Departamento de Agricultura. El grupo más grande hasta el momento incluyó a un senador y a 19 congresistas Republicanos que, durante 10 semanas en la primavera del 2003, tomaron sus clases de español. No fue mucho tiempo; el curso consistió de una clase de dos horas cada semana. Pero es suficiente para aprender a decir: "Quiero su voto, vote por mí."

Con el voto afroamericano prácticamente inamovible con los Demócratas, Bush y su equipo no tienen más remedio que aumentar el voto hispano en estados donde están creciendo las minorías y donde podría haber una fuerte pelea con el partido Demócrata. La pregunta es si desde la Casa Blanca el presidente Bush podrá darle a la prensa hispana el mismo tipo de acceso que dio en el año 2000. Tras el 11 de septiembre, y con las enormes restricciones que impone el ser presidente es poco probable que Bush pueda repetir el ambiente de camaradería y aparente acceso irrestricto que muchos periodistas latinos disfrutaron en la pasada campaña. "Se tiene que hacer una campaña similar para el 2004 a la que hicimos en el 2000," me dijo Sonia Colín, la coordinadora hispana de la campaña de Bush en el 2000 y que ahora trabaja para un canal privado de televisión en el sur de la Florida. "Ya se sentó un precedente y la prensa hispana está acostumbrada a otra cosa. Pero una cosa es decirlo y otra es implementarlo."

La realidad es que los votantes ya no se identifican con los partidos como lo hacían en el pasado. Y eso lo saben muy bien en el partido Demócrata. "Va a haber una pelea por el voto hispano en el 2004," me dijo Guillermo Meneses, portavoz del partido Demócrata. "Es positivo que ambos partidos se estén peleando por los hispanos pero nosotros vamos a pelear por cada voto." Meneses—quien cree que "deberíamos tener cinco o seis Bill Richardsons y más de 50 congresistas hispanos"—confía que "cuando votan las minorías ganan los Demócratas." "Cada vez que inscribes un votante afroamericano, un hispano, un asiático," me comentó, "confiamos en un 60 ó 70 por ciento que ese votante va a votar Demócrata."

El plan de Bush de aumentar el porcentaje de voto latino está en camino. Entre las muchas acciones específicas para tratar de obtener el voto hispano, Bush hizo una propuesta migratoria para legalizar temporalmente a trabajadores indocumentados, cumplió la promesa de sacar a la marina norteamericana de la isla de Vieques para el 1 de mayo de 2003, nombró al cubano Mel Martínez como Secretario de Vivienda y a la mexicoamericana Rosario Marín como tesorera, y ha continuado una serie de reuniones de alto nivel para negociar un acuerdo migratorio con México. La pregunta es si todo este esfuerzo será suficiente.

EL VOTO CUBANO NO ESTÁ GARANTIZADO PARA LOS REPUBLICANOS

Los problemas de Bush no son sólo con los potenciales votantes mexicanoamericanos. Los cubanoamericanos, fieles en su mayoría a Bush en el 2000, podrían repensar su apoyo irrestricto. Después de que Castro ejecutara a tres personas que intentaron robar una lancha para huir de la isla y sentenciara a 1,500 años de prisión a 75 disidentes y prisioneros políticos, la comunidad cubanoamericana esperaba una respuesta más contundente contra la dictadura cubana, respuesta que en ese momento no llegó.

Por el contrario, cuando un grupo de 12 balseros cubanos fueron encontrados por el Servicio de Guardacostas de Estados Unidos en aguas internacionales frente a las costas de las Bahamas el 15 de julio de 2003 rápidamente fueron repatriados a Cuba. La decisión de la administración Bush correspondía fielmente a la política establecida por el presidente Bill Clinton de regresar a la isla a todos aquellos refugiados cubanos que no hubieran tocado territorio norteamericano. Esta política es conocida como "pies mojados, pies secos" *(wet foot, dry foot")*. La decisión, sin embargo, indignó a amplios sectores de la comunidad cubana en el exilio. ¿Cómo era posible, se preguntaban, que repatriaran a estos 12 cubanos después de las ejecuciones ocurridas en Cuba y el arresto de 75 disidentes? Muchos cubanos pensaban que regresarlos a Cuba equivalía a enviarlos al paredón. Esto a pesar de que la administración Bush, aparentemente, había negociado con el gobierno cubano para que ninguno de los 12 cubanos—acusados de robarse un bote—fueran condenados a la pena de muerte.

La decisión fue tan controversial que hasta el propio hermano del presidente Bush, el gobernador de la Florida, Jeb Bush, se opuso públicamente a la medida. En una entrevista con *The Miami Herald,* el gobernador Jeb Bush dijo que "a pesar de las buenas intenciones de la administración para negociar la seguridad de estos refugiados, ya que se trata de un régimen opresivo y en vista de los últimos hechos ocurridos ahí, no es correcto [regresarlos Cuba]." [36] El gobernador, según una portavoz, no pidió el permiso de su hermano antes de hacer dicha declaración.

La reacción tampoco se hizo esperar. En una carta—fechada el 28 de julio de 2003 pero publicada por *The Miami Herald* el 6 de agosto— que reflejaba el sentimiento de muchos cubanos, la Fundación Nacional Cubano Americana escribió una carta pública expresando lo siguiente:

> *"Señor Presidente:*
>
> *Los abajo firmantes le hacemos llegar por este medio nuestra profunda decepción ante la actual política hacia Cuba . . . Durante la pasada campaña presidencial y de nuevo durante su visita a Miami en mayo de 2002 escuchamos de usted palabras que crearon grandes expectativas de cambios en la política hacia Cuba, que en corto tiempo promoverían la creación de una Cuba libre y democrática. Desafortunadamente, luego de tres años dicha política no ha variado significativamente de la implementada por la previa administración. Hoy no nos encontramos más cerca de una Cuba libre. La política migratoria de pies mojados/pies secos aún está vigente. Recientemente, 12 cubanos que escaparon de la isla fueron devueltos para ser juzgados por un dictador que les niega las garantías procesales básicas y cuyas sentencias fueron negociadas a priori con el propio dictador . . . "* [37]

Unos días después, en otra carta pública (agosto 12, 2003),[38] 13 representantes estatales de la Florida, todos hispanos, le advirtieron al presidente Bush que "a menos que ocurran rápidamente progresos sustanciales . . . tememos que el apoyo histórico y profundo de los votantes cubanoamericanos a los candidatos federales Republicanos, entre ellos usted, se verá en peligro."[38] Entre las medidas a las que se referían, se encontraba la revisión del acuerdo migratorio Clinton–Castro de 1994, la acusación formal a Fidel Castro por el derribo de dos avionetas de la organización Hermanos al Rescate—y la muerte de cuatro personas—el 24 de febrero de 1996, garantizar que TV Martí fuera vista por los cubanos y el incremento de la ayuda (financiera y técnica) a la oposición democrática dentro de Cuba.

La presión y las cartas abiertas al presidente Bush tuvieron un efecto casi inmediato. El jueves 21 de agosto de 2003 el gobierno federal dijo que acusaría formalmente a tres militares cubanos—al general Rubén Martínez, quien dio la orden de disparar a las avionetas, y a los pilotos del avión MiG–29 Lorenzo y Francisco Pérez Pérez—por la muerte de los tres ciudadanos norteamericanos y un residente (todos de origen cubano) que eran miembros de la organización Hermanos al Rescate. La decisión de perseguir legalmente a estos militares cubanos—aunque, en la práctica, no había ninguna posibilidad de enjuiciarlos—ocurría ocho años después de ocurrido el derribo de las avionetas. ¡Ocho años! No había la menor duda de que la decisión tenía como objetivo aplacar las recientes críticas de la comunidad cubanoamericana al gobierno del presidente Bush. Sin embargo, Fidel Castro—quien se sospecha tuvo que aprobar la orden de disparar—no fue ni siquiera mencionado en la acusación formal.

Además, se anunció que el servicio de radio y televisión de TV Martí empezaría a utilizar un sistema de satélites para evitar que su señal fuera bloqueada por la dictadura cubana. Estas medidas tranquilizaron temporalmente a los sectores más molestos del exilio cubano. Sin embargo, tras la caída del régimen de Saddam Hussein empezaron a circular de nuevo—sobre todo en los programas de micrófono abierto de la radio en Miami—los llamados para terminar con la dictadura castrista. Si Estados Unidos acabó con Saddam, se preguntaban algunos, ¿por qué no hacer lo mismo con Castro?

Dichos llamados a una invasión norteamericana a Cuba fueron

respondidos, de manera negativa, por el propio Secretario de Estado, Colin Powell. En una entrevista con Enrique Gratas de Univision en Washington, Powell dijo claramente que "no le corresponde a Estados Unidos instalar una democracia en Cuba; eso le corresponde a los cubanos."[39] Con esa declaración, contundente, quedaron aplastadas las esperanzas de una operación militar norteamericana en Cuba.

Desde luego que algunos, los más radicales, hubieran deseado para Cuba una operación militar tipo Irak. Castro, aseguran ellos, es más peligroso que Saddam Hussein. Pero hay poco entusiasmo en la Casa Blanca por expandir el embargo contra la isla y, mucho menos, para iniciar un bombardeo o una invasión que tendría garantizado el repudio de América Latina. El voto cubano seguirá siendo, en su mayoría, para los Republicanos. Pero ¿será suficiente para que Bush repita su victoria en la Florida?

LA ELECCIÓN DEL AÑO 2004: EN MANOS LATINAS

México, Cuba y Puerto Rico constituyeron, por mucho tiempo, el triangulo básico de la política hispana en Estados Unidos. Ya no. Dominicanos, centro y suramericanos se están convirtiendo en una parte fundamental de la comunidad latina que, por cierto, no es monolítica. Y más allá de los temas que afectan a todos los hispanos—deserción escolar, pobreza, educación bilingüe, falta de igualdad en las oportunidades, discriminación, preponderancia de la familia—hay asuntos muy específicos que afectan sólo a grupos particulares.

Difícilmente un candidato puede obtener el apoyo de la comunidad cubanoamericana en el Sur de la Florida sin comprometerse a luchar, de alguna manera, contra la dictadura de Fidel Castro. Pero los mexicanos y centroamericanos de California y Texas no deciden su voto por la política exterior de Estados Unidos con respecto a Cuba. Para ellos los temas migratorios y de ayuda a la comunidad son mucho más importantes. Después de todo, casi toda familia mexicoamericana y centroamericana ha sufrido en carne propia las serias restricciones de las leyes migratorias. Los puertorriqueños, en cambio, no tienen ningún interés por una posible amnistía para los inmigrantes indocumentados; con su pasaporte norteamericano sus preocupaciones son otras. La presencia de la marina norteamericana en Vieques era un tema de profunda importancia simbólica. Una vez resuelto, queda el siempre explosivo asunto del estatus político de Puerto Rico y el de las desventajas económicas de los puertorriqueños en ciudades como Nueva York y Chicago. Un político que no entienda claramente estas diferencias no tiene ninguna posibilidad de enamorar con éxito el voto latino.

Y quien quiera llegar a estos grupos tendrá que hacerlo en inglés y en español. "La parte del electorado que habla español es tan distinta y significativa que requiere un acercamiento diferente, individual," me comentó Roberto Suro. "El español es más que sólo una forma de comunicación; es una especie de símbolo cultural. Incluso los latinos que nunca utilizan el español para hablar entienden como una forma de reconocimiento a su identidad cuando alguien resalta la importancia del español. Los políticos ya se han dado cuenta de eso. George Bush es un maestro al utilizar sólo siete palabras en español. Todo parece indicar que va a haber en estas elecciones un importante esfuerzo dirigido a los electores que hablan español, en particular, y al electorado latino, en general." [40]

Los latinos podrían tener en sus manos la elección presidencial del año 2004. "Somos suficientemente fuertes para ser un voto decisivo si hay una elección muy cerrada; si es una elección muy dispareja, no haremos la diferencia," me dijo Arturo Vargas. Pero el cambio ya es significativo. "Sólo ha sido en los últimos 20 años que se considera a la población latina como una entidad de fuerza. Tenemos que reconocer que estamos creciendo, todavía tenemos que aprender cómo manejar nuestro poder político." [41]

Es poco probable, sin embargo, que en el 2004 se repita el escenario que le permitió a Bush ganar con 537 votos. Pero, tal vez, se necesiten poco más de 11,000 votos para definir la elección. El columnista Raoul Lowery Contreras escribió un artículo llamado

"George W. Bush y los 11,278 votos" en el que sugería que si el actual presidente obtenía ese número de votos extras en tres estados podría reelegirse. La hipótesis de Contreras es que si 47 estados votaran igual en el 2004 que en el 2000, Bush necesitaría obtener 367 votos en Nuevo México, 6,766 en Oregon y 4,145 en Iowa para llevarse la elección. Esas cifras son un voto más de los obtenidos por Al Gore para ganar cada uno de esos estados en el 2000.

Si la hipótesis de Contreras es correcta, con un puñado de votos mexicoamericanos en estos tres estados Bush estaría viendo una "muy confortable reelección en el 2004." [42] Varias cosas han cambiado desde que Contreras escribió ese artículo en agosto de 2001. Pero, aun así, en unas elecciones muy cerradas el voto latino podría ser definitivo. ¿Quién quiere correr el riesgo de no hacerle caso?

"Como he repetido una y otra vez," escribió el estratega Republicano Mathew Dowd en un memorandum a otros miembros de la campaña de reelección Bush–Cheney, "esta elección será decidida con un margen de cuatro o cinco puntos porcentuales, y no por 18 o 20 puntos como ocurrió en 1984 o en 1972." [43] Y es precisamente en esa mínima diferencia que podría separar al vencedor del perdedor en las elecciones del 2 de noviembre de 2004 donde radica la importancia del voto hispano. "El voto hispano no está decidido," dijo el único gobernador hispano de Estados Unidos, Bill Richardson. [44] "Es un gigante dormido a punto de explotar."

Fue el mismo Richardson quien tuvo la responsabilidad de dar la respuesta Demócrata, en español, al informe sobre el estado de la unión presentado por el presidente Bush el 20 de enero de 2004. Es la primera vez en la historia que dicha respuesta se da, simultáneamente, en inglés y en español. Y en su breve mensaje, Richardson enfatizó lo crucial que será el voto latino para las elecciones de este noviembre.

"Estamos preparados para elegir al próximo presidente de los Estados Unidos y con nuestros números podremos decidir la elección. Por eso nos están poniendo tanta atención la prensa y los dos partidos," dijo Richardson. "En esta elección nuestro voto va a ser decisivo porque tenemos una gran presencia en estados como Florida, Nuevo México, Arizona, Colorado, Illinois, California, Nevada, Nueva Jersey y Nueva York. Si no nos registramos y no participamos, los dos partidos no nos van a poner atención. Esta elección de presidente nos afecta más que nunca."[45]

El futuro de Estados Unidos—como quiera que se vea—es hispano. La ola latina es imparable.

APÉNDICE: LOS HISPANOS DE UN VISTAZO

Estas cifras son como tomar agua de un poderoso río; mientras alzamos la mano el torrente nos desborda, inalcanzable.

POBLACIÓN HISPANA: 38.8 millones o 13.5 por ciento del total (288.4 millones) de Estados Unidos (Julio 1, 2002).[1] En el censo del 2000 se registró un aumento de latinos del 57.9 por ciento respecto al censo de 1990.[2]

EDAD DE LOS LATINOS: 25.8 años (es decir, casi 10 años más joven que el promedio nacional de 35.3 años) El 35 por ciento de los hispanos tiene menos de 18 años y aún no vota.[3]

INGRESO DE UNA FAMILIA LATINA PROMEDIO: $33,447 al año, menos que el ingreso de una familia promedio en todo el país ($42,148).[4]

PODER DE COMPRA: Los hispanos gastaron $580,000 millones en el 2002[5] y gastarán $1 billón (*$1 trillion,* en inglés) en el año 2010.[6]

DUEÑOS DE CASA: Sólo el 46.3 por ciento de los latinos son dueños de casa, frente al 67.4 por ciento a nivel nacional. Es lógico: son más jóvenes y ganan menos. El 6.7 por ciento de los autos registrados son de latinos.[7]

LOS LATINOS TIENEN MÁS HIJOS: Hay más de tres niños, en promedio, en cada casa hispana frente a poco más de dos niños por familia en el resto del país.[8] El 58 por ciento de todas las familias hispanas tienen hijos.[9] El censo del 2000 contó a 7.4 millones de familias hispanas.[10]

NÚMERO DE HISPANOS EN EL CONGRESO: 22. ¿En el Senado? Cero. ¿En la Corte Suprema de Justicia? Cero. ¿Cuántos gobernadores latinos hay? Sólo uno, Bill Richardson, en Nuevo México. En el 2002 había 5,400 latinos elegidos a puestos públicos. Pero aún no es suficiente. Somos muchos pero nos falta representación política.

IDIOMA: 28 millones de latinos, mayores de 5 años de edad, dicen hablar español en casa. Esta cifra del año 2000 es mayor que la de 1990, cuando sólo 17 millones hablaban castellano. El 29 por ciento de las personas que viven en Nuevo México hablan español en su hogar, al igual que el 27 por ciento en Texas y el 26 por ciento en California.[11]

DE DÓNDE VENIMOS: La mayoría de los latinos son de origen mexicano. El censo contó unos 20.6 millones de mexicanos en el 2000; le siguen 3.4 millones de puertorriqueños y 1.2 millones de cubanos. Lo interesante es que estos tres países de origen sufrieron bajas porcentuales entre 1990 y 2000: la población de origen mexicano pasó del 60.4 por ciento al 58.5 por ciento; los puertorriqueños del 12.2 por ciento al 9.6 por ciento; los cubanos del 4.7 por ciento al 3.5 por ciento. ¿Qué está pasando? Bueno, que gente de otros países está llegando en mayores números que antes, en particular centroamericanos (1.7 millones), suramericanos (1.4 millones), dominicanos (765,000) y españoles (100,000).[12]

VOTANTES. De 1996 al 2000 aumentó en más de un millón el número de votantes hispanos; de 4,928,000 a 5,934,000. Y si los cálculos del Consejo Nacional de la Raza[13] son correctos el número de votantes hispanos aumentará en casi dos millones más para las elecciones del 2004; 7,848,000 latinos votarán en esos comicios.

LATINOS EN LAS ELECCIONES DEL AÑO 2000

MENORES DE 18 AÑOS DE EDAD (NO PUEDEN VOTAR)	12.3 MILLONES	35%
EXTRANJEROS/NO CIUDADANOS (NO PUEDEN VOTAR)	9.8 MILLONES	28%
ELEGIBLES PARA VOTAR	13.2 MILLONES	37%
TOTAL POBLACIÓN LATINA (2000)	35.3 MILLONES	100%

Fuente: NCLR basados en el Censo 2000

LATINOS REGISTRADOS PARA VOTAR

DEMÓCRATAS	49%
REPUBLICANOS	20%
INDEPENDIENTES	19%
OTRO PARTIDO O NO SABE	12%

Fuente: National Survey of Latinos. Pew Hispanic Center October 2002. Political Party Self–Identification among Registered Latino Voters

LATINOS: DEMÓCRATA O REPUBLICANO SEGÚN PAÍS DE ORIGEN

	DEMÓCRATA	REPUBLICANO	INDEPENDIENTE
TOTAL	49%	20%	19%
DOMINICANOS	66%	8%	20%
PUERTORRIQUEÑOS	52%	15%	17%
MEXICANOS	49%	19%	20%
CUBANOS	14%	54%	25%

Fuente: National Survey of Latinos. Pew Hispanic Center October 2002. Political Party Self–Identification among Registered Latino Voters

CIUDADANOS ESTADOUNIDENSES Y EXTRANJEROS. El 72 por ciento de las personas de origen cubano son ciudadanos estadounidenses. En cambio, sólo el 58 por ciento de aquellos que son de origen mexicano y el 46 por ciento de centro y suramericanos tienen pasaporte de Estados Unidos. El 72 por ciento de todos los electores latinos—es decir, ciudadanos norteamericanos registrados para votar—nació fuera de Estados Unidos (41%) o uno de sus padres nació fuera de Estados Unidos (31%). Es más, uno de cada ocho electores latinos (13%) se hizo ciudadano norteamericano después de 1995.[14]

CONECTADOS. El 59 por ciento de los inmigrantes hablan por teléfono con su familia en el extranjero.[15]

GOBERNADORES HISPANOS EN ESTADOS UNIDOS		
GOBERNADOR	ESTADO	ELEGIDO/DESIGNADO
ROMUALDO PACHECO (R)	CALIFORNIA	1875
EZEQUIEL CABEZA DE BACA (R)	NUEVO MÉXICO	1917
OCTAVIANO LARRAZOLA (R)	NUEVO MÉXICO	1918
JERRY APODACA (D)	NUEVO MÉXICO	1974
RAUL CASTRO (D)	ARIZONA	1974
TONEY ANAYA (D)	NUEVO MÉXICO	1982
BOB MARTINEZ (R)	FLORIDA	1986
BILL RICHARDSON (D)	NUEVO MÉXICO	2002

HISPANOS EN LAS FUERZAS ARMADAS DE ESTADOS UNIDOS. De acuerdo con información del Pentágono, hacia finales del 2002 había 126,770 soldados de origen hispano activos dentro de las fuerzas armadas de Estados Unidos:

	NÚMERO DE LATINOS	PORCENTAJE	TOTAL FUERZAS ARMADAS
EJÉRCITO (ARMY)	46,000	9.5%	484,551
MARINA (NAVY)	37,987	10.0%	379,457
INFANTES DE MARINA (MARINES)	23,192	13.3%	173,897
FUERZA AEREA (AIR FORCE)	19,591	5.4%	364,215
TOTAL	126,770[16]	9.0%	1,402,120

REMESAS DE ESTADOS UNIDOS A AMÉRICA LATINA (EN MILLONES DE DÓLARES)[17]	
MÉXICO	$14,500[18]
BRASIL	$4,600
COLOMBIA	$2,431
EL SALVADOR	$2,206
REP. DOMINICANA	$2,211
GUATEMALA	$1,689
ECUADOR	$1,575
PERÚ	$1,265
CUBA	$1,138
HONDURAS	$770
NICARAGUA	$759
VENEZUELA	$235
ARGENTINA	$184

Source: The Miami Herald, Banco Interamericano de Desarrollo y Banco de México.

CITAS

PRÓLOGO

1. U.S. Bureau of the Census, Washington, D.C., June 18, 2003.
2. Dierdre Shesgreen, "Hispanic Voters Geting Attention from Politicians," Knight Ridder/Tribune News Service, September 8, 2003. Viewed at http://www. hispanicbusiness.com/newsbyid.asp?id=12419.

CAPÍTULO 1

1. José de la Isla, *The Rise of Hispanic Political Power,* Archer Books, New York, 2003, p. 196, 277.
2. Adam J. Segal, "The Hispanic Priority: The Spanish-Language Television Battle for the Hispanic Vote in the 2000 U.S. Presidential Election" (Washington, D.C.: Hispanic Voter Project, Johns Hopkins University, 2003).
3. Ibid.
4. Ibid., p. 12.
5. Ibid.
6. Eduardo Potter, "Univision is Cleared to Buy Radio Firm," *Wall Street Journal,* February 28, 2003.
7. Ibid.
8. Louis DeSipio, *Latino Viewing Choices: Bilingual Television Viewers and the Language Choices They Make,* Tomás Rivera Policy Institute, Los Angeles, May 2003.
9. Ibid.
10. *Wall Street Journal,* October 6, 2000.
11. *Los Angeles Times,* August 3, 2000.
12. *Washington Post,* October 26, 2000.
13. *New York Times,* November 12, 2000. Data for 2000 were collected by the Voter News Service based on questionnaires completed by 13,279 voters leaving 300 polling places around the nation on Election Day.
14. Sonia Colín, interview by the author, February 19, 2003.
15. Marcelo Amunátegui, interview by the author, Univision, February 25, 2003.
16. Deputy Director of Congressional Affairs in the Clinton White House. And later, Deputy Campaign Manager for the Vice President.
17. Adam J. Segal, "The Hispanic Priority," p. 44.
18. Janet Murguia, interview by the author, February 27, 2003.
19. Ibid.
20. Ibid.
21. Guillermo Meneses, e-mail communication with the author, February 24, 2003.
22. Ibid.

23. U.S. Bureau of the Census, *Census 2000 Brief: The Hispanic Population,* Washington, D.C., May 2001.

24. José de la Isla, *The Rise of Hispanic Political Power,* p. 196.

25. Lourdes Cué, "Election 2001: The Latino Factor," HispanicMagazine.com, January/February 2001. Viewed online at http://www.hispanicmagazine.com/2001/jan_feb/Features/index.html.

26. Bill Schneider, "Latino Voter Turnout More than Double," CNN.com, November 21, 1996.

27. President Bill Clinton, interview by the author for Univision, May 5, 1997.

28. Jorge Ramos, *The Other Face of America,* HarperCollins, New York, 2002, p. 104.

29. Ibid.

30. Vice President Al Gore, interview by the author for Univision.

31. Janet Murguia, interview by the author, February 27, 2003.

32. Cambio en el Voto Hispano en la Florida

1996	BOB DOLE	46%	BILL CLINTON	42%
2000	GEORGE W. BUSH	61%	AL GORE	39%

33. Janet Murguia, interview by the author.

34. Jeffrey Toobin, *Too Close to Call: The Thirty-Six-Day Battle to Decide the 2000 Election,* Random House, New York, 2001.

35. Ibid.

36. Sergio Bendixen, interview by the author, March 6, 2003.

37. Ibid.

38. Janet Murguia, interview by the author.

39. Sergio Bendixen from Hispanic Trends and Voter News Service.

40. President George W. Bush, interview by the author for Univision, February 16, 2001.

CAPÍTULO 2

1. Robert Suro, *Strangers Among Us: Latino Lives in a Changing America,* Vintage Books, New York, 1998, p. 70.

2. U.S. Bureau of the Census, "Census Bureau Releases Fact Sheet in Observance of Hispanic Heritage Month," Public Information Office, Washington, D.C., September 3, 2002.

3. U.S. Bureau of the Census. *Census Hispanic Heritage Month 2002 Facts,* Washington, D.C.

4. Jorge Ramos, *No Borders: A Journalist's Search for Home,* HarperCollins, New York, 2002.

5. Alexis de Tocqueville, *Democracy in America,* Signet Classics/New American Library, 1835/2001, p. 11.

6. Ibid., p. 11.

7. Ibid., p. 40.

8. Carlos Fuentes, *The Burried Mirror,* Houghton Mifflin, Boston, 1992, p. 343.

9. Alexis de Tocqueville, *Democracy in America,* p. 130.

10. Ibid., p. 130.

11. Robert Suro and Audrey Singer, "Latino Growth in Metropolitan America:

Changing Patterns, New Locations," Brookings Institution Center on Urban and Metropolitan Policy/Pew Hispanic Center, July 2002.

12. Ciudades de Estados Unidos con más latinos:

CIUDAD	NÚMERO DE LATINOS	PORCENTAJE DEL TOTAL DE LA POBLACIÓN	TASA DE CRECIMIENTO DE POBLACIÓN LATINA ENTRE 1980 Y 2000
LOS ANGELES	4,242,213	45%	105%
NUEVA YORK	2,339,836	25%	60%
CHICAGO	1,416,584	17%	143%
MIAMI	1,291,737	57%	123%
HOUSTON	1,248,586	30%	211%

Fuente: The Brookings Institution, Census 2000

13. U.S. Newswire,"Current Mexican Immigrants Provide Key Link for Future Migrants," May 20, 2003.

14. Alexis de Tocqueville, *Democracy in America,* p. 164.

15. Robert Suro and Audrey Singer, *Latino Growth in Metropolitan America,* p. 7.

16. Ibid., p. 10, 11.

17. Alexis de Tocqueville, *Democracy in America,* p. 132.

18. Ibid., p. 41.

19. Steven Camarota, "Immigrants in the Unites States 2002: A Snapshot of America's Foreign-Born Population," Press Release, Center for Immigration Studies, Washington, D.C., November 26, 2002.

20. Ibid.

21. U.S. Bureau of the Census, "Census Bureau Releases Fact Sheet."

22. Ibid.

23. Carlos Villanueva, Asociación Mundial de Mexicanos en el Exterior, October 3, 2002. Viewed at http://www.mexicanosenelexterior.com.

24. Distribución del Ingreso (2002):

PAÍS	10% DE LA POBLACIÓN CON MAYORES INGRESOS	10% DE LA POBLACIÓN CON MENORES INGRESOS
BRASIL	46.7%	1.0%
CHILE	41.2%	1.2%
MÉXICO	41.1%	1.6%
COSTA RICA	34.6%	1.7%
INDIA	33.5%	3.5%

Fuente: *Reforma,* February 4, 2003. Distribución del Ingreso. Fuentes: *The World Factbook* 2002, Central Intelligence Agency (CIA), *Forbes Magazine, Inegui* (Gobierno de México).

25. "Latin American Emigrants Prefer U.S.," Reuters, November 20, 2002

26. "INS Counts 7 Million Immigrants Living in U.S. Illegally," Associated Press, January 31, 2003.

27. Ibid.

28. "U.S.-Mexico Study Sees Exaggeration of Migration Data," *New York Times,* August 30, 1997.

29. Ibid.

30. Ibid.

31. "INS Counts 7 Million Immigrants Living in U.S. Illegally."
32. Figures from 1999 to 2001 are supplied by the INS; figures for 2002 were cited by Mario Villarreal, spokesperson from the Bureau of Customs and Border Protection, in an interview on *Talk of the Nation*, National Public Radio, May 19, 2003.
33. National Immigration Forum. Fall 1994.
34. President George W. Bush, in a speech at The White House, August 24, 2001.
35. Daniel Rogers, *Coming to America: A History of Immigration and Ethnicity in American Life*, HarperCollins, New York, 1990.
36. Peter Jennings and Todd Brewster, *In Search of America*, Hyperion, New York, 2002.
37. Ibid.
38. Ibid.
39. Immigration and Naturalization Service. Emergency Quota Act 1921.
40. Immigration and Naturalization Service. Immigration Act of May 26, 1924, or Immigration Quota Act of 1924.
41. Immigration and Naturalization Service. Immigration and Nationality Act Amendments of October 3, 1965.
42. *U.S. News & World Report*, February 20, 1978.
43. "Migrants' Deaths Reverberate at Home," *Washington Post*, May 16, 2003.
44. National Center for Health Statistics. *National Vital Statistics Report*, 50(5): February 12, 2002.
45. "Temen Más Ilegales Por Subsidios," *Reforma*, December 2, 2002.
46. U.S. Bureau of the Census, "Census Bureau Releases Fact Sheet."
47. "Hispanics Pass Blacks as Nation's Largest Minority, Census Shows," *New York Times*, January 22, 2003.
48. National Center for Health Statistics. National Vital Statistics Report, 50(5): February 12, 2002. For comparison, 532,249 Hispanic babies were born in 1989, representing 14 percent of the national total.
49. Ibid., Table 7. Live births by Hispanic origin of mother and by race for mothers of non-Hispanic origin.
50. UCLA Center for the Study of Latino Health and Culture, "Majority of Babies Born in California are Latino," February 5, 2003.
51. Ibid.
52. "The Rise of the Second Generation: Changing Patterns in Hispanic Population Growth," Pew Hispanic Center, October 2003.
53. U.S. Bureau of the Census, *Census 2000*. Half of all Hispanics lived in just two states: California (31.1%) and Texas (18.9).
54. Mexican Institute of Greater Houston. January 2003.
55. Rita Arias Jirasek and Carlos Tortolero, *Mexican Chicago*, Arcadia Publishing, Chicago.
56. Mariachi Academy of New York, founded in 2002 with a contribution from the National Endowment for the Arts.

CAPÍTULO 3

1. Brian Frazelle, "The Truth about Immigrants: Xenophobia Existed in Early America," *Houston Catholic Worker*, 19(7): December 1999.
2. Benjamin Franklin, "Observations Concerning the Increase of Mankind, Peopling of Countries, etc." 1751.

3. U.S. Bureau of the Census, "Spanish Speaking Population: Percent of Population 5 Years and Over Who Speak Spanish at Home by State," *Census 2000,* Washington, D.C.

4. *2002 National Survey of Latinos,* final report released by the Pew Hispanic Center/Kaiser Family Foundation on December 17, 2002. Viewed online at http://www.pewhispanic.org/site/docs/pdf/LatinoSurveyReportFinal.pdf.

5. "Hispanic TV Households by Language Spoken in Home," Nielsen Media Research Universe Estimates, 2002.

6. Barbara Zurer Pearson, "Bilingual Infants: What We Know, What We Need to Know," in M. Suárez-Orozco and M. Páez (eds.), *Latinos: Remaking America,* University of California Press, Berkeley, 2002, pp. 306–320.

7. Patrick J. Buchanan, *The Death of the West,* Thomas Dunne Books/St. Martin's Press, New York, 2002, p. 125.

8. Deborah Kong, "Study Sees Hispanics Choosing Spanish TV," Associated Press, May 21, 2003.

9. Louis DeSipio, *Latino Viewing Choices.*

10. Ibid.

11. Dowell Myers, "The Changing Immigrants of Southern California," Research Report No. LCRI-95–04R, Lusk Center Research Institute, School of Urban Planning and Development, University of Southern California, 1995.

12. *2002 National Survey of Latinos.*

13. Ibid.

14. "Immigrants Dispel Negative Stereotypes," *Public Agenda,* January 14, 2003.

15. *Condé Nast Traveler,* December 2002.

16. Carlos Fuentes, *The Buried Mirror.*

17. Ibid.

18. California Secretary of State, English Language in Public Schools. Initiative Statute, Proposition 227, 1998.

19. "Revival of State Law Sought. Debate Continues to Rage Over Bilingual Education," *Los Angeles Times,* February 10, 1988.

20. Los Angeles Unified School District.

21. Patricia Gándara, "Learning English in California: Guideposts for the Nation," in M. Suárez-Orozco and M. Páez (eds.), Latinos: Remaking America, University of California Press, Berkeley, 2002.

22. Ilan Stavans, *On Borrowed Words: A Memoir of Language,* Viking/Penguin, New York, 2001, p. 225.

23. *2002 National Survey of Latinos.*

24. "Divided by a Call for a Common Language," *New York Times,* July 19, 2002.

25. Ibid.

26. *El Nuevo Herald,* August 13, 2001.

27. Peter Kivisto, *Key Ideas in Sociology,* Sage, 1998.

28. "Rand Study Shows Hispanic Immigrants Move Up Economic, Educational Ladder as Quickly as Other Immigrant Groups," news release, May 22, 2003. Viewed online at http://www.rand.org/news/press.03/05.22.html.

29. Ibid.

30. Ibid.

31. *2002 National Survey of Latinos.*

32. Ibid.
33. Ibid.
34. Ibid.
35. Dinesh D'Souza, *What's So Great About America,* Regnery Publishing, 2002.
36. Fareed Zakaria, "Bush, Rice, and the 9/11 Shift," *Newsweek,* December 12, 2002.
37. Edwin Garcia, "Latin Leader: Spanish-language Newscast Most-Watched in Bay Area," *Mercury News,* September 27, 2002.
38. Ibid.
39. *Pareja Media Match,* October 15, 2002.
40. América Rodríguez, "Made in the USA: The Production of the *Noticiero Univision,*" a report for the College of Communications, University of Texas, August 1994.
41. *Latino Viewing Choices,* p. 14.
42. Hispanic Trends. August 2000.
43. "AOL Time Warner Venture Targets Spanish Readers," *Wall Street Journal,* September 27, 2002.
44. Ibid.
45. *Críticas,* November/December 2002.
46. "Book Review: *Vivir para Contarla,*" *Los Angeles Times,* February 16, 2003.
47. Ana Celia Zentella, "Latin@ Languages and Identities," in M. Suárez-Orozco and M. Páez (eds.), *Latinos: Remaking America,* University of California Press, Berkeley, 2002, p. 322.
48. Ibid.
49. "Latinos Tune In to Watch George Lopez on ABC," *Wall Street Journal,* December 31, 2002.
50. Ibid.
51. Ibid.
52. "J. Lo in Love," *USA Today,* November 11, 2002.
53. "Crest's Spanish Ad Raises Eyebrows," CBS Marketwatch.com, February 24, 2003.
54. "The Sixteen Point Program for the Spanish Speaking." (Now bears the name "Hispanic Employment Program" and was originally established on November 5, 1980.)
55. Peter Skerry, *Counting on the Census,* Brookings Institution Press, Washington, D.C., 2000.
56. *2002 National Survey of Latinos.*
57. "Latino, Sí. Hispanic, No," *New York Times,* October 28, 1992.
58. Earl Shorris, *Latinos: A Biography of the People.*
59. "Latino, Sí. Hispanic, No," *New York Times,* October 28, 1992.
60. Octavio Paz, *The Labyrinth of Solitude.*
61. Ibid.
62. Carlos Fuentes, *The Buried Mirror.*
63. Emilio O. Rabasa, "Entre Morelos y Bush," *Reforma,* November 5, 2002.
64. José Vasconcelos, *The Cosmic Race,* Johns Hopkins University Press.
65. Ibid., p. 18.
66. Marie Arana, *American Chica,* Random House, New York, 2001.
67. Ibid.
68. Ibid.
69. Ibid.
70. Ilan Stavans, *On Borrowed Words.*

71. Ibid.
72. Ibid.
73. Ibid.
74. Ibid.
75. Richard Rodriguez, *Hunger of Memory: The Education of Richard Rodriguez,* Bantam, New York, 1983.
76. Richard Rodriguez, *Brown: The Last Discovery of America,* Viking/Penguin, New York, 2002.
77. Ibid.
78. Ibid.
79. Ibid.
80. Ibid.
81. Ibid.
82. Edward W. Said, *Out of Place: A Memoir,* Random House, New York, 1999.

CAPÍTULO 4

1. Statement by DNC chairman Terry McAuliffe to the Pew/Kaiser Latino Survey. October 3, 2002.
2. A.P. Hispanic Voters—New Latino Survey. October 3, 2003. Guillermo Menéses/Democratic National Committee-Hispanic Outreach.
3. Press release, "New Studies on the Latino Electorate," October 2, 2002.
4. The 19 congresspeople who won reelection in 2002 are Silvestre Reyes (D-Tex.), Charles Gonzalez (D-Tex.), Ruben Hinojosa (D-Tex.), Ciro Rodríguez (D-Tex.), Solomon Ortiz (D-Tex.), Grace Napolitano (D-Calif.), Joe Baca (D-Calif.), Hilda Solis (D-Calif.), Loreta Sanchez (D-Calif.), Xavier Becerra (D-Calif.), Lucille Roybal-Allard (D-Calif.), José Serrano (D-N.Y.), Ed Pastor (D-Ariz.), Luis Gutierrez (D-Ill.), Robert Menendez (D-N.J.), Nydia Velasquez (D-N.Y.), Henry Bonilla (R-Tex.), Lincoln Diaz-Balart (R-Fla.), and Ileana Ros-Lehitinen (R-Fla.).
5. Governor Bill Richardson, interview by Luis Megid for *Noticiero Univision,* November 2002.
6. "Exito Chicago. Study Reveals Latino Voting Tendencies," November 21, 2002.
7. José de la Isla, *The Rise of Hispanic Political Power.*
8. "Mobilizing the Vote: Latinos and Immigrants in the 2002 Midterm Election," National Council of La Raza.
9. Governor Jeb Bush, interview with Lourdes del Río for *Noticiero Univision,* November 3, 2002.
10. "Mobilizing the Vote," *Orlando Sentinel,* November 7, 2002.
11. "Pataki Took the Reins of His Campaign to Break from the Republican Mold," *New York Times,* November 11, 2002.
12. Political State Report. Postate.com, January 17, 2003. Source: Republican pollster Mike Baselice and Southwest Voter Registration Education Project.
13. Suzanne Gamboa, "Increasing Number of Politicians Airing Spanish-Language Television Ads," Associated Press, November 21, 2002.
14. Tony Sanchez, interview with Martín Berlanga for *Noticiero Univision,* November 2002.
15. Menendez, interview with the author, October 23, 2002.
16. Data are taken from the *Los Angeles Times* exit poll, reported on October 9, 2003.

17. *2002 National Survey of Latinos.*
18. Robert Suro, *Strangers Among Us.*
19. Ibid.
20. Mayra Rodríguez Valladares, "Crisis Among Hispanic Students," *Hispanic Magazine,* December 2002.
21. "For Hispanics, Language and Culture Barriers Can Further Complicate College," *New York Times,* February 10, 2003.
22. M. Suárez-Orozco and M. Páez (eds.), *Latinos: Remaking America,* University of California Press, Berkeley, 2002, p. 28.
23. Mayra Rodríguez Valladares, "Crisis Among Hispanic Students."
24. National Council of La Raza. "Latinos Potent, but Vulnerable, Force in U.S. Economy," July 21, 1997.
25. "Income and Poverty 2001: The Recession Takes a Toll," Research Bulletin No. 4, United Auto Workers, 2002. Viewed online at http://www.uaw.org/publications/jobspay/02/no4/jpe03.html.
26. *El Tiempo Latino,* January 10, 2003.
27. Hispanic Trends. The polling report was written by Sergio Bendixen, president of Hispanic Trends. 2000.
28. *2002 National Survey of Latinos.*
29. Daniel, T. Griswold, "The Immigration Question: Were Obituaries of the GOP Premature?" *National Review,* November 20, 2002.
30. Morton M. Mandrake, "Pennsylvania Avenue," *Roll Call,* November 25, 2002.
31. National Immigration Forum, January 6, 2004.
32. "Growing Number of States Granting Resident Tuition to Illegal Immigrants," Associated Press, May 21, 2003.
33. Ibid.
34. *2002 National Survey of Latinos,* p. 70.
35. U.S. Bureau of the Census CPS, Current Population Survey, OPM The Fact Book 2002 Edition.
36. National Association of Hispanic Journalists. December 16, 2002.
37. "Fast Hispanic Growth Probably Will Continue at Least Until 2020, Group Says," Associated Press, October 14, 2003.
38. Jorge Ramos, *The Other Face of America,* HarperCollins, New York, 2002.
39. Ibid.
40. Bob Herbert, "Racism and the G.O.P.," *New York Times,* December 12, 2002.
41. Ibid.
42. Congressional Hispanic Caucus, December 14, 2002.
43. President George W. Bush. December 15, 2003.
44. Source: National Council of La Raza. "NCLR blasts Bush Opposition to Affirmative Action," January 15, 2003.
45. *New York Times,* June 24, 2003.
46. W. E. B. Du Bois, *The Souls of Black Folks,* 1903.
47. "Survey of Latino Attitudes on a Possible War with Iraq," report released by the Pew Hispanic Center on February 18, 2002.
48. "Names of the Dead Confirmed by the Department of Defense," *New York Times,* April 20, 2003. Latino soldiers who died in Iraq as of April 2003: Andrew Julian Aviles, Aaron Contreras, Ruben Estrella-Soto, George Fernandez, Jose Garibay,

Juan Guadalupe Garza, Armando Ariel Gonzalez, Jesus A. Gonzalez, Jorge A. Gonzalez, Jose Gutierrez, Francisco Martinez-Flores, Johnny Villareal Mata, Jesus Martin Antonio Medellin, Gil Mercado, Fernando Padilla-Ramirez, Diego Rincon, Duane Rios, John Travis Rivero, Robert Rodriguez, Erik Silva, Jesus Suarez, Riayan Tejeda, Osbaldo Orozco, and Edward Anguiano.

49. Colonel Gilberto Villahermosa. *Army Magazine,* September 2002.
50. "American Tale: Poor Hispanic Rises to Commander in Iraq," *Miami Herald,* June 14, 2003.
51. "Fair Weather Friends?" *The Economist,* September 20, 2001.
52. President George Bush, Address to a Joint Session of Congress and the American People. September 20, 2001.
53. "Critican la postura de la Casa Blanca con Cuba," *El Nuevo Herald,* May 8, 2003.
54. Sergio Bendixen & Associates Survey for the Cuba Study Group. 10,248 interviews conducted in seven nations between April and August 2001.

CAPÍTULO 5

1. José de la Isla, *The Rise of Hispanic Political Power,* p. 268.
2. Ibid.
3. *2002 National Survey of Latinos,* p. 86.
4. "In Simple Pronouns, Clues to New York Latino Culture," *New York Times,* December 5, 2002.
5. *2002 National Survey of Latinos,* p. 76.
6. *2002 National Survey of Latinos,* p. 51.
7. Lisa J. Montoya, "Gender and Citizenship in Latino Political Participation," in M. Suárez-Orozco and M. Páez (eds.), *Latinos: Remaking America,* University of California Press, Berkeley, 2002.
8. Gannett News Service, March 19, 2003.
9. Congressman Ciro Rodríguez, interview by the author, August 29, 2003.
10. Associated Press, February 26, 2003.
11. Democratic National Committee. Press Release, February 5, 2003.
12. Congresswoman Graciela Flores Napolitano from California. March 1, 2003. Hispanic Response to the Estrada Nomination.
13. Raúl Damas, "Why Hispanic Caucus Rejects Estrada," *Miami Herald.*
14. "Tercer Intento Fallido por Estrada," *El Nuevo Herald,* March 19, 2003.
15. "NCLR Makes Plea for Civility in Debate over Estrada Nomination," NCLR press release, February 12, 2003.
16. Guarione Díaz, "Vericuetos y Consecuencias del Caso Estrada," *El Nuevo Herald,* March 19, 2003.
17. Sergio Muñoz, "El Ajedrez Político de Bush," *Reforma,* March 6, 2003.
18. Mel Martinez. April 12, 2002. Remarks at the Second National Latino Credit Union Conference, San Diego, California.
19. "Estrada letter to President Bush," *New York Times,* September 4, 2003.
20. "Exiles more amenable to dialogue with Cuba," Reuters, February 13, 2003. Source: The *Miami Herald* poll conducted by Schroth and Associates.
21. Ibid. Source: Bendixen and Associates.

CAPÍTULO 6

1. Associated Press, September 4, 2001.
2. "Mexico: McDonald's Loses Battle with Tradition," *New York Times,* December 11, 2002.
3. "Latin American Coca-Cola Bottlers in Giant Merger," *New York Times,* December 24, 2002.
4. Chancellor Jorge Casteñada of Mexico, interview by María Elena Salinas for *Aquí y Ahora,* Univision, February 6, 2003.
5. "Mexican Dishes are Becoming One of America's Most Popular Meals," Associated Press News, October 28, 2002.
6. Richard Rodriguez, *Brown.*
7. Andrew Marr, *Newsweek,* June 23, 2003.
8. Michael Hardt and Antonio Negri, *Empire,* Harvard University Press, Boston, 2000.
9. Dinesh D'Souza, *What's So Great About America,* p. 72–73.
10. "Los Nuevos Escritores de América Latina Optan por la Cultura de McDonald's," *El Nuevo Herald,* February 9, 2003.
11. Thomas Friedman, *The Lexus and the Olive Tree,* Farrar, Straus and Giroux, New York, 1999, p. 352.
12. *New York Times,* June 18, 2000.
13. Jorge Ramos, *The Other Face of America,* p. 26
14. *Vanity Fair,* February 2003.
15. "In Our Cocoons, Divisions Persist," *Miami Herald,* January 26, 2003.
16. *The O'Reilly Factor,* February 6, 2003.
17. *Los Angeles Times,* November 3, 1995.
18. Octavio Paz, *The Labyrinth of Solitude,* p. 113.
19. Carlos Fuentes, *The Buried Mirror,* p. 269.
20. Ibid., p. 346.
21. "Hispanics Developing Their Spending Power," HispanicBusiness.com, September 24, 2002.
22. Pat Buchanan, *The Death of the West,* St. Martin's Press, New York, October 2002.
23. Ibid., p. 127.
24. Thomas Weyr, *Hispanic U.S.A.: Breaking the Melting Pot,* HarperCollins, New York, 1988.

CAPÍTULO 7

1. President George. W. Bush, July 10, 2001, Ellis Island, New York.
2. National Immigration Forum. August 29, 2002.
3. Tom Ridge, interview by Jorge Ramos for Univision, April 2002.
4. Ibid.
5. M. Suárez-Orozco and M. Páez (eds.), *Latinos: Remaking America.*
6. Ibid.
7. Tom Ridge, Secretary of the Department of Homeland Security. Miami, December 9, 2004.
8. George W. Bush. January 7, 2004.
9. Ibid.
10. George W. Bush. Press conference in the White House, December 15, 2003.

11. "Bush Proposes 21st Century Bracero Program," Congressional Hispanic Caucus, January 7, 2004.
12. "Bush Immigration Plan 'Creates a Permanent Underclass of Workers,'" AFL-CIO, January 7, 2004.
13. NALEO, January 7, 2004.
14. National Council of La Raza. Raul Yzaguirre, President of NCLR.
15. *La Opinión,* January 9, 2004.
16. "Foreign Born in U.S. at Record High," *New York Times,* February 7, 2002.
17. "Study Finds a Graying of the American Electorate," *Washington Post,* October 20, 2002.
18. "Latinos in Higher Education: Many Enroll, Too Few Graduate," report released by the Pew Hispanic Center on September 5, 2002.
19. Statement of Alan Greenspan, Chairman, Board of Governors of the Federal Reserve System before the Special Committee on Aging, United States Senate, February 27, 2003.
20. *Washington Post,* December 2, 2002.
21. *Contra Costa Times,* Walnut Creek, California, December 10, 2002.
22. *USA Today,* July 23, 2001.
23. National Academy of Sciences, "Overall U.S. Economy Gains from Immigration, But it's Costly to Some States and Localities," May 17, 1997.
24. Ibid.
25. Ibid.
26. "Los Angeles Weighs the Budget Cost of Illegal Immigrants," *New York Times,* May 21, 2003.
27. National Academy of Sciences, "Overall U.S. Economy Gains from Immigration, But it's Costly to Some States and Localities," May 17, 1997.
28. National Immigration Forum, "Immigrants and the Economy," February 18, 2003.
29. UCLA's North American Integration and Development Center, "Comprehensive Migration Policy Reform in North America: The Key to Sustainable and Equitable Economic Integration," August 28, 2001.
30. Peter Jennings and Todd Brewster, *In Search of America,* p. 239.
31. "Illegal Aliens Donate More Organs Than They Get," Associated Press, March 3, 2003. Source: *El Paso Times.*
32. Center for Immigration Studies, "Immigrants in the United States—2000. A Snapshot of America's Foreign-Born Population," January 2002.
33. Center for Immigration Studies, "Immigration from Mexico," July 12, 2001.
34. Julian L. Simon, *The Economic Consequences of Immigration,* Basil Blackwell, Cambridge, Mass., 1989.
35. "Remesas Récord a América Latina," *El Miami Herald,* February 28, 2003.
36. "Immigrants Dispel Negative Stereotypes," *Public Agenda,* January 14, 2003.
37. Ibid.
38. Ibid.
39. "Diálogo EEUU-México Muestra Pocos Avances," Associated Press, January 10, 2002.
40. "Mexican Immigration Again on Agenda," *Arizona Republic,* January 7, 2002.
41. Ginger Thompson, "Mexico Leader Presses U.S. To Resolve Migrants' Issues," *New York Times,* November 27, 2002.

42. Ibid.

43. "GOP Governors Back Bush on Illegals," *Washington Times,* November 25, 2002.

44. "Poll Finds that Majority of Americans Oppose Illegal Alien Amnesty," U.S Newswire. This was based on a nationwide sample of 1,017 adults surveyed between August 15 and 22, 2001.

45. Bernardo Mencez, press consul, Mexican Consulate in San Francisco, January 7, 2003, "A Card Allows U.S. Banks to Aid Mexican Immigrants," *New York Times,* July 6, 2003.

46. "Congressman's Tactics Under Fire," *Los Angeles Times,* May 23, 2003.

47. Jagdish Bhagwati, "Borders Beyond Control," *Foreign Affairs,* January/February 2003.

CAPÍTULO 8

1. Raúl Yzaguirre, president of the National Council of La Raza, interview by the author, June 6, 2003.

2. Ibid.

3. Arturo Vargas, executive director of NALEO (National Association of Latino Elected and Appointed Officials), interview by the author, May 30, 2003.

4. Harry Pachón, executive director of the Tomás Rivera Policy Institute, inteview by the author, June 2, 2003.

5. Ibid.

6. Roberto Suro, director of the Pew Hispanic Center, interview by the author, June 3, 2003.

7. Ibid.

8. Ibid.

9. Raúl Yzaguirre, interview by the author.

10. Arturo Vargas, interview by the author.

11. Harry Pachón, interview by the author.

12. Ibid.

13. Raúl Yzaguirre, interview by the author.

14. Arturo Vargas, interview by the author.

15. Roberto Suro, interview by the author.

16. Raúl Yzaguirre, interview by the author.

17. Harry Pachón, interview by the author.

18. Roberto Suro, interview by the author.

19. Harry Pachón, interview by the author.

20. Tomás Rivera Policy Institute, "Whither the Latino Community? Alternative Perspectives for Latinos in the United States," 2003. Exogamy Estimates for Ethnic Groups by Couples 1996–1999. Source: Jeff Passel, Urban Institute.

21. Arturo Vargas, interview by the author.

22. Ibid.

23. Raúl Yzaguirre, interview by the author.

24. Roberto Suro, interview by the author.

25. Harry Pachón, interview by the author.

26. Arturo Vargas, interview by the author.

27. Roberto Suro, interview by the author.

28. Raúl Yzaguirre, interview by the author.
29. President George W. Bush, Dwight D. Eisenhower Executive Office Building. October 3, 2002.
30. Harry Pachón, interview by the author.
31. Gary Orfield, "Commentary," in M. Suárez-Orozco and M. Páez (eds.), *Latinos: Remaking America,* University of California Press, Berkeley, p. 389.
32. Raúl Yzaguirre, interview by the author.
33. U.S. Bureau of the Census, "Projections of the Resident Population by Race, Hispanic Origin, and Nativity: Middle Series, 2050 to 2070," Washington, D.C.
34. "Study Shows GOP Errors in Outreach to Hispanics," *Washington Times.*
35. "Both Parties Are Pursuing Hispanic Voters," *USA Today,* August 1, 2002.
36. Source: *Miami Herald,* quoting *New York Times,* August 2, 2003.
37. Letter to President Bush. Cuban American National Foundation.
38. "Carta al Presidente Bush," *El Miami Herald,* August 12, 2003.
39. Secretary of State Colin Powell, interview by Enrique Gratas for Univision, August 13, 2003.
40. Roberto Suro, interview by the author.
41. Arturo Vargas, interview by the author.
42. Raoul Lowery Contreras, "A Hispanic View. American Politics of Immigration," talk given at Writers Club Press, 2002.
43. *New York Times,* January 11, 2004.
44. Quoted in HispanicBusiness.com, September 11, 2003.
45. Governor Bill Richardson. Response to the State of the Union speech. January 20, 2004.

APENDICE

1. U.S. Bureau of the Census, June 18, 2003.
2. U.S. Bureau of the Census, *Census 2000,* Washington, D.C.
3. Ibid.
4. U.S. Bureau of the Census, "Money Income in the United States: 2000," Washington, D.C.
5. "Hispanics Developing their Spending," HispanicBusiness.com, September 24, 2002.
6. "The Hispanic Consumer Market in 1999 and Forecasts to 2020," Standard & Poor's, January 2001.
7. Joint Center for Housing Studies of Harvard University, "The State of the Nation's Housing 2001." And R.L. Polk & Co. Survey of Hispanic Registrations 1990–2000. August 2001. 908,451 vehicles out of a total of 13,516,730.
8. "The Hispanic Consumer Market in 1999 and Forecasts to 2020," Standard & Poor's, January 2001.
9. Nielsen Media Research Universe Estimates.
10. U.S. Bureau of the Census, "Fact Sheet in Observance of Hispanic Heritage Month 2002," Washington, D.C., September 3, 2002.
11. Ibid.
12. Ibid.
13. National Council of La Raza, "Mobilizing the Latino Vote: Latinos and Immigrants in the 2002 Midterm Election."

14. "The Latino Electorate," 2002 National Survey of Latinos, Pew Hispanic Center/Kaiser Family Foundation, October 2002.
15. "Immigrants Dispel Negative Stereotypes," *Public Agenda,* January 14, 2003.
16. These figures do not include the 2,481 Latinos who make up 6.7 percent of the U.S. Coast Guard.
17. Ibid. Source: Banco Interamericano de Desarrollo and Banco de México.
18. "Money Sent Home by Mexicans Is Booming," *New York Times,* October 28, 2003.

LIBROS POR JORGE RAMOS

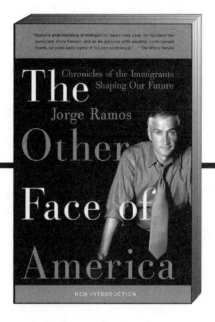

ATRAVESANDO FRONTERAS
Un Periodista en Busca de Su Lugar en el Mundo
ISBN 0-06-055929-2
(edición de bolsillo)

NO BORDERS
A Journalist's Search for Home
ISBN 0-06-093826-9
(edición de bolsillo)

De su infancia en México, a su experiencia con la censura de los medios de comunicación controlados por el gobierno mexicano, a sus años de estudiante en Los Ángeles y sus comienzos como periodista en los Estados Unidos, Ramos nos cuenta la historia personal y conmovedora de su vida.

THE OTHER FACE OF AMERICA
Chronicles of the Immigrants Shaping Our Future
ISBN 0-06-093824-2
(edición de bolsillo)

DISPONIBLE EN INGLÉS ÚNICAMENTE.

Concentrándose en la difícil situación del inmigrante latino-americano, Ramos escucha y explora las historias de docenas de personas que decidieron cambiar sus vidas y arriesgarlo todo (sus familias, sus trabajos y su historia) para ir en busca de un futuro más libre y prometedor en los Estados Unidos.